# 与时同辉

## 改革开放40年来的中国古代史研究

《中国史研究动态》编辑部 编

凤凰出版社

图书在版编目（CIP）数据

与时同辉：改革开放40年来的中国古代史研究／《中国史研究动态》编辑部编. —— 南京：凤凰出版社，2018.12
ISBN 978-7-5506-2887-8

Ⅰ．①与… Ⅱ．①中… Ⅲ．①中国历史－古代史－研究 Ⅳ．①K220.7

中国版本图书馆CIP数据核字(2018)第280260号

| | |
|---|---|
| 书　　　名 | 与时同辉——改革开放40年来的中国古代史研究 |
| 编　　　者 | 《中国史研究动态》编辑部 |
| 责任编辑 | 林日波 |
| 装帧设计 | 徐　慧 |
| 出版发行 | 凤凰出版社(原江苏古籍出版社) |
| | 发行部电话 025-83223462 |
| 出版社地址 | 南京市中央路165号，邮编：210009 |
| 出版社网址 | http://www.fhcbs.com |
| 照　　　排 | 南京凯建图文制作有限公司 |
| 印　　　刷 | 苏州市越洋印刷有限公司 |
| | 苏州市吴中区南官渡路20号　邮编：215104 |
| 开　　　本 | 889×1194毫米　1/32 |
| 印　　　张 | 11.625 |
| 字　　　数 | 206千字 |
| 版　　　次 | 2018年12月第1版　2018年12月第1次印刷 |
| 标准书号 | ISBN 978-7-5506-2887-8 |
| 定　　　价 | 70.00元 |
| | (本书凡印装错误可向承印厂调换，电话：0512-68180638) |

《中国史研究动态》专刊

卷首语

改革开放是中国历史学发展的一个界标,《中国史研究动态》创刊于 1979 年,它的成长与改革开放带来的历史学发展的春天同步。

追踪中国史研究的动向和发展是《中国史研究动态》的一项重要使命。在近 40 年的历程中,我们的编辑队伍历经了历史所的几代学人,其栏目设置也几经变化和调整,但始终在坚持这项使命。迄今 2000 多万言的文字间,不仅蕴含着中国史学界长时段的研究信息及变迁,而且反映了历史学科系统的调整和学科建设的发展,尤其是中国历史学在不同时段的发展趋势和方向,突显出史学与时代的密切联系。

共建学术平台,深化学术研究是本刊秉承的又一项重要使命。与各位作者和读者一样,《中国史研究动态》也是中国历史学发展的参与者,见证了中国史研究,特别是中国古代史研究发展的轨迹。其间学术视角的转化,研究视野的拓展,不同观点的争鸣,史学理论的进展,在反映中国史研究进程的同时,也倾注了编者的编辑理念和学术追求,体现着这部杂志与时代和史学的联系。

引领学术风向,激动学术潮流是专业史学期刊应当承担的使命。我们认为"动态"是曲折,是波动,是变化,是潮流，是热点，是创新，是趋势，《中国史研究动态》需要呈现对既往中国史学发展的批判和总结，同时，也应当指明史学发展的未来方向。

改革开放带给中国历史学的变革影响深远，作为历史学分支学科的中国古代史也同样经历着深刻的变化。经过一年的努力，《中国史研究动态》编辑部策划推出改革开放40年中国古代史研究专刊，分为六个时期，回顾中国古代史研究的特定进程，展示整个学科研究的前沿和水平，以此作为一个时代的史学省思。

"不畏浮云遮望眼"，40年的中国史研究历程曲折而辉煌，40年的《中国史研究动态》载录了这份曲折与辉煌，它是见证者，是鼓舞者，是引领者，我们将一如既往，践行自身的使命，与史学界共勉。

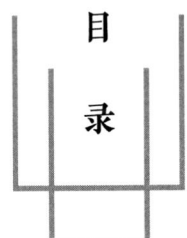

**用马克思主义唯物史观指导中国古代史研究**

——写给《中国史研究动态》纪念改革开放40年

卜宪群 \ 002

**改革开放 40 年来的先秦史研究**

晁福林 \ 016

**改革开放 40 年来的秦汉魏晋南北朝史研究**

陈长琦 \ 050

**改革开放 40 年来的隋唐五代史研究**

刘后滨 \ 082

**改革开放 40 年来的辽宋夏金史研究**

包伟民 \ 118

**改革开放 40 年来的元史研究**

刘 晓 \ 150

**改革开放 40 年来的明清史研究**

赵世瑜 \ 172

改革开放40年来的中国社会史研究

常建华 \ 220

改革开放40年来的中国古代经济史研究

魏明孔 \ 246

改革开放40年来的中国历史地理研究

华林甫 \ 278

改革开放40年来的中国古代思想史研究

刘文瑞 \ 306

改革开放40年来的中国史学史研究

乔治忠 \ 326

后　记

杨艳秋 \ 356

# 用马克思主义唯物史观指导中国古代史研究

——写给《中国史研究动态》纪念改革开放40年专刊

卜宪群

伴随着改革开放的步伐,中国人文哲学社会科学步入了繁荣昌盛的新阶段,中国古代史研究也同样经历着深刻变化。无论从其发展的内在规律还是外在的社会环境看,这40年都是一个值得认真总结和回顾的时期。

卜宪群

1962年11月出生,安徽南陵人。1980—1987年在安徽师范大学历史系学习,获学士、硕士学位。1987—1992年在安徽大学历史系工作。1992—1995年在中国社会科学院研究生院历史系学习,获历史学博士学位。1995年至今,在中国社会科学院历史研究所工作,任研究员、博士生导师、所长。兼任国务院学位委员会历史学科评议组成员、国家社会科学基金历史学科评审组专家、国家出版基金评审委员会委员、中国史学会副会长、中国秦汉史研究会会长、中国地方志指导小组成员、国际儒学联合会理事、中国地名文化遗产保护促进会副理事长等职。郑州大学、南京大学、暨南大学、安徽师范大学兼职教授。享受国务院"政府特殊津贴"。

主要研究领域为中国古代史、秦汉史、简帛学,兼及史学理论。在中国古代史领域里,主要注重通史研究。先后主编出版了《简明中国历史读本》、5卷本《中国通史》、《中国历史上的腐败与反腐败》等。在秦汉史研究领域,侧重秦汉政治史、制度史、简帛学方面的研究。出版《中国魏晋南北朝教育史》(合著)、《秦汉官僚制度》并在《历史研究》《中国史研究》等刊物发表论文百余篇,涉及秦汉政治、社会等领域。在史学理论与历史理论方面,发表关于历史主体问题、国家与社会关系问题、历史虚无主义批判问题、历史文化遗产继承与保护问题、改革开放以来中国古代史研究学术史总结问题等论文多篇。

今年是改革开放40周年。伴随着改革开放的步伐，中国人文哲学社会科学步入了繁荣昌盛的新阶段，中国古代史研究也同样经历着深刻变化。无论从其发展的内在规律还是外在的社会环境看，这40年都是一个值得认真总结和回顾的时期。《中国史研究动态》编辑部以改革开放40年来的先秦史研究、秦汉魏晋南北朝史研究、隋唐五代史研究、辽宋夏金史研究、元史研究、明清史研究等为专题，策划推出改革开放40年中国古代史研究专刊，回顾中国古代史学科的发展脉络，呈现中国古代史研究的成就，展示中国古代史学科的前沿，是一件非常有意义的事。这里，我仅就用马克思主义唯物史观指导中国古代史研究的问题谈一谈自己的看法。

一

习近平总书记指出："历史研究是一切社会科学的基础，承担着'究天人之际，通古今之变'的使命。""究天人之际"是探究事物的本质，"通古今之变"是探讨事物的规律。历史研究对事物本质与规律探究的这种根本属性，决定了它在一切社会科学中的基础性作用，也决定了史学与所有学问一样，是作为一门对人类社会有用的学问而存在，只不过在不同历史阶段其所服务的主体内涵有所不同而已。从一般意义上来说，史学研究由事实判断和价值判断构成，但这二者并不是截然分开的。通常认为，事实判断是寻找个别事物的真实历史状态及其内在联系，具有纯粹的客观性。实际上，我们在承认事实判断具有客观性特点的同时，也应注意到不同历史时期史家对历史事实研究的选择性。史家选择什么样的历史事实作为其关注、研究、分析的对象，是与其历史观、价值观，与其所处的时代相联系的。因此，价值判断与事实判断实际上也很难绝对分离。所以我们说，无论是探讨本质、规律，还是事实判断、价值判断，历史研究本质上离不开理论的指导。

古往今来有很多阐释人类社会历史发展一般规律的历史理论，也有很多阐释史学自身理论与方法的史学理论。就阐释人类社会历史发展一般规律的历史理论来说，马克思主义唯物史观是最为科学的理论，也是历史研究的指导原则。首先，唯物史观的科学性在于把历史的内容还给了历史。唯物史观认为，人类社会的发展历史是一种自然历史过程，是不同个体追求自己目的的活动，但又要受内在的一般规律支配的历史。唯物史观把历史与自然史相区别，把人的历史与神"创造"的历史相剥离，把客观历史与唯心主义哲学家头脑中"想象的活动"的"历史"相分离，而不再被视为检验他们"逻辑结构的工具"，从而将历史的内容还给了历史，肯定了历史不能任意选择。因此，尊重客观历史，尊重人类伟大实践活动所创造的历史，是唯物史观考察历史的最基本出发点。正是在这个意义上，恩格斯说"历史就是我们的一切"。其次，唯物史观的科学性在于揭示了人类历史的客观性。在唯物史观看来，人类的历史是一个无法割断的客观过程，因为"人们无法选择自己的生产力"。物质资料的生产是人类社会生活的全部基础，人们的物质关系是其他一切关系的基础。物质资料的生产方式制约着人类社会的过程及其变化，而生产力是物质资料生产方式的决定性因素。生产力自身的发展，推动着生产方式的不断变革，推动着人类社会逐渐由低级向高级的阶段式规律演进。政治关系、法律形态、思想观念意识的变化，无不从属于这一经济关系的演变。最后，唯物史观的科学性在于指明了历史发展变化的内在动力。历史发展的因素错综复杂，偶然与必然、特殊与一般、现象与本质、整体与局部，诸多因素相互作用、相互制约、相互联系，在矛盾中推动着历史的前进，建立在辩证思维基础上的唯物史观，能够科学地解释历史的变化和发展。

纵观近代中国历史学的发展，唯物史观的传入并被中国史学家所接受，是20世纪中国史学最伟大的进步，而与中国具体历史问题研究相结合的马克思主义史学学派的产生与发展，则是20世纪中国史学最重要的成就。20世纪的中国史学研究就其影响的深度和广度，没有其他学派可以与马克思主义史学相比拟。在中国马克思主义史学发展史上,每一项重要成就的取得,都与人们在唯物史观认识上的进步有关,众多的史学大师,包括郭沫若、范文澜、吕振羽、翦伯赞、侯外庐、胡绳,等等,正是在唯物史观的指导下,不断丰富对中国历史的认识,开拓历史研究的新领域、新境界。

史学研究从来都与其所处时代的环境不可分离。不可否认,20世纪下半叶的一段时期,马克思主义史学也经历了曲折和困顿,这些挫折也让我们清醒地认识到,在坚持唯物史观的同时,也不能教条地对待唯物史观,必须将马克思主义唯物史观的基本原理与中国历史具体实际相结合。改革开放40年来,中国马克思主义史学正是在继承原先的优良传统,但同时又摒弃其僵化、教条化的基础上向前发展的。

二

改革开放40年来,中国历史学界对唯物史观的理解与运用大致经历了三个阶段。

**第一个阶段是从1978年到1989年,是在反思与争鸣中对唯物史观的探索。**1978年,具有划时代意义的党的十一届三中全会胜利召开,全会提出的解放思想、实事求是的指导方针,以及把全党工作的重点和全国人民的注意力转移到社会主义现代化建设上来的决定，开启了改革开放的新时期。《实践是检验真理的唯一标准》这篇文章的发表，在全国引起了强烈的反响。关于真理标准问题的大讨论，标志着思想理论界拨乱反正的开始。在打破"两个凡是"枷锁、解放思想的大潮中，史学界返本清源，由对"左"倾思想干扰的思考，进而反思将马克思主义和唯物史观教条化、公式化、片面化与绝对化的错误，以及过度强调史学为政治服务而忽略史学内在发展路径探讨所造成的失误，清除"影射史学"的流毒。由此引发了对唯物史观的一些基本理论问题，如历史发展的动力、历史发展的阶段、史论关系的热烈讨论，引出了"生产力动力说""生产关系动力说""合力动力说""物质生产活动和物质生产能力动力说"等多种解读。史学界在探索中国历史发展的动因和规律，以及中国封建社会长期延续和统一多民族国家的形成等重大问题中，逐步克服了对唯物史观的教条化理解，丰富和发展了唯物史观，有力推动了中国史研究的整体进步。

**第二个阶段为20世纪90年代至20世纪末，是在史学研究多元格局中的唯物史观探索**。受苏东剧变、西方史学理论思潮和方法的输入等诸多原因的影响，史学研究出现了多元化。一方面，包括唯物史观在内的理论研究"冷场"，未能出现像20世纪80年代那样史学理论热点问题的大讨论，史学界出现了一股"回到乾嘉去"的潜流，史学研究也表现出"碎片化"倾向，马克思主义史学及其理论体系受到考验。另一方面，对于唯物史观自身理论内涵的研究也逐步展开，形成世纪末的史学反思与对新世纪史学的展望。《历史研究》陆续发表了林甘泉《二十世纪的中国历史学》（1996年第2期）、马大正《二十世纪的中国边疆史地研究》（1996年第4期）、白钢《二十世纪的中国政治制度史研究》（1996年第6期）、林甘泉《新的起点：世纪之交的中国历史学》（1997年第4期）、戴逸《世纪之交中国历史学的回顾与展望》（1998年第6期）等文章。这些文章在对20世纪史学的回顾与展望中，充分肯定了马克思主义史学的成就，明确了马克思主义史学的主导地位，也进一步探讨了如何将唯物史观与中国历史实际相结合的路径。白寿彝总主编的《中国通史》（上海人民出版社，1999年）是20世纪末压轴性的中国通史作品，全书共12卷，22册，约1400万言，以唯物史观为指导，将学界理论研究的最新成果与中国历史相结合，在多个方面推进了中国通史的撰述，为新时期马克思主义史学研究做出了重要贡献。

**第三个阶段为21世纪以来，是在构建中国史学话语体系下的唯物史观探索**。2004年3月，中共中央发布《关于进一步繁荣发展哲学社会科学的意见》，多次强调要大力推进学术观点创新、学科体系创新和科研方法创新，努力建设具有中国特色、中国风格、中国气派的哲学社会科学。2004年4月，中共中央组织实施的马克思主义理论研究和建设工程启动，成为"新时期马克思主义史学理论研究的又一重要推动力"。其中"用科学的态度对待马克思主义"的提出，为马克思主义理论结合新的实际并加以丰富发展指明了方向。构建史学研究的"中国话语"越来越受到史学界的重视。在唯物史观基本原理的指导下，发掘、梳理中国史学的理论遗产，取其精华、去其糟粕，赋予新的内涵和现代表述，使其获得新的生命力，成为构建当今中国历史学学科体系的重要内容（瞿林东《理论研究与学科体系》，《史学理论研究》2017年第2期）。唯物史观如何解决好自身的创新与发展问题，如何处理好与优秀传统史学遗产，及和西方现代史学思潮及流派的关系等问题，成为学界关注的问题。学者们撰文强调中国传统史学的优良传统对构建中国马克思主义史学理论新形态具有重要借鉴意义（于沛《〈史学理论研究〉三十年：构建马克思主义史学理论新形态的三十年》，《史学理论研究》2017年第2期），探讨传统思想的精华如何通向唯物史观〔陈其泰《传统思想的精华何以通向唯物史观》，《史学理论与史学史学刊（2007年卷）》，社会科学文献出版社，2007年〕，探讨如何将以社会形态为核心的唯物史观研究方法继续运用于中国古代史领域，但应更彰显出"有中国特色的社会形态理论"(晁福林《先秦社会形态研究》,北京师范大学出版社,2003年),这些看法都深化了唯物史观如何与中国历史结合的认识。2016年,习近平总书记《在哲学社会科学工作座谈会上的讲话》明确指出:"坚持以马克思主义为指导,是当代中国哲学社会科学区别于其他哲学社会科学的根本标志,必须旗帜鲜明加以坚持。"提出"要按照立足中国、借鉴国外、深挖历史、把握当代、关怀人类、面向未来的思路,着力构建中国特色哲学社会科学,在指导思想、学科体系、学术体系、话语体系等方面充分体现中国特色、中国风格、中国气派"。总书记的讲话为新时代史学研究如何坚持唯物史观指明了方向。

## 三

40年来,随着人文社会科学特别是历史学科的调整和学科建设的发展,中国古代史研究呈现出前所未有的广度和深度。研究的纵深和优秀成果的涌现,不仅推动了重大历史问题的研究,也促进了中国古代史研究理论和方法的发展。从第一期六位作者的论述中,我们可以看到改革开放40年来中国古代史各断代的研究都取得了辉煌的成就。然而在看到这些显著成绩的同时,也应看到存在的诸多问题:第一,侧重实证性研究是中国古代史研究的优势，但过多拘泥于具体问题研究，忽略了宏观研究和理论研究，特别是唯物史观基本原理与中国历史相结合的问题研究，导致在诸如社会形态等问题上的误解或曲解。第二，史学研究中的碎片化现象依然普遍，长时段、多维度的历史著作缺乏，个案研究占大多数，缺乏对历史发展的动态把握与规律性总结著作。第三，改革开放以来，西方史学方法大量涌入，许多理论、话语乃至问题意识引进自西方，导致中国学者在国际学界的表述和交流中处于被动地位。

更值得注意的是，唯物史观面临的挑战仍然十分严峻：

（一）**某些人对中华人民共和国建立后 17 年史学全盘否定**。17 年史学发展中客观存在的问题，导致改革开放以来中国古代史研究领域中对马克思主义唯物史观运用的淡漠。将 17 年史学归纳为农民战争史，称为"完全政治化"的时代等说法尽管不符合历史事实，在古代史学界也受到质疑，但是这种说法的影响依然存在。某些学者无论是对马克思主义基本理论的"反思""超越""淡化""回归文本"的种种说法，还是对马克思主义"僵化""教条""政治化"等指责，都削弱了中国古代史学界对马克思主义唯物史观的运用。

（二）**缺乏对中国古代史宏观问题、结构性问题的探讨与把握，明显呈现出理论基础薄弱的状况**。中国古代史研究无论是各断代史还是通史中，都积累了大量需要研究和关注的宏观性、结构性问题，只有对这些问题进行深入探讨，才能够对整个中国古代史及各断代史有相应的把握，从而推进中国古代史研究取得重大突破。但目前相关领域中的一些学者不仅对牵涉整个中国古代史的宏观问题不再关注，即便对其所研究的某个断代史的总体性把握也非常不够。

（三）中国古代史研究中也出现了历史虚无主义，研究脱离、远离现实的状况。历史虚无主义的一个重要方法论特征，就是通过历史个别现象而否认历史活动的本质，孤立地分析历史的阶段现象而否定历史运动的整体过程。在中国古代史研究中，历史虚无主义的一个重要表现是不顾历史真实，否认中国文明的本土起源说，试图证明"中国文明西来说"。（田居俭《历史岂容虚无——评史学研究中的若干历史虚无主义言论》，《高校理论战线》2005年第6期）另一个重要表现是对中华民族优秀民族精神的全盘否定。归根结底，如有的学者所说的那样，历史虚无主义并不是完全虚无，他们本质上虚的是唯物史观，而不是其他。历史虚无主义对研究古代史的学者来说影响虽然并不普遍，但如果我们不加注意，放弃马克思主义理论及其研究方法，这股思潮在中国古代史研究中的传播还会扩大。

历史研究不可能离开理论的指导，尽管当今有纷繁复杂的历史理论和史学思潮的存在，但从根本上解释客观历史的发展，其科学性和完整性还没有其他任何一种理论可以取代唯物史观。如同瞿林东《论史学在社会中的位置——为中国史学步入 21 世纪而作》(《史学月刊》2001 年第 1 期）所指出的那样，21 世纪的中国史学"其基本走向仍将是在马克思主义唯物史观指导下进行创造性研究，开辟新的领域，攀登新的高峰"。我在《30 年来的中国古代史研究》(《光明日报》2008 年 11 月 16 日）中写道："摆在史学家面前的迫切任务是要在马克思主义中国化的理论指导下，解放思想，不仅要从中国历史实际出发提出研究课题，探索中国历史发展的自身特点，而且要在研究方法上体现出中国特色。"如今，中国古代史学者使命光荣，任重道远。

《中国史研究动态》创刊于 1979 年，伴随着改革开放迎来的"科学的春天"而成长，凝聚着历史所几代学人和编者的心血，寄托着中国古代史学人的殷切希望。在此，也祝愿她的前景更加美好！

# 改革开放 40 年来的先秦史研究

晁福林

改革开放 40 年来,先秦史研究不论在史料的发现与运用,还是在研究范式的超越与重构上,皆取得了长足进展,重要成果层出不穷。总体看来成就巨大,进展迅速。

晁福林

1943年出生，河南杞县人。1965年毕业于北京师范大学历史系。后到东北一个
偏僻的山区中学任教师。此地距离朝鲜和俄罗斯都不太远，山清水秀，只是交通闭塞，找书困难。改革开放给我走出这个闭塞之地提供了千载难逢的机遇，1979年幸运地考回母校，随赵光贤师攻读硕士学位。1982年硕士研究生毕业后留在母校任教至今。

在攻读学位期间，主要学习商周时代的历史。除传世文献以外，还研习了一些商代甲骨卜辞以及周代彝铭的资料。与改革开放并重的另一个主题是解放思想。当时不少专家突破由斯大林提出的"五种生产方式说"，用马克思主义指导下的新思路、新角度、新方法来研究中国古代社会。我在学习过程中亲炙赵光贤师的教诲，努力钻研相关史料，写了一些小文，提高我的认识水平。后来，把这些成果汇集，出版了《先秦社会形态研究》（北京师范大学出版社，2003年）一书。在教学过程中，比较系统地学习了先秦时代的历史，先后出版有《夏商西周的社会变迁》（北京师范大学出版社，1996年；中国人民大学出版社，2010年再版）、《春秋战国的社会变迁》（商务印书馆，2011年）两书，皆得益于教学过程中的锻炼，体会到"教学相长"古训之重要。做学问要扎实，不可飘浮，这是赵光贤师的教诲。多年来未之敢忘，亦尽力行之。这方面的小文汇集为《春秋战国史丛考》（苏州大学出版社，2015年）、《夏商西周史丛考》（商务印书馆，2018年）两书，把学习的重点放在相关材料的考订上。

多年来也担任过一些职务，这些职务有中国古代史教研室主任、历史系主任，兼任过国务院学位委员会历史学科学科评议组成员和苏州大学特聘教授。现任北京师范大学历史学院教授、中国古代史研究中心主任。

改革开放40年来,先秦史研究不论在史料的发现与运用,还是在研究范式的超越与重构上,皆取得了长足进展,重要成果层出不穷。《逸周书·尝麦》言"夫循乃德,式监不远",即谓继承前人的优秀成果,为当下研究提供鉴戒。本文对相关成果的概述难免有遗珠之憾,是愚闻见不广的结果,这是先要深致歉意的。

## 一 概述与理论研究

陈寅恪在《敦煌劫余录序》中言:"一时代之学术,必有其新材料与新问题。取用此材料,以研求问题,则为此时代学术之新潮流。"(《陈寅恪先生全集》下册,里仁书局,1979年,第1377页)近40年来先秦史研究的发展,也正遵循这条道路前行。改革开放40年来,大量材料的整理和公布,带动了相关研究。

首先是传世文献的持续深入梳理。此时期对传世文献的系统综合整理研究,成果显著,如陈奇猷《吕氏春秋校释》(学林出版社,1984年)、顾颉刚与刘起釪《尚书校释译论》(中华书局,2005年)等。相关研究如杜勇《〈尚书〉周初八诰研究》(中国社会科学出版社,1998年,2017年增订)、张怀通《〈逸周书〉新研》(中华书局,2013年)等,皆有深研卓见。此外,中华书局整理出版的《十三经清人注疏》《新编诸子集成》及《续编》亦尤为学界重视。

其次是对既有出土文献的整理和汇编。20世纪以来，大量甲骨、青铜器以及简帛出土，相关著录数以千百计。将之系统整理、汇编，为进一步研究提供史料支持，成为一段时间内史学工作者的工作重心。改革开放以来，《甲骨文合集》（中华书局，1982年）及《补编》（语文出版社，1999年）、《甲骨文合集材料来源表》（中国社会科学出版社，1999年）、《甲骨文合集释文》（中国社会科学出版社，1999年）和《殷周金文集成》（中华书局，1984—1994年，2007年修订增补）、《殷周金文集成释文》（香港中文大学中国文化研究所，2001年）、张亚初《殷周金文集成引得》（中华书局，2001年）、马承源主编多卷本《商周青铜器铭文选》（文物出版社，1986—1990年）、吴镇烽《金文人名汇编》（中华书局，1987年，2006年修订）、王辉《商周金文》（文物出版社，2006年），皆嘉惠学林，很值得称赞。

长期以来，以"阶级斗争"为核心的研究范式在改革开放以后有了根本性转变。白寿彝任总主编的多卷本《中国通史》（上海人民出版社，1999年），可以说是这一转变的标志。随着新时期的到来，学者对传统研究范式进行了反思和自觉突破。"酋邦""早期国家""中心聚落"等理论成果逐渐成为先秦史学者理解国家和文明起源问题的钥匙。谢维扬《中国早期国家》（浙江人民出版社，1995年)、李学勤主编《中国古代文明与国家形成研究》(云南人民出版社，1997年)等，皆是运用相关理论进行研究的代表。

先秦社会形态研究同样跳出了传统研究范式。进行深入研究的著作，如赵光贤《周代社会辨析》(人民出版社，1980年)，以实证研究方式对先秦时期具体社会状况进行了考索。在此基础上，诸家学者不懈努力，自下而上地实现了研究范式的超越。张广志与李学功《三代社会形态——中国无奴隶社会发展阶段研究》(陕西师范大学出版社，2001年)、沈长云与张渭莲《中国古代国家的起源与形成研究》(人民出版社，2009年)等对夏商周三代社会的形态问题，都进行了卓有成效的探索。此外，对先秦国家形态的研究也是一大亮点。区别于社会形态研究的系统性与整体性，国家形态研究主要侧重于关注政权如何组织管理，国家权力如何运行。张秉楠《商周政体研究》(辽宁人民出版社，1987年)、谢乃和《古代社会与政治——周代的政体及其变迁》(黑龙江人民出版社，2011年)、张利军《商周服制与早期国家管理模式》(上海古籍出版社，2016年)等成果的次第出现，体现了学界对此问题的持续关注与思考。

社会史研究方面，社会组织构成与转变成为近年来学界关注的热点。朱凤瀚《商周家族形态研究》(天津古籍出版社，1990年，2004年增订)从"家族"这一血缘与社会组织层面系统分析先秦时期的社会构成，可谓此领域最具代表性和学术价值的著作。除了对社会结构及其变化的宏观把握，对具体社会生活微观考察也卓有成绩。宋镇豪《夏商社会生活史》（中国社会科学出版社，1994年）是其中的杰出代表。该书对先秦时期社会生活的各方面进行了专门梳理，论证精审，自成一家。

制度史研究在此时期涌现了大量重要成果。随着出土文献的不断丰富，将出土文献与传世文献结合起来，对社会中长期存在的某项制度进行系统的专题梳理，陈恩林《先秦军事制度研究》（吉林文史出版社，1991年）、刘源《商周祭祖礼研究》（商务印书馆，2004年）、陈絜《商周姓氏制度研究》（商务印书馆，2007年）等，都是值得称许的成果。

思想史随着大量先秦典籍文献的出土，成为研究热门。进行体系性建构的，以刘泽华《先秦政治思想史》（南开大学出版社，1984年）为典型代表。此外还有李学勤《简帛佚籍与学术史》（时报文化出版企业有限公司，1994年）及李零《简帛古书与学术源流》（生活·读书·新知三联书店，2004年）等，相关成果至为繁富。

先秦史研究在近40年中走向繁荣，对不同学科研究成果的吸纳与综合功不可没。跨学科研究成为先秦史研究的重要和常态化手段。考古学、古文字学、人类学、民俗学甚至自然科学的方法和成果，都为先秦史研究提供了强大助力。代表性成果有邹衡《夏商周考古学论文集》（文物出版社，1980年）及其《续集》（科学出版社，1998年）与《再续集》（科学出版社，2011年）、张培瑜《中国先秦史历表》（齐鲁书社，1987年）、冯时《中国天文考古学》（中国社会科学出版社，2007年），以及胡厚宣、于省吾、裘锡圭等在古文字学方面的相关研究。此外，近年来"夏商周断代工程""中华文明探源工程"等一系列重大项目的展开，也为先秦史学科进一步发展提供了经验。

以上所举，为改革开放40年来先秦史研究的荦荦大者，至于专门研究，将在下面进行阐述。

## 二 传说时代与考古学研究

关于传说时代的研究，主要从新石器时代考古学及文明、国家起源与传说时代两个角度展开。

这一时期，新石器时代考古学在基础理论与研究方法探索上的主要收获是提出了"考古学文化的区系类型"理论。1981年苏秉琦、殷玮璋发表《关于考古学文化的区系类型问题》（《文物》1981年第5期），并据此在全国范围内划分了6个考古学文化区，开创了相关研究的新局面。在此基础上，新石器时代考古学文化谱系和结构研究在改革开放以来取得了相当的进展，涌现了一批研究成果，如佟柱臣《中国新石器时代文化的多中心发展论和发展不平衡论——论中国新石器时代文化发展的规律和中国文明的起源》(《文物》1986年第2期)、严文明《中国史前文化的统一性与多样性》(《文物》1987年第3期)、张忠培《中国北方考古文集》(文物出版社，1990年)等。

现代自然科学技术运用于考古领域也对考古学发展产生了重要影响。这一手段的代表性运用，即是"夏商周断代工程"和"中华文明探源工程"。随着基础理论及研究方法的不断探索，通过聚落形态和遗址分布考察来深化对社会经济与生存环境、生产技术与社会组织结构、物质文化遗存与意识观念的研究，成为新时期对传说时代及文明、国家起源问题进行研究的主要思路。近年发现的重要遗址的发掘，极大地推动了对于新石器时代的认识和研究。

此外，中华文明起源的研究著作也陆续诞生，相关讨论持续深入。严文明《中华文明的始原》(文物出版社，2011年)、李伯谦《文明探源与三代考古论集》(文物出版社，2011年)从考古材料入手，重点探讨中国古代文明起源问题。

相较于传说时代的渺无踪迹，由于相关材料渐趋丰富，学界对夏文化的探讨取得了更为确切的成果。20世纪50年代河南地区二里岗文化和二里头文化的发现，大大缩短了人们认识夏文化的距离，提供了一条由新石器时代晚期通往青铜时代早期文化的途径。90年代发现的河南王城岗龙山文化遗存为研究夏文化的来源及与其他文化的联系等问题提供了线索，受到了学界重视。随着《偃师二里头：1959年～1978年考古发掘报告》(中国大百科全书出版社，1999年)、《二里头：1999—2006》(文物出版社，2014年)等发掘报告的陆续发表，逐步揭示了夏商之际宫城及其布局、手工和祭祀活动的更加具体的面貌。许宏《最早的中国》(科学出版社，2009年)、《何以中国：公元前2000年的中原图景》(生活·读书·新知三联书店，2014年)、《大都无城：中国古都的动态解读》(生活·读书·新知三联书店，2016年)等著作中对二里头、陶寺等遗址的考古成果有详细论述，并以此为基础探究了上古中国国家起源、城址格局、新石器文化兴衰等论题，是基于考古成果探讨国家产生问题的新论著。

纵观40年来传说时代与考古学研究的特点和成绩，学科交叉带来的综合效应越来越受重视，为多部门协作的组织、工作模式积累了宝贵经验。在目前已取得的研究成果基础上，新石器时代考古和文化研究推动了对于考古基础理论、研究方法的反思和创新，客观认识和吸收西方考古学理论，并创造符合中国古代社会实际的考古理论和方法，推动文化关系、人口特点等方面的研究进一步走向深入。

## 三 殷商史研究

改革开放以来，殷商史研究取得了长足进步。在著名的《甲骨文合集》及《补编》以外，考古出土的大量甲骨以最快的速度整理出版。殷墟附近出土甲骨主要分为3批。（一）1973年安阳小屯南地出土的4000多片有字甲骨，收入中国社科院考古所编《小屯南地甲骨》（中华书局，1980年出版上册图版，1983年出版下册释文、索引、钻凿）。此外还有姚孝遂、肖丁《小屯南地甲骨考释》（中华书局，1985年）等。（二）1991年殷墟花园庄东地H3出土一坑甲骨，计1583片，有字者689片，后整理出版《殷墟花园庄东地甲骨》（云南人民出版社，2003年），相关研究可参考齐航福、章秀霞《殷墟花园庄东地甲骨刻辞类纂》（线装书局，2011年）。（三）2002年殷墟小屯南地继1973年出土甲骨后，又出土甲骨600多片，有字卜甲、卜龟227片，这批材料编入《殷墟小屯村中村南甲骨》（云南人民出版社，2012年）。这一系列甲骨的发现及著录，逐步完善了科学发掘甲骨材料的著录体例。《小屯南地甲骨》每片甲骨拓片均注明考古发掘单位（灰坑、房屋基址、墓葬）、出土顺序号，标明层位关系，便于探讨甲骨断代。下册《小屯南地甲骨的钻凿形态》按考古类型学方法对甲骨钻凿作了系统分析，也是研究钻凿形态的最新成果。于省吾主编、姚孝遂编撰《甲骨文字诂林》（中华书局，1996年）汇集资料齐全、缕析细致、截断众流，为研究者提供了极大方便。至于安阳殷墟、郑州以外地区商代甲骨文的发现，主要是2003年山东济南大辛庄出土有字卜甲，对研究商王朝与东方邦国性质、商方国都邑等问题意义重大。这些资料整理者不辞辛苦、嘉惠学林的精神，至为宝贵。

甲骨文是研究殷商史最为可靠的一手资料，王宇信、杨升南主编《甲骨学一百年》（社会科学文献出版社，1999年）对新时期以来甲骨学相关研究的发展作了很好的总结。而对甲骨文真伪认定、文字考释、缀合、文例、占卜形式等进行考察，可为殷商史提供良好研究基础。卜辞真伪问题，典型例子就是家谱刻辞。对此，早期学者已有争论，1985年李学勤等编《英国所藏甲骨集》（中华书局，1985年）公布了更为清晰的照片和拓片后引起学界又一次争论。至于文字考释，在前辈学者基础上，如于省吾《甲骨文字释林》（中华书局，1979年）、裘锡圭《古文字论集》（中华书局，1992年）等成果，考释精审，取得了显著成绩。尽管如此，甲骨文的释读工作仍十分艰巨。至于文法、语例研究，学界虽有涉及，但目前仍较为薄弱。卜辞缀合某种意义上为研究甲骨提供了新材料，以黄天树为代表的学者多有收获，出版有《甲骨拼合集》（学苑出版社，2010年）及其《续集》（学苑出版社，2011年）。

甲骨的分期断代问题是研究甲骨文的前提。随着新材料出土，对董作宾提出的传统五期说，学界有了新认识，争议主要集中在以下两点：

（一）董作宾提出的"文武丁卜辞"的断代，亦即陈梦家概括为"子组""午组""𠂤组"卜辞。小屯南地甲骨的科学地层为讨论提供了坚实证据。林沄《从武丁时代的几种"子卜辞"试论商代家族形态》（《古文字研究》第一辑，1979年）根据子卜辞（含子组、午组）与宾组、𠂤组同版、同坑及出土地层，进一步肯定其属于武丁时代。《小屯南地甲骨》上册"前言"指出宾组和𠂤组卜辞地层关系、内容、文例等方面存在相似之处，因此时代一致。同时也指出有重要不同，可能是前后关系。

（二）"历组卜辞"的时代问题。1977年妇好墓发现后，李学勤首先提出"历组卜辞"的概念，根据文字特征、文例、人物、贞卜事类、称谓及与出组卜辞同版等多方面论证，将传统归于第四期武乙、文丁时期提前至武丁晚年到祖庚时代。支持者有裘锡圭《论"历组卜辞"的时代》（《古文字研究》第六辑，1981年）、林沄《小屯南地发掘与殷墟甲骨断代》（《古文字研究》第九辑，1984年）等。为解释武丁至祖庚时期同时有宾组、出组、历组等几类卜辞，李学勤提出殷墟甲骨分期的两系说，一为宾组—出组—何组—黄组，另一系统为自组—历组—无名组。林沄《小屯南地发掘与殷墟甲骨断代》最早将"两系说"系统化，按类型学原则根据卜辞字体及演变对卜辞进行更细致的分类，提出"自历间组""自宾间组"概念。黄天树《殷墟王卜辞的分类与断代》（文津出版社，1991年）、彭裕商《殷墟甲骨断代》（中国社会科学出版社，1994年）均支持两系说，并予以更具体的解释。李学勤、彭裕商《殷墟甲骨分期研究》（上海古籍出版社，1996年）则全面探讨了"历组卜辞"的时代和分系。反对历组提前，坚持认为历组仍属第四期武乙、文丁时代的论著，包括肖楠《论武乙文丁卜辞》（《古文字研究》第三辑，1980年）及其《再论武乙文丁卜辞》（《古文字研究》第九辑，1984年）、罗琨与张永山《论历组卜辞的年代》（《古文字研究》第三辑，1980年）、曹定云《论武乙、文丁祭祀卜辞》（《考古》1983年第3期）、陈炜湛《"历组卜辞"的讨论与甲骨文断代研究》（《出土文献研究》，文物出版社，1985年）等。关于甲骨分期的讨论，极大促进了卜辞分类与断代研究水平的提高。

40年来，利用甲骨文研究殷商史愈趋系统、细致，研究内容涉及商代国家社会及思想观念的方方面面，无论是广度还是深度都较过往有长足发展。这些年来的重要研究课题包括：

（一）卜辞中"众"的身份问题。相关讨论涉及对商代社会性质的认识。传统研究一直在奴隶社会前提下展开，改革开放后，学界重新审视"众"的身份，多认为"众"非奴隶，如朱凤瀚《殷墟卜辞中的"众"的身份问题》(《南开学报》1981年第2期)、张永山《论商代的"众人"》(胡厚宣编《甲骨探史录》，生活·读书·新知三联书店，1982年)等。

（二）商代宗法制及相关研究。花园庄东地"子"卜辞的发现，为商代家族形态和社会结构研究提供了新契机。林沄《从武丁时代的几种"子卜辞"试论商代的家族形态》利用殷墟非王卜辞考察商人贵族家族的结构、经济基础和族长权力。裘锡圭《关于商代的宗族组织与贵族和平民两个阶级的初步研究》(《文史》第17辑，1983年)从商人内部阶级探讨商代社会阶级结构，肯定商代后期存在宗法制度。杨升南《从殷墟卜辞中的"示"、"宗"说到商代的宗法制度》(《中国史研究》1985年第3期)从商王室的神主、宗庙制度等论证商代宗法制。朱凤瀚《殷墟卜辞所见商王室宗庙制度》(《历史研究》1990年第6期)指出商晚期先王、先妣宗庙设置的原则主要在于是否直系；他的《商周家族形态研究》主张宗法制的核心是维护宗子在本宗族内至尊的地位。从家族组织的角度认识商代国家结构，认为商王国的核心是商王朝与重要子姓宗族，商王通过宗法关系控制子姓宗族，也保证了对商王国内其他异姓宗族及被征服处于附属地位的部落的统治。

（三）商王国国家结构形式研究。或认为商代存在封建诸侯制度，如杨升南《卜辞所见诸侯对商王室的臣属关系》（胡厚宣编《甲骨文与殷商史》，上海古籍出版社，1983年）。或主张方国联盟，如林沄《甲骨文中的商代方国联盟》（《古文字研究》第六辑，1981年）提出8项确定商联盟方国的标准，运用"都鄙群"解释早期国家形态。宋镇豪《商王朝的国土经纬》（胡庆钧主编《早期奴隶制社会比较研究》，中国社会科学出版社，1996年）、《论商代的政治地理架构》（《中国社会科学院历史研究所学刊》第一集，社会科学文献出版社，2001年）也对商代国家结构进行探讨。或从家族组织角度认识商代国家结构。或认为商代存有多王，国家松散，如齐文心《关于商代称王的封国君长的探讨》（《历史研究》1985年第2期），高明《商代卜辞中所见的王与帝》、葛英会《殷墟卜辞所见的王族及相关问题》（均载《纪念北京大学考古专业三十周年论文集：1952—1982》，文物出版社，1990年）等。

（四）集合示名研究，如大示、小示，上示、小示等，杨升南《从殷墟卜辞中的"示"、"宗"说到商代的宗法制度》认为大示是直系先王、小示是旁系先王。曹锦炎《论卜辞的示》（吉林大学研究生处编《研究生论文集刊》1983年第1期）指出大示是上甲至示癸六示。张政烺《释它示——论卜辞中没有蚕神》（《古文字研究》第一辑，1979年）则认为它示是二示，是小示。贾洪波《殷墟卜辞集合神主"示"之丛识》（《历史研究》2004年第5期）对这些研究作了总结。

（五）祭祀与宗教。对商人祭祀的研究中，常玉芝《商代周祭制度》（中国社会科学出版社，1987年）和《商代宗教祭祀》（中国社会科学出版社，2010年）是代表性成果。周祭是目前学界认识较为清晰的商后期王室的祭祀活动，是轮流以彡、翌、祭等五种祭祀逐日祭祀自上甲开始的所有先王和直系祖先的配偶的制度。而对殷人宗教的研究，主要集中于上帝是否为至上神的争论。朱凤瀚《商周时期的天神崇拜》（《中国社会科学》1993年第4期）、《商人诸神之权能与其类型》（吴荣曾主编《尽心集——张政烺先生八十庆寿论文集》，中国社会科学出版社，1996年）将商人神灵划分为上帝、自然神、由自然神人神化、非本于自然神的祖神，也认为上帝并不是至上神，也非商人保护神。

（六）商王朝官僚系统。相关主要成果有胡厚宣《殷代的史为武官说》（胡厚宣主编《全国商史学术讨论会论文集》，《殷都学刊》增刊，1985年）、张亚初《商代职官研究》（《古文字研究》第十三辑，1986年）、王贵民《商代官职及其历史特点》(《历史研究》1986年第4期)、裘锡圭《关于殷墟卜辞的"瞽"》(王宇信等主编《2004年安阳殷商文明国际学术研讨会论文集》,社会科学文献出版社,2004年)、许兆昌《周代史官文化：前轴心期核心文化形态研究》(吉林大学出版社,2001年)等,这些成果考察了商代的职官种类、历史特点,对商周的职官体系进行对比。裘锡圭《甲骨卜辞中所见"田""牧""卫"等职官的研究——兼论"侯""甸""男""卫"等几种诸侯的起源》(《文史》第19辑,1983年)则提出侯、甸、男、卫由职官转化为诸侯的观点。

（七）花东"子"卜辞研究。花园庄东地甲骨属于非王卜辞,相关研究主要围绕"子"的身份问题展开。专著有常耀华《殷墟甲骨非王卜辞研究》(线装书局,2006年)、姚萱《殷墟花园庄东地甲骨卜辞的初步研究》(线装书局,2006年)、韩江苏《殷墟花东H3卜辞主人"子"研究》(线装书局,2007年)等。

（八）族徽研究。从对族徽文字的考释,到对其性质的探讨,有姚孝遂"表意文字"说、林沄"早期铜器铭文"说、李学勤"族氏铭文"说、裘锡圭"族名文字"说等。学界主要就"复合氏名"进行了热烈讨论。朱凤瀚《商周青铜器铭文中的复合氏名》(《南开学报》1983年第3期)提出其为母族下的分支；严志斌《复合氏名层级说之思考》(《中原文物》2002年第3期)、《商周复合氏名探析》(《古文字研究》第二十七辑,2008年)认为有共同作器现象;张懋镕《关于探索"复合族徽"内涵的新思路》提出同姓可能是分支,异姓为姻亲说。对此问题的综合研究主要有何景成《商周青铜器族氏铭文研究》(齐鲁书社,2009年)。族徽研究与氏族、方国地理关系密切,学界对商代氏族由整理相关氏族铭文基础上,进一步探讨氏族迁徙等问题,如曹定云《殷代的"卢方"——从殷墟"妇好"墓玉戈铭文论及灵台白草坡"潶白"墓》(《社会科学战线》1982年第2期)。

甲骨文以外,考古材料、商代青铜器均是研究殷商史的重要资料。改革开放以来,陆续发掘了新的考古遗址,如偃师商城、洹北商城、山东滕州前掌大商周墓地,并出版了一批引人注目的研究成果,如《殷墟妇好墓》(文物出版社,1980年)、《藁城台西商代遗址》(文物出版社,1985年)、《殷墟发掘报告(1958—1961)》(文物出版社,1987年)、《夏县东下冯》(文物出版社,1988年)、《垣曲商城:1985—1986年度勘察报告》(科学出版社,1996年)、《郑州商城:1953—1985年考古发掘报告》(文物出版社,2001年)、《盘龙城:1963—1994年发掘报告》(文物出版社,2001年)。研究商代铜器铭文的专著有严志斌《商代青铜器铭文研究》(上海古籍出版社,2013年)等。

对殷商史的总体把握，宋镇豪主编的11卷《商代史》(中国社会科学出版社，2011年)是目前最为系统的著作，从多方位、多角度、深层次考察商代史。宋镇豪、段志洪主编《甲骨文献集成》(共40册，四川大学出版社，2001年)将难以觅见的甲骨学商史的著录及研究著作汇编。加之改革开放以来，重印了大量早期甲骨文学者的研究著作，嘉惠学林，成绩巨大。

大略来看，40年来殷商史研究发展迅速，但研究中仍有较多不足，现有研究结论也尚待进一步检验、完善。随着20世纪90年代以来大量简帛等新材料的出土，学界对殷商史研究的关注固然有转冷的趋势，但新材料如清华简所见"商书"的一些资料，也为从其他角度研究殷商史事及相关问题提供了契机，这也是殷商史研究值得关注的新趋向。

## 四 西周史研究

改革开放以来西周史研究的推进，大体也可归为材料的发见与研究范式的创新两方面。材料的发见主要是西周时期甲骨卜辞及随着大量西周考古遗迹的发掘带来的大批青铜器的问世，研究范式的创新则体现在突破了"五种社会形态"演进这一旧有研究范式后，对西周社会方方面面的深入探讨。以下即对这两方面举要说明。

西周甲骨多地皆有出土，数量较多、较为重要的主要有两批：周原甲骨和周公庙甲骨。

周原甲骨发现于1977年岐山县凤雏建筑遗址，计卜甲16371片、卜骨678片，其中带字卜骨292片。周原甲骨的陆续公布，引发了对诸如数字卦、"楚子""周方伯"等问题的广泛讨论。王宇信、徐锡台、陈全方、朱歧祥等都对周原甲骨进行了专门研究。在曹玮《周原甲骨文》（世界图书出版公司，2002年）中，周原甲骨卜辞第一次全部以放大照片的形式面世，是目前利用周原甲骨最重要的参考资料。

学界对周公庙甲骨的讨论也方兴未艾。截止到2011年，周公庙遗址发掘中已发现西周甲骨10000余片，可辨识文字近2600个，其中"文王""王季""周公"等人名已被发现。目前周公庙甲骨只有零星公布，系统研究尚未开始，是西周史研究未来的努力方向。

随着对西周遗址的大量发掘，除甲骨材料大量出土外，一大批具有重大学术价值的西周铜器铭文也陆续发现。如北京琉璃河西周燕国青铜器、湖北随州叶家山西周曾国青铜器、河南平顶山西周应国青铜器、陕西宝鸡竹园沟西周弓国青铜器、山西绛县倗国墓地以及陕西扶风庄白一号、眉县杨家村、宝鸡石鼓山、扶风齐村所出䚄簋等器物的铭文都具有重要史料价值，引起了学者广泛讨论。此外，一批私人收藏的重要有铭青铜器也被公布出来，最具代表性的是首阳斋等的《首阳吉金》（上海古籍出版社，2008年）和罗新慧主编《首阳吉金疏证》（上海古籍出版社，2016年）。这些器物的面世和研究，对彝铭所载西周史料的丰富都具有重要意义。

金文材料的运用，离不开著录、释文。除《殷周金文集成》及其《释文》外，刘雨、卢岩《近出殷周金文集录》（中华书局，2002年）及刘雨、严志斌《近出殷周金文集录二编》（中华书局，2010年）著录了《集成》未著录的新出铜器铭文。此外，张桂光主编《商周金文摹释总集》（中华书局，2010年）提供了清晰的铭文摹本和准确简明的释文。吴镇烽《商周青铜器铭文暨图像集成》（上海古籍出版社，2012年）及《续编》（上海古籍出版社，2016年）将图像、释文与相关背景资料集中列出，也为学者深入研究提供了极大便利。

此时期，出现了系统地释读铭文以方便阅读和理解金文材料的著作。马承源主编《商周青铜器铭文选》是此类著作中体量最大、印刷最精、最为系统的一部。此外，唐兰遗著《西周青铜器铭文分代史征》（中华书局，1986年）虽只完成了穆王以前的铭文释读，但在断代和释读上具有重要参考价值。陈佩芬《陈佩芬青铜器论集》（中西书局，2016年）也是一部有重要学术意义的著作。朱凤瀚《中国青铜器综论》（上海古籍出版社，2009年）更是全面深入研究青铜器的翘楚。

改革开放后，新见简帛文献与西周史研究直接相关者不多，但近年来陆续公布的《清华大学藏战国竹简》第一至第七辑（中西书局，2010—2017年）中有一批"书"类文献，虽然写定年代是战国，但其来源很可能是西周时期，如《程寤》《保训》《厚父》等，或素来未见流传，或可与传世文献对读。《楚居》是楚人自述先人历史，详细记述了楚国迁都过程，可信度较高，对研究西周时期楚国史具有极为重要的价值。《系年》对西周的很多记载不见于传世文献，史料价值极高，尤其是对两周之际历史的重构具有重要意义。

在新材料的发现、整理和研究日益热烈的同时，学界对传统文献的梳理也从未停止。自"古史辨"思潮兴起以来，老辈学者已经对传世先秦典籍文献的成书时间作了全面检讨与研究。目前公认成书于西周的文献较少，主要有《尚书》"周初八诰"和《逸周书》中的部分篇章。

近20年来学者对《逸周书》关注颇多，其中最重要的当推黄怀信等《逸周书汇校集注》（上海古籍出版社，1995年，2007年修订）及张怀通《〈逸周书〉新研》（中华书局，2013年）等。前者在《逸周书》文献的梳理、校对、释读上用力颇深，是研究《逸周书》可依据的较为详赡的注本。后者则多着力于传世文献与出土文献的系统整合，直面典籍性质、成书年代、史料价值等最重要的问题。"清华简"已公布了数量不少的"书"类文献，相信未来一段时间对"书"类文献的讨论将再次迎来高峰。

西周年代学也是近40年学者关注的重点，西周诸王纪年问题始终是困扰学界的重要命题。此问题可分为两部分理解：一是诸王纪年的起点，即武王伐纣之年的考订，二是对西周诸王纪年的编排。

对武王伐纣之年的研究，赵光贤《从天象上推断武王伐纣之年》（《历史研究》1979年第10期）揭开了研究热潮的序幕。随着"夏商周断代工程"的开展而达到高峰，相关成果集中体现在"断代工程"丛书之一的《武王克商之年研究》（北京师范大学出版社，1997年）中，目前学界关于武王伐纣之年的观点并未完全一致。

对西周诸王纪年的研究随着青铜器铭文断代，至今仍是金文研究的热点问题。"夏商周断代工程"组织编纂的《西周诸王年代研究》（朱凤瀚、张荣明编，贵州人民出版社，1998年），汇总了传世文献中关于西周纪年的史料以及20世纪国内外学者关于西周纪年的研究成果，但也未得出一致结论。此后，刘启益《西周纪年》（广东教育出版社，2002年）、张闻玉等《西周纪年研究》（贵州大学出版社，2010年）以青铜器铭文为主要材料，系统地推演西周诸王的纪年，亦各成其理。此外，韩巍所提出的"恭王长年说"颇见创新，可成一家之言。

由此上溯到先周时期，周族起源是近代以来广泛讨论的老问题。改革开放后，由于考古资料的丰富，结合传世文献和考古资料研究周族起源成为新趋势。首开此风的是邹衡《论先周文化》（《夏商周考古学论文集》），此文通过对陶器和铜器器型的分析，尤其是对瓦鬲的器型分析，推演出一条先周文化的发展脉络，开创了考古器型类比、出土文字材料和传世文献相结合的研究范式，对相关问题的研究产生了重大影响。

对西周史事的研究，改革开放以来最大的突破点在西周灭亡与两周之际。李峰《西周的灭亡——中国早期国家的地理和政治危机》（上海古籍出版社，2007年）从政治历史地理的角度切入，对西周灭亡的过程及原因作出了新的解读。《系年》公布后，出现了自《竹书纪年》后最系统、最可信、年代最早的关于两周之际的历史记载，其中大部分史事不见于传世文献，尤其是关于"周亡王九年"等关键性记载，更是引发了讨论热潮。

除具体史事考证外，学者在对社会的宏观把握上也卓有成就。改革开放以来，对西周社会形态的探讨开始逐渐向西周国家结构的研究转变。赵伯雄《周代国家形态研究》（湖南教育出版社，1990年）和赵世超《周代国野制度研究》（陕西人民出版社，1991年）是改革开放后大陆学界研究周代国家结构的奠基之作。李峰《西周的政体：中国早期的官僚制度和国家》（生活·读书·新知三联书店，2010年）立足考古材料和出土铜器铭文，抛开时代争议不定的传世文献，得出了极富新意的观点。

制度史研究向来是断代史研究的重镇。40年来，诞生了一批西周制度史研究的奠基之作。譬如，研究宗法制的著作有钱宗范《周代宗法制度研究》（广西师范大学出版社，1989年）、钱杭《周代宗法制度史研究》（学林出版社，1991年）；研究职官、册命制度的著作有张亚初与刘雨《西周金文官制研究》（中华书局，1986年）、陈汉平《西周册命制度研究》（学林出版社，1986年）；研究分封、采邑制度的有葛志毅《周代分封制度研究》（黑龙江人民出版社，1992年）、吕文郁《周代采邑制度研究》（文津出版社，1992年，2006年增订，改题《周代的采邑制度》）；研究礼乐制度的有沈文倬《宗周礼乐文明考论》（杭州大学出版社，1999年）、杨向奎《宗周社会与礼乐文明》（人民出版社，1992年）、常金仓《周代礼俗研究》（文津出版社，1993年）、李衡眉《昭穆制度研究》（齐鲁书社，1996年）。五等爵制的研究在改革开放以后也一直是讨论热点，近年亦有相关博士论文问世。研究社会生活的著作有常金仓《周代社会生活述论》（吉林人民出版社，2008年）；研究家族形态的著作有谢维扬《周代家庭形态》（中国社会科学出版社，1990年）；研究土地经济的著作有金景芳《论井田制度》

（齐鲁书社，1982年）、李朝远《西周土地关系论》(上海人民出版社，1997年）。

对西周思想观念的研究，基本超出了西周断代的范围，专著也不多。朱凤瀚《商周时期的天神崇拜》，罗新慧《尚"文"之风与周代社会》(《中国社会科学》2004年第4期）、《周代天命观念的发展与嬗变》(《历史研究》2012年第5期）等都是代表性的论文。

纵观改革开放后的西周史研究，呈现新材料、新观念与新方法齐头并进的发展趋势，学者们的深入探讨促进了西周史研究的大发展。

## 五　春秋战国史研究

改革开放40年来，春秋战国史的研究旨趣发生了重大变化，在跳出"五种社会形态"演进的传统研究范式后，呈现多样化的特征。随着考古发掘的逐渐深入，新出土材料成为研究热点，学者利用出土材料对春秋战国的年代、史事、文献、学派等问题作了深入考订，社会风俗、思想文化等方面研究也日益成为重点。

1979—1990年间，学界对春秋战国史的研究重点多集中于生产力、生产组织结构、土地所有制、社会等级制度以及变法等方面。学者们试图通过对以上议题的讨论，对春秋战国的社会形态作出判断。

此时期对于春秋战国社会形态研究方面的成果主要有：林甘泉《从出土文物看春秋战国间的社会变革》(《文物》1981年第5期)、崔春华《春秋战国的社会变革和暴力革命》(《中国古代史论丛》第八辑，福建人民出版社，1983年)、李瑞兰《略论战国封建地主阶级的构成、来历及特征》(《中国古代地主阶级研究论集》，南开大学出版社，1984年)、韩连琪《春秋战国时代政治的变化》(《文史哲》1984年第2期)和《春秋战国时代的郡县制及其演变》(《文史哲》1986年第5期)、吴荣曾《对春秋战国家长制奴隶制残余的考察》(《北京大学学报》1987年第2期)等。以上论著对春秋战国间的社会形态作了概括性阐述。

由于学界对春秋战国时期社会形态的探讨和关注，加上改革开放时期的时代背景，作为社会形态的具体表现的变法改革也成为学术界讨论的热点，主要成果有：祝瑞开《春秋初中期齐晋楚的封建主革命》(《西北大学学报》1979年第1期)、黄中业《重评战国变法运动》(《史学月刊》1981年第5期)、王育成《商鞅变法始年质疑》(《争鸣》1983年第4期)、朱凤瀚《关于春秋鲁三桓分公室的几个问题》(《历史教学》1984年第1期)、斯维至《商鞅变法及其有关的问题》(《先秦史研究》，云南民族出版社，1985年)、徐中舒与唐嘉弘《略论春秋时代的变法改制及霸业》(《先秦史研究》，云南民族出版社，1985年）等。

20世纪70年代以来的考古发现也极大地促进了春秋战国史研究，代表性的有《睡虎地秦墓竹简》（文物出版社，1978年）、《望山楚简》（中华书局，1995年）、《郭店楚墓竹简》（文物出版社，1998年）、《上海博物馆藏战国楚竹书》（上海古籍出版社，2001—2012年）、《清华大学藏战国竹简》以及河北平山战国中山王墓出土的中山王诸器等。以顾颉刚、张政烺、李学勤、李零为代表的一批学者发表多篇文章对铭文及中山国历史作了讨论。裘锡圭主编的《长沙马王堆汉墓简帛集成》（中华书局，2014年），其中关于战国诸子思想的重要材料，得以系统整理。而湖北随州文峰塔曾国墓地的发现则引起了学者对曾国的兴趣，杨宽、石泉、曾昭岷、李学勤等学者曾就此问题发表多篇论文。这也掀起了对春秋战国时期各诸侯国历史的关注，如林剑鸣《秦史稿》（上海人民出版社，1981年）、白国红《春秋晋国赵氏研究》（中华书局，2007年）等，皆是具有代表性的成果。

诸子作为春秋末至战国时的独特群体也备受关注。1979—1990年间，学界对诸子思想的讨论集中于对先秦诸子的综合评价、学派比较和对"百家争鸣"现象的述评。代表成果有金景芳《战国四家五子思想论略——儒家孟子、荀子，墨家墨子，道家庄子，法家韩非子》（《吉林大学社会科学学报》1980年第1期）、乔长路

《论春秋战国百家争鸣中的学派划分问题》(《社会科学战线》1980年第1期)、陈红映《先秦诸子起源新探》(《思想战线》1983年第6期)等。以上论著对诸子思想的分析,多从经济基础决定上层建筑、阶级划分的角度入手,呈现出较浓厚的时代特征。而新时期则对诸子生平、思想及著作的成书过程、成书年代有了较为深入的讨论,代表作品有蒋礼鸿《商君书锥指》(中华书局,1986年)、杨兆贵《〈鹖冠子〉新论》(澳门大学出版社,2012年)、仝卫敏《出土文献与〈商君书〉综合研究》(花木兰出版社,2012年)等。诸子文献的出土也为诸子研究增添了新成果。

考古发现所见的汉墓文字资料中也有关于春秋战国社会历史的重要资料,长沙马王堆汉墓出土的帛书、银雀山汉墓出土的《孙子兵法》《孙膑兵法》《尉缭子》《晏子》(见《银雀山汉墓竹简》,文物出版社,1985年)等在此时得到了深入研究,陆续刊布的阜阳汉简,也为研究诸子学说提供了新材料。

1990年至今,春秋战国史研究进入了一个新阶段。主要特点一方面是研究范式的超越与重构,另一方面也是研究材料的不断丰富,出土文献成为促进春秋战国史事及诸子思想研究的主要动力。

社会阶层的变迁是研究社会形态的重要问题。此时期,学者们普遍关注知识分子阶层在社会变迁中所起的作用，涌现出一批讨论"士"阶层的成果，如王泽民《春秋时代士阶层的崛起及其社会文化性格》(《西北民族大学学报》1995年第4期)、马卫东《春秋时期贵族政治的历史变迁》(吉林大学出版社，2011年)等。

社会阶级的变迁也表现在经济形态的变迁上，因此，学界开始重视春秋战国时期的土地制度与商业发展问题。此时期关于土地制度的主要成果有：林剑鸣《井田和爰田》(《人文杂志》1979年第1期)、林鹏《晋作爰田考略》(《晋阳学刊》1982年第3期)、李孟存与常金仓《对〈晋作爰田考略〉的异议》(《晋阳学刊》1982年第5期)、张金光《试论秦自商鞅变法后的土地制度》(《中国史研究》1983年第2期)、赵俪生《中国土地制度史》(齐鲁书社，1984年)、李瑞兰《战国时代国家授田制的由来、特征及作用》(《天津师大学报》1985年第3期)、郭豫才《论战国时期的封建土地国有制——再论我国封建制生产关系的形成过程》(《史学月刊》1987年第1期)、李修松《初税亩辨析》(《安徽大学学报》1989年第4期)、张玉勤《论战国时期的国家授田制》(《山西师大学报》1989年第4期)等。通过对春秋战国土地制度的具体分析，试图廓清当时社会经济的实际状况，进而认识社会阶级的分布状况及其关系。

作为经济运转直接体现的商业制度及币制，以及商人的身份地位问题，也成为学界关注的热点。杨生民

《论春秋战国的市》(《历史研究》1996年第3期)、杜勇《春秋战国时期商人资本的发展及其历史作用》(《四川师范学院学报》1996年第1期)、何兹全《战国秦汉时代的交换经济和自然经济,自由民小农和依附性佃农》(《史学理论研究》2001年第3期)、张宏《战国秦汉时期私商类型叙论》(《山东师大学报》2001年第5期)、黄锡全《先秦货币研究》(中华书局,2001年)、吴良宝《中国东周时期金属货币研究》(社会科学文献出版社,2005年)、陈隆文《春秋战国货币地理研究》(人民出版社,2006年)等均是其中代表。

不同于此前多数学者将注意力集中于经济形态的情况,此时期,学者的研究主题日益多元化,思想观念、习俗、官制等议题都成为研究热点。思想观念方面,代表性著作有刘泽华《中国古代政治思想史》(南开大学出版社,1992年)、陈来《古代思想文化的世界:春秋时代的宗教、伦理与社会思想》(生活·读书·新知三联书店,2002年)、徐文武《楚国思想与学术研究》(湖北教育出版社,2012年)。另外,徐勇《论春秋时期管仲和齐桓公的军事改革》(《历史教学》1996年第8期)、陈伟《春秋时期的附庸》(《武汉大学学报》1996年第2期)、徐杰令《春秋邦交研究》(中国社会科学出版社,2004年)、蔡锋《春秋时期贵族社会生活研究》(中国社会科学出版社,2004年)等研究成果也涉及社会生活的方方面面。

首先，新出之春秋战国青铜器为相关研究注入了新鲜血液。这方面的研究成果有肖梦龙、刘伟主编《吴国青铜器综合研究》（科学出版社，2004年）、张光明《齐文化的考古发现与研究》（齐鲁书社，2004年）、彭裕商《春秋青铜器年代综合研究》（中华书局，2011年）。其次，一批重要简帛资料为春秋战国时期社会风俗、信仰、诸子思想以及文献流传的研究提供了新助力。1998年公布的郭店楚简为研究思孟学派、人性论、《老子》一书的流传等问题提供了新线索。2001—2012年间，《上海博物馆藏战国楚竹书》共公布9册，其中多篇简文对研究《诗经》、性情论、上古帝王传说、文献流传有重要意义。这批新材料出现后，学界进行了热烈的讨论。陈伟等著《楚地出土战国简册（十四种）》（经济科学出版社，2009年）汇集并订正资料和研究成果，为相关研究创造了便利，很为学界欢迎。

面对简帛材料大量出现，不少学者也对文献流传、学派划分问题进行了反思。代表性成果有裘锡圭《出土文献与古典学重建》（《出土文献》第四辑，2013年）、刘笑敢《出土简帛对文献考据方法的启示（之一）——反思三种考据方法的推论前提》（《中国哲学与文化》第6辑，广西师范大学出版社，2009年）、李锐《新出简帛的学术探索》（北京师范大学出版社，2010年）等。

纵观改革开放40年来春秋战国史研究的成就，可以看到，出土文献的大量涌现与研究范式的自觉革新，是促成此历史成就的重要原因。但学界应意识到纯粹的出土文献研究的局限性，应当以更加系统的思维来看待春秋战国史的研究，放远目光，促进史学研究向着更加繁荣的方向持续进步。

综上所述，改革开放40年来的先秦史研究总体看来成就巨大、进展迅速。其中特别引人注目的，一是甲骨、金文、简帛等重要考古文字材料的整理和研究成绩突出，促进了相关研究的迅速发展；二是一批标志性重要成果的出现，如白寿彝总主编《中国通史》、宋镇豪主编《商代史》、朱凤瀚著《中国青铜器综论》等，都具有重要学术意义。面对已有成绩，我们必须清醒地认识到，目前的先秦史研究待整理的新材料、待研究的新问题、待开辟的新领域还比较多，广阔天地，大有可为，还需要学界持续努力，发扬创新精神，进一步开创先秦史研究的新局面。

# 改革开放 40 年来的秦汉魏晋南北朝史研究

陈长琦

1978—1989 年,是中国史学,也是秦汉魏晋南北朝史研究的彷徨、探索期。1989 年之后,史学实现了"人文之学"的回归,进入了正常的稳定发展时期。秦汉魏晋南北朝史研究无论从广度与深度上,都超迈以往,亦呈现视野开阔、方法多元、领域宽广、成果丰硕等特点。

陈长琦

1954年出生。历史学博士、华南师范大学教授。1978—1985年，本科、硕

士研究生毕业于河南大学历史系；1989年，博士研究生毕业于华东师范大学中国史学研究所。1994年起任华南师范大学教授、博士生导师、校学术委员会委员，享受国务院"政府特殊津贴"。兼任教育部高校历史教学指导委员会委员、中国史学会理事、中国秦汉史研究会常务理事、中国魏晋南北朝史学会副会长、广东省史学会副会长。学术研究领域为秦汉魏晋南北朝史、中国古代政治制度史。出版著作有《两晋南朝政治史稿》（河南大学出版社，1992年）、《战国秦汉六朝史研究》（广东人民出版社，1997年）、《中国政治制度史》（高等教育出版社，2001年）、《中国古代国家与政治》（文物出版社，2002年）、《六朝政治》（南京出

版社，2010年）、《官品的起源》（商务印书馆，2016年）等，在《中国社会科学》《历史研究》《中国史研究》《史学月刊》等学术刊物发表论文八十余篇。

1978年，在中国现代史上是不平凡的一年。这一年随着十一届三中全会的召开，中国社会告别了以阶级斗争为纲的路线，开始步入了以经济建设为中心的改革开放的新时代。同时，中国史学也与中国学术界一起迎来了"科学的春天"。40年来，秦汉魏晋南北朝史研究，与中国史学发展同步，在经历了初期的兴奋、彷徨、探索之后，走上了正常的、稳定的发展道路。

一

中国史学40年来的发展，可以以1989年为界，划分为前后两个阶段。1978年到1989年，可以看作是改革开放后中国史学的彷徨、探索期，也是秦汉魏晋南北朝史研究的彷徨、探索期。1989年之后，进入了一个正常的稳定发展时期。

1978年，十一届三中全会的召开，解开了束缚人们思想的枷锁，史学界在兴奋中迎来了学术研究的复苏。对过往史学研究道路、研究课题与成果的评价和思考，接连引起一场场热烈的、大规模的学术讨论。"影射史学"受到清算与批判，历史的创造者与历史发展动力问题在讨论中进一步清晰，以"五朵金花"为喻的农民战争、封建土地所有制、汉民族形成、中国古代史分期、资本主义萌芽等过去研究的热点问题被重新提出和再讨论，秦汉魏晋南北朝社会性质问题、民族融合问题、土地制度问题等一度成为研究热点。1981年中国秦汉史研究会成立，1984年中国魏晋南北朝史学会成立，两个学术研究组织的建立，集聚了一大批从事秦汉魏晋南北朝史研究的学者，成为组织与开展秦汉魏晋南北朝史研究学术活动的中坚。一批年近古稀的学者推出他们长期积累的学术成果；一批中年学者奋发著述，逐渐成为学术的领军；一批青年学人锐意进取，开始崭露头角。一时间，史学研究的热潮蓬蓬勃勃。在这史学研究的勃兴中，一批中青年学人开始对史学研究的价值与意义进行思索并产生彷徨，一些人则对史学由"文革"中的"庙堂之学"地位跌下感到失落，"史学危机"论随之而生，其实作为一门学科，一种学术，史学本身并不存在危机，但"危机"作为一种来自主观的感受，其主流心态所表达的则是部分青年学人对新时期史学研究方向寻求的焦虑与彷徨。在彷徨中、讨论中，人们开始了对史学研究理论与方法、史学研究新领域的探索，20世纪80年代开始，"文化热"席卷史学领域，将系统论、控制论、信息论以及概率论、统计学等应用于史学研究领域，成为史学方法革新的热门话题，同时，"回到乾嘉去"的呼声，也一再响起。正所谓"一致而百虑"，这种新时期初期史学的百家争鸣，推动了史学的发展，所反映的其实是史学探索中的繁荣，而不是"危机"。

1989年迄今的近30年，属于改革开放以来中国史学正常的稳定发展时期。1989年之后，史学研究的队伍逐渐实现了新老交替，在老一辈学者的关心培养下，1978年之后入学的本科、研究生，特别是1981年学位制度建立后毕业的硕士、博士，逐渐加入史学研究队伍，成为生力军；史学理论与方法探索的热情逐渐冷却、大规模讨论的热潮逐渐消退，冷静的思索代替了热烈的争辩；史学研究方向的多元化与课题选择的多样性，取代了过去的统一与单调，经历了20世纪90年代商品经济浪潮的冲击，在大浪淘沙中，学者逐渐分化，史学实现了由"庙堂之学"向"人文之学"本位的依归；务实、求真的学风回归于史学研究，史学研究走上了一条正常的、稳定的发展之路。这近30年来的史学，无论从广度与深度上，都超越以往，秦汉魏晋南北朝史研究亦呈现视野开阔、方法多元、领域宽广、成果丰硕等特点。

20世纪90年代末以来，计算机技术的快速发展与广泛应用，互联网的开通、大型古籍数据库的开发、学术期刊数据库的开发以及大数据的运用，为史学研究提供了前所未有的便利，使我们研究视野更为开阔。运用大型古籍数据库，例如利用《四库全书》《四部丛刊》《中国基本古籍库》等数据库，我们可以轻松实现史料的海量检索；运用国内外学术期刊数据库，我们可以快速了解学术研究动态；运用互联网，我们可以与国家图书馆等国内外图书馆、国内外高校与学术研究机构链接，检索与查找学术资源，与地球任何一端的学者进行学术沟通与交流。互联网的开通与数据库的建设运用，令我们学术研究的工具与手段产生了革命性的变革，并深刻影响着史学研究的未来。

20世纪90年代以来，大规模的、热烈讨论史学理论与方法问题的现象已不多见，价值取向的多元化与研究方法的多元化已渐为常态，唯物史观、文化史观都有各自表达的空间，传统史学考据法、二重证据法、系统论、统计学、制度经济学、文化人类学乃至于近年来"史料批判"等研究方法，在史学研究领域都有一定程度的运用，呈现出史学研究方法的多元化倾向。

20世纪90年代以来，史学研究向着更宽广的领域拓展，在传统的政治史、经济史、文化史之外，更多的学者在社会史、生态史、历史人类学、宗教文化史领域开拓，史学研究真正实现了异彩纷呈、百花齐放的局面。

二

40年来，在中国史学发展的大背景下，秦汉魏晋南北朝史学研究取得了长足的进步和丰硕的成果，具体体现于以下诸方面：

（一）简牍、碑刻、墓志等新材料的发现，改变了

**传统研究严重依赖传世文献的局面。** 与中国古代史研究的其他断代史研究领域不同，秦汉魏晋南北朝史研究领域成果的取得，除学术环境的改善、研究方法的改变、工具与手段的进步之外，还得益于中国考古学的发展，受赐于简牍、碑刻、墓志等一系列考古资料的发现。

传统的秦汉魏晋南北朝史研究，主要依赖于正史材料，即秦汉史依赖于"前四史"(《史记》《汉书》《后汉书》《三国志》)，魏晋南北朝史依赖于"一志二史九书"(《三国志》《南史》《北史》《晋书》《宋书》《南齐书》《梁书》《陈书》《魏书》《北齐书》《周书》《隋书》)。1975年12月，湖北云梦睡虎地秦墓竹简的发现，是秦汉考古的重大发现，是有史以来秦简的首次发现。在考古与史学界的努力下，1978年11月，文物出版社即率先推出了包含释文与译文的《睡虎地秦墓竹简》(平装本)，此后，又相继推出了包含图版的精装本及线装本。这是中国社会进入改革开放后，发表的第一批秦简，这批秦简的整理效率之高、面世之快，其所创造的时间记录之短，至今没有能够被打破。秦简的研究带动秦汉史研究走向了热潮。继云梦秦简之后，张家山汉简（1983年）、敦煌悬泉置汉简（1990年）、尹湾汉墓简牍（1993年）、长沙走马楼三国吴简（1996年）、里耶秦简（2002年）、长沙走马楼汉简（2003年）等一大批重要简牍被发现，以及《居延汉简甲乙编》(中华书局，1980年)、

《居延汉简释文合校》（文物出版社，1987年）、《居延新简》（文物出版社，1990年）、《居延新简集释》（甘肃文化出版社，2016年）、《张家山汉墓竹简》（文物出版社，2001年）、《敦煌悬泉置汉简释粹》（上海古籍出版社，2001年）、《尹湾汉墓简牍》（中华书局，1997年）、《里耶秦简（一）》（文物出版社，2012年）、《长沙走马楼三国吴简·嘉禾吏民田家莂》（文物出版社，1999年）、《长沙走马楼三国吴简·竹简》（文物出版社，2003—2015年）、《岳麓书院藏秦简》（壹至肆册，上海辞书出版社，2010—2015年）等一批重要简牍释文相继出版，为秦汉魏晋南北朝史研究提供了珍贵的资料，改变了传统研究严重依赖传世文献的局面。据粗略估算，目前发现的秦汉简牍数量有135000多枚（据谢桂华等于《历史研究》2003年第6期所发表的《二十世纪简帛的发现与研究》统计，2000年前发现的秦汉简牍有8万余枚。而2000年以来，2002年发现的里耶秦简有36000余枚，2003年发现的长沙走马楼西汉简有10000余枚，2006年云梦睡虎地77号西汉墓出土简牍2100多枚，2007年湖南大学岳麓书院从香港收购秦简有2174枚。2015年发现的南昌海昏侯墓汉简有5000余枚，零星发现的还有广州秦汉南越国遗址简、郴州汉晋简等，21世纪初以来，已发现秦汉简牍55000多枚），魏晋南北朝时期的简牍有14万枚以上（仅1996年出土的长沙走马楼三国吴简就有14万枚）。这些简牍如最终能够全部整理出版，字数将达600万左右。在此，我们应该向从事于秦汉魏晋南北朝考古事业的学者表达敬意与衷心感谢。

简牍的发现与整理，对秦汉史、三国史研究的影响巨大，如今简牍材料已经成为秦汉三国史研究的必要参考，没有简牍材料也就没有今天秦汉魏晋南北朝史研究的繁盛局面。在对秦汉简牍进行全面系统研究方面，代表性成果有陈梦家《汉简缀述》（中华书局，1980年）、陈直《居延汉简研究》（天津古籍出版社，1986年）、高敏《云梦秦简初探》（河南人民出版社，1979年）、中华书局编辑部编《云梦秦简研究》（中华书局，1981年）、廖伯源《简牍与制度——尹湾汉墓简牍官文书考证》（文津出版社，1998年）、刘乐贤《睡虎地秦简日书研究》（文津出版社，1994年）、李天虹《居延汉简簿籍分类研究》（科学出版社，2003年）等。吴简的研究有于振波《走马楼吴简初探》（文津出版社，2004年）、高敏《长沙走马楼简牍研究》（广西师范大学出版社，2008年）、蒋福亚《走马楼吴简经济文书研究》（国家图书馆出版社，2012年）、沈刚《长沙走马楼三国竹简研究》（社会科学文献出版社，2013年）、凌文超《走马楼吴简采集簿书整理与研究》（广西师范大学出版社，2015年）、陈荣杰《走马楼吴简佃田、赋税词语研究》（人民出版社，2016年）等。沈颂金《二十世纪简帛学研究》（学苑出版社，2003年）、骈宇骞与段书安编著《二十世纪出土简帛综述》（文物出版社，2006年）则对近百年来主要的出土简帛资料进行了全面的梳理，如《二十世纪出土简帛综述》分"资料篇""论著目录篇""综述篇"，用90万字篇幅，系统介绍了简牍发现与研究的历史。

简牍之外，宝贵的考古资料当属石刻资料，主要有碑刻与墓志。历史的原因，汉代流行碑刻，魏晋南北朝时期盛行墓志，由于碑刻立于地表，难以保存，近几十年来，新发现的碑刻很少，而墓志材料则随着墓葬考古有大量出土。尤其是河南洛阳的魏晋北朝墓、江苏南京的东晋南朝墓都有大量的墓志发现。高文《汉碑集释》（河南大学出版社，1985年）虽所收新碑不多，但汇集作者多年对汉碑的研究成果。赵超《汉魏南北朝墓志汇编》（天津古籍出版社，1992年），在赵万里《汉魏南北朝墓志集释》（科学出版社，1956年）的基础上补充收集了1949至1986年间全国出土的汉魏南北朝墓志。罗新、叶炜《新出魏晋南北朝墓志疏证》（中华书局，2005年）则收录了1986至2003年间全国出土的魏晋南北朝墓志，2016年又出版了修订本。

**（二）断代史研究步入平稳发展期。**断代史研究，属于对秦汉、魏晋南北朝历史的整体性研究，1978至1989年，在改革开放的初期阶段，曾经一度出现过热烈的局面，相继有多部断代史研究方面的著作问世。1989

年之后，断代史撰写之风慢慢平息，断代史著作渐渐减少，至今已进入平稳时期。全面的断代史研究，对于学者来说，属于难度较大的课题，它不仅需要理论的修养，需要具有宏观把握历史的能力，既需要传统史学所讲的"识断"，还需要对史料的整体把握，对史学研究前沿问题与进程的把握，有赖于前人研究成果的积累和继承。否则就会失之空疏，流于浅薄。代表性的成果有以下几部：

翦伯赞《秦汉史》（北京大学出版社，1983年）是张传玺等对翦先生1946年出版的《中国史纲》第二卷进行整理校定的著作。作者长与理论，善于从宏观角度把握历史和解读史料，语言富有文采，可读性强。他以西周封建论的视野，将秦汉社会放在中期封建社会的框架内解说，曾产生重大影响。

林剑鸣《秦史稿》（上海人民出版社，1981年）是1978年后出版的第一部秦史，该书将秦人的早期历史、秦国和秦朝史分为三个阶段，论述了秦兴盛、衰亡的全过程，是少有的秦史专著。但今天来看，不免时代的局限，当时史学的热点在书中留下了些许遗痕。马非百《秦集史》（中华书局，1982年）上下二册，是马先生于1979年84岁时所抄录完成的、近80万字的秦史专题资料集。马先生少年立志编写秦史，想在史学史上留下一段"三马（马端临、马骕、马非百）三史（《文献通考》《绎史》《秦书》）的嘉话"，无奈1957年被打成右派，研究中断，待到平反时，已80多岁高龄，无力写作，梦想化为泡影。因此，只得在编辑的建议下，将毕生所收集的资料抄录出版。其体例依纪传体史书，分纪、传、志、表，对涉秦文献进行了系统全面整理，难能可贵的是其中还包含了1978年刚出版的《睡虎地秦墓竹简》。它虽然还不是一部严格意义的断代史专著，但其体例与思路还是可以为我们参考的。李学勤《东周与秦代文明》（文物出版社，1984年）对秦文明的认识，富有启发。林剑鸣《秦汉史》（上海人民出版社，1989年）上下册，注意吸收20世纪80年代以前秦汉史研究成果，重视简牍等考古资料，对秦汉历史进行了全面系统的论述。张金光《秦制研究》（上海古籍出版社，2004年）是作者有关秦代制度研究的论文结集，利用出土资料和文献，对秦的土地田制、租赋徭役、乡里户籍制度等问题进行了深入讨论，提出秦为官社经济体制，其基础是土地国有的普遍授田制，特点是政社合一等看法。

王仲荦《魏晋南北朝史》（上海人民出版社，1979年、1980年）上、下册，是作者魏晋南北朝史研究的结晶，全书近80万言，体例完备、资料丰富，属断代史领域的奠基之作。韩国磐《魏晋南北朝史纲》（人民出版社，1983年）汇集作者多年魏晋南北朝史研究特别是经济史研究的心得，虽言史纲，但有45万言，其逻辑严密、疏而不漏，承袭了作者史纲著作的一贯风格，为纷乱复杂的魏晋南北朝史勾勒出清晰的线索。周一良《魏晋南北朝史札记》（中华书局，1985年）是一部运用札记体例考订魏晋南北朝史实、名物、制度的著作，考订内容涉及《三国志》《晋书》等12部正史，成札记340余篇。其征引之博，考订之深，涉及面之广，为历年来所仅见，可绍续乾嘉考史诸名著。唐长孺《魏晋南北朝隋唐史三论》（武汉大学出版社，1992年）是一部从宏观角度论述魏晋南北朝隋唐社会发展变化的著作。该著由魏晋封建论的视角出发，论证了魏晋时期社会各方面发生的变化，分析了南北朝时期北南社会经济结构等方面的差异，揭示魏晋社会所发生的深刻变化，主要是"奴隶社会开始转变为封建社会"。"魏晋时期作为封建社会早期的特征"，一是"客的卑微化与普遍化"，二是"门阀制度的形成和九品官人法的确立"，三是"玄学兴起"。《魏晋南北朝隋唐史三论》深化了唐长孺的旧有观点，也深化了魏晋南北朝社会性质问题的研究。由白寿彝总主编《中国通史》第5卷《中古时代·三国两晋南北朝时期》（上册何兹全主编，下册黎虎主编），约110余万字，是目前篇幅较大的魏晋南北朝断代史，该书力图在编写体例与方法上有所创新，其兼采传统纪传体与近代章节体史学编纂之长，改变了近代以来历史著作重理性概括、轻人物描述的趋势。在秦汉魏晋南北朝研究领域,时间性的断代史与区域性的断代史有张荣芳、黄淼章《南越国史》(广东人民出版社,1995年)、胡守为《岭南古史》(广东人民出版社,1999年)、何兹全《三国史》(北京师范大学出版社,1994年)、马植杰《三国史》(人民出版社,1993年)、张大可《三国史》(华文出版社,2003年)以及杜士铎主编《北魏史》(山西高校联合出版社,1992年)、张承宗等主编《六朝史》(江苏古籍出版社,1991年)、简修炜等《六朝史稿》(华东师范大学出版社,1994年)等。

**(三)政治史研究取得明显突破。**政治史研究是秦汉魏晋南北朝史研究的主题,无论是发表论文、著作的数量、质量,还是涉及问题的广度、深度方面,都前所未有。政治过程、政治事件、社会性质、阶级阶层、利益集团、豪族、门阀世族、贵族制、寒人政治研究都积累了大量成果。政治制度史研究,在秦汉三公制度的形成与演变、军功爵制、郡县制度、乡亭制度、察举制、秩俸制度、九品官人法、官品起源研究方面均取得了明显突破。

对秦汉魏晋南北朝社会的认识,学者多从社会形态学理论出发,考察秦汉魏晋南北朝社会的性质,如林甘泉从战国封建论观点出发,主张秦汉为封建社会;何兹全、唐长孺、王仲荦主张魏晋封建说,认为秦汉属奴隶社会,魏晋进入封建社会。冯天瑜《封建考论》(武汉大学出版社，2006年）则认为，现行"封建"概念不符合"封建"的古义和西义，为概念的误植，秦以后没有封建社会。

门阀政治是魏晋南北朝史研究中的重点。近40年来门阀政治研究在唐长孺、宫崎市定、王伊同等人的基础上成果不少。田余庆《东晋门阀政治》（北京大学出版社，1989年）无疑是一部重要的著作。该书认为不能简单地将这一时期的政治归纳为士族政治、门阀政治或贵族政治，通过对东晋一朝重要家族及政治史相关问题的考证，认为门阀政治只存在于东晋一朝，是特定条件下士族利用皇权、驾驭皇权以控制政局产生的特殊政治形态。这就突破了以往的认识，为重新解释魏晋南北朝政治史提供了新的视角。李凭《北魏平城时代》（社会科学文献出版社，2000年）以细腻的笔触，刻画了北魏定都平城时代的历史。张金龙《北魏政治史》（甘肃教育出版社，2008年）洋洋数百万言，是目前最为详赡的一部北魏政治史。

在政治制度研究方面，综合性的研究有安作璋、熊铁基《秦汉官制史稿》（齐鲁书社，1984年、1985年）上、下册，全书分中央官制、地方官制和官吏的选用、考课及其他各项制度三编，在继承前人研究的基础上，对秦汉官僚制度进行了系统研究与总结。卜宪群《秦汉官僚制度》（社会科学文献出版社，2002年）讨论了秦汉官僚制度产生的渊源、流变和运作的基本形式，揭示了秦制、楚制对汉制形成的影响。

专题研究方面，朱绍侯《军功爵制试探》（上海人民出版社，1980年）、《军功爵制研究》（上海人民出版社，1990年）、《军功爵制考论》（商务印书馆，2008年）三部著作，深入考证了军功爵萌芽、确立、发展、鼎盛到衰亡的全过程。祝总斌《两汉魏晋南北朝宰相制度研究》（中国社会科学出版社，1990年）对两汉魏晋南北朝时期宰相的构成及变化、宰相与皇权、秘书咨询机构的关系进行了深入细致的讨论。阎步克《察举制度变迁史稿》（辽宁大学出版社，1991年）以缜密的考证为基础，梳理了汉魏两晋南北朝察举制的演变过程。阎步克《品位与职位：秦汉魏晋南北朝官阶制度研究》（中华书局，2002年）以"品位—职位"分析框架，讨论了这一时期官阶制的变迁，认为汉代禄秩从属于职位，魏晋南北朝时期曹魏出现的九品官品制度，继承秦汉禄秩等级，开启了传统官僚等级制的又一阶段。陈长琦《官品的起源》（商务印书馆，2016年）认为官品起源于九品官人法，原本属于任官所需的"官才之品"，南北朝时期，北朝的孝文帝改革、南朝的梁武帝改革使官品实现了向官阶性质的转化。

九品官人法或曰九品中正制的研究，是制度史研究的热点之一。汪征鲁《魏晋南北朝选官体制研究》（福建人民出版社，1995年）运用系统论，将九品中正制纳入魏晋南北朝选官体制研究，提出了一些富有启发意义的观点。他认为，九品中正制"仅仅是诸选官系统这一母系统之下考核子系统中的一个考核环节、考核层次"，它"没有严格意义上的选士功能，更没有授官功能"。陈琳国《两晋九品中正制与选官制度》（《历史研究》1987年第3期）、胡宝国《魏西晋时代的九品中正制》（《北京大学学报》1987年第1期）、阎步克《从任官及乡品看魏晋秀孝察举之地位》（《北京大学学报》1988年第2期）、陈长琦《魏晋南朝的资品与官品》（《历史研究》1990年第6期）、《魏晋九品官人法再探讨》（《历史研究》1995年第6期）、《魏晋九品官人法释疑》（《中国史研究》2005年第4期），张旭华《魏晋时期的上品与起家官品》（《历史研究》1994年第3期）、《魏晋九品中正制名例考辨》（《中国史研究》2001年第2期）、《九品中正制略论稿》（中州古籍出版社，2004年）等集中讨论了概念的确定、官品的性质、官品与资品的关系等问题，推动了九品官人法或九品中正制研究的深入。

40年来对秦汉魏晋南北朝官制的许多方面都有较深入的研究，成绩斐然。柳春藩《秦汉封国食邑赐爵制》（辽宁人民出版社，1984年）、杨光辉《汉唐封爵制度》（学苑出版社，2002年）、陈仲安与王素《汉唐职官制度研究》（中华书局，1993年）、严耀中《北魏前期政治制度》（吉林教育出版社，1990年）、张鹤泉《魏晋南北朝都督制度研究》（吉林文史出版社，2007年），以及牟发松关于行台的研究，均对各自领域有深入的开拓。

（四）法律史研究改写了旧认识。传统的秦汉魏晋南北朝法制史研究，受材料的局限，一直难以突破，如程树德的经典名著《九朝律考》，对秦律的研究只能付之阙如。睡虎地秦墓竹简、张家山汉简等大批法律文书的出土，使法制史研究的面貌大为改观，秦汉法制史研究长期沉寂的局面被打破，围绕着秦简、汉简而出现了秦汉法制史研究的热潮，一些新论著、新观点不断产生，旧认识被改写。栗劲《秦律通论》（山东人民出版社，1985年）、高恒《秦汉法制论考》（厦门大学出版社，1994年）、刘海年《战国秦代法制管窥》（法律出版社，2006年）、安作璋与陈乃华《秦汉官吏法研究》（齐鲁书社，1993年）、张建国《帝制时代的中国法》（法律出版社，1999年）、于振波《秦汉法律与社会》（湖南人民出版社，2000年）、张伯元《出土法律文献研究》（商务印书馆，2005年）、曹旅宁《张家山汉律研究》（中华书局，2005年）、张功《秦汉逃亡犯罪研究》（湖北人民出版社，2006年）等一大批著作纷纷涌现，改写了对秦汉法律的旧认识。

传统的认识中，秦律是由战国时期李悝的《法经》六篇改编而来，汉律是在秦律六篇的基础上，由萧何增加三章而成，故汉律亦被称为九章律。但在张家山汉简中，我们所看到的汉律之名，远远不止于"九"。在《睡虎地秦墓竹简》中，我们所看到的秦律之名，也远不止"六"。对此学术界产生了热烈讨论，李振宏《萧何"作律九章"说质疑》（《历史研究》2005年第3期）、孟彦弘《秦汉法典体系的演变》（《历史研究》2005年第3期）均主张九章律的"九"为虚数，汉律篇章不限于九章。杨振红《秦汉律篇二级分类说——论〈二年律令〉二十七种律均属九章》（《历史研究》2005年第6期）提出了新解读，认为秦律、汉律篇章存在一、二两级分类，简牍中不见于九章的律篇实为其下的二级律篇。

楼劲《魏晋南北朝隋唐立法与法律体系：敕例、法典与唐法系源流》（中国社会科学出版社，2014年）是近年不可多得的一部论述魏晋南北朝隋唐立法与法律体系的著作，该书从过往学者关注不多的敕例入手，梳理魏晋南北朝及隋唐立法与法律体系的构建与发展过程，通过讨论魏晋南北朝的敕例与法律体系的关系，澄清了唐代《律》《令》《格》《式》体系的源流。

（五）民族史研究获得丰硕成果。拓跋鲜卑的起源与早期居住地问题，是魏晋南北朝史学界非常关心的问题，早在20世纪60年代，马长寿《乌桓与鲜卑》（上海人民出版社，1962年）就根据文献，推测鲜卑得名的大鲜卑山所在地,提出"大鲜卑山当在今大兴安岭的北段"的论断。1980年在内蒙古鄂伦春旗大兴安岭北段发现拓跋鲜卑祖庙嘎仙洞石室,使马长寿的推论得以证实,长期令人困惑的拓跋鲜卑发祥地"大鲜卑山"之谜得以廓清。石室发现者米文平著有《鲜卑石室所关诸地理问题》(《民族研究》1982年第4期),曹永年《关于拓跋鲜卑的发祥地问题——与李志敏先生商榷》(《中国史研究》2010年第3期)对此有进一步的廓清,解答了学术界的疑惑。这应该是20世纪魏晋南北朝民族史研究的重要成果之一。

林幹《匈奴通史》(人民出版社,1986年)、《突厥史》(内蒙古人民出版社,1988年)、《东胡史》(内蒙古人民出版社,1989年)三部著作,是该时期民族史研究方面的突出成果。匈奴、东胡、突厥是古代北方民族三大系统,特别是匈奴与东胡,对秦汉魏晋南北朝历史影响巨大,突厥虽然后起,其影响主要在隋唐,但在北朝后期已对北朝历史进程发挥重要作用。作者穷毕生精力,完成了这三大民族史研究"工程",部分成果还填补了民族史研究中的空白。另外他还有《中国古代北方民族史新论》(内蒙古人民出版社,1993年)、《东胡乌桓鲜卑研究与附论》(与再思合著,内蒙古大学出版社,1995年)等著作出版。黄烈《魏晋南北朝民族关系的几个理论问题》(《历史研究》1985年第3期)提出了自己对魏晋南北朝民族关系研究中若干理论问题的思考；他的《中国古代民族史研究》（人民出版社，1987年）分导论、上编、下编三部分，是作者所发论文修改、充实并系统化的结集。其上编对羌族、氐族、南匈奴、乌桓、鲜卑、卢水胡等的历史进行了系统考察，下编则对魏晋南北朝时期的民族关系、民族政权、民族战争、民族观念等问题进行了讨论。周伟洲《敕勒与柔然》（上海人民出版社，1983年）、《吐谷浑史》（宁夏人民出版社，1985年）、《汉赵国史》（山西人民出版社，1986年）、《南凉与西秦》（陕西人民出版社，1987年）、《中国中世西北民族关系研究》（西北大学出版社，1992年）、《西北民族史研究》（中州古籍出版社，1994年）对十六国北朝时期的民族与民族政权进行了系统的考述。白翠琴《魏晋南北朝民族史》（四川民族出版社，1996年）从通史的角度，系统论述了这一时期各民族的政治、经济、文化状况及民族战争与民族融合的关系。田余庆《拓跋史探》（生活·读书·新知三联书店，2003年）是作者关于拓跋鲜卑研究的结集。该书以缜密的考证，论述了拓跋早期历史中的若干重要问题，如代北拓跋与乌桓的共生关系、离散诸部、子贵母死制的建立等问题，提出了许多新见解。罗新《论拓跋鲜卑之得名》（《历史研究》2006年第6期）认为拓跋一词和鄂尔浑突厥碑铭中的tabγa一词，都是对同一个北族名号的音译，这个北族名号原来是由两个词联合构成的复合词。其性质及两个部分的功能，与魏晋时期鲜卑诸部的名称有共同的文化历史背景。曹永年《古代北方民族史丛考》（上海古籍出版社，2012年）收录了作者关于拓跋鲜卑源流研究、早期拓跋鲜卑的社会状况和国家的建立、拓跋鲜卑南迁匈奴故地等重要论文，提出了富有启发的学术观点。

**（六）经济史研究摆脱了旧的束缚。**以往的经济史研究，偏重于农业经济，偏重于农业生产中的土地所有制关系研究，显得单一和薄弱。1978年之后，这一状况有所改变，旧的研究观念、研究模式的束缚被摆脱，区域经济、部门经济、产业结构等过去很少研究的问题得到重视，课题选择的多元化渐成趋势，经济史研究出现繁荣局面。林甘泉主编《中国经济通史·秦汉经济卷》（经济日报出版社，1999年）是一部20世纪秦汉经济史研究的总结之作，体例宏大、结构完整，系统论述秦汉时期的基本经济区、生产单位、产业结构、经济类型、社会经济形态，讨论了过去研究薄弱的财富分配、生活、消费、少数民族经济等问题，提出自然经济的本质特征不是自给自足，而是自给性生产，封建的自然经济和商品经济可以在同一经济单位中并存，互相补充等观点。

朱绍侯《秦汉土地制度与阶级关系》（中州古籍出版社，1985年）对秦汉土地制度、土地经营方式以及劳动者的地位等问题进行了深入探讨，提出辕田（受田）制属于国家向农民授田，名田制是国家向立有军功者的赐田等观点。林甘泉、童超《中国封建土地制度史》第一卷（中国社会科学出版社，1990年）对秦汉的土地所有制关系、土地所有制形态进行了系统论述。

吴荣曾《秦的官府手工业》(《云梦秦简研究》，中华书局，1981年）对秦从中央到地方的手工业管理组织与模式、将作与工官等生产部门、工匠等劳动者的身份问题进行了深入研究，揭示了一些过去忽视的问题。宋治民《汉代手工业》（巴蜀书社，1992年）对汉代手工业生产诸部门如冶铁、陶瓷、铜器、玉器、盐业等行业的生产状况、工艺技术进行了分析和论述。齐涛《汉唐盐政史》（山东大学出版社，1994年）涉及秦汉魏晋南北朝时期的盐业起源与盐铁专卖制度。此外还有郭正忠主编《中国盐业史·古代编》（人民出版社，1997年）。货币研究方面，钱剑夫《秦汉货币史稿》（湖北人民出版社，1986年）对秦汉货币制度、货币流通与经济的关系、货币政策与货币思想等问题作了系统考述。

高敏主编《魏晋南北朝经济史》（上海人民出版社，1996年）较为全面地论述了这一时期的经济状况及发展水平。蒋福亚《魏晋南北朝社会经济史》（天津古籍出版社，2005年）主要集中研究了土地制度、赋税制度及区域经济诸问题。

魏晋南北朝的土地制度主要有三国屯田制、西晋占田课田制、北魏均田制等。朱绍侯《魏晋南北朝土地制度与阶级关系》（中州古籍出版社，1988年）较全面地研究了这一时期土地制度中的主要问题，如屯田制、占田课田制、均田制等，讨论了户籍制度与阶级关系等问题。西晋的占田与课田在学术界聚讼纷纭，一直是一个焦点问题。赵向群《西晋课田法新议》（《西北师院学报》1984年第4期）指出，课田制既非税制亦非田制，而是与二者皆有联系的一种土地经营管理方式，以人口和劳作为基点，体现出因民之力以使民的特点。童超《论西晋土地、田赋、劳动人口管理体制的改革》（《中国史研究》1987年第4期）则认为，占田制既不属于授田制，也不属于限田制，而只是一种土地限额登记制度，是西晋政府通过登记全国土地而重新确认登记者土地所有权的一种方法，只是对现存土地关系的合法化认定。高敏《关于西晋占田、课田制的几个问题》（《历史研究》1983年第3期）则从"占"字的含义角度，论证了占田从来就是私有土地的观点。黎虎《论西晋占田制的历史渊源》（《中国史研究》1985年第3期）认为，西晋占田制是战国秦汉以来占田实践和理论的总结、创新及其法典化。占田即是课田，但占、课无别并不意味着占、课相符，占田制是以法定的占、课，解决以往漫无限制的占、课不符问题。因此课田的50亩在占田的70亩之内，不是另外的土地。占田的目的在于课田，课田的目的在于征收赋税。

涉及北朝均田制的成果主要有韩国磐《北朝隋唐的均田制度》（上海人民出版社，1984年）、杨际平《均田制新探》（厦门大学出版社，1991年）、武建国《均田制研究》（云南人民出版社，1992年）等。

**（七）社会史、文化史、思想史在更宽阔的领域展开。** 在新史学看来，社会生活才是应该重点关注的内容，历史并非只是王侯将相的历史，关注民众的生活才是历史研究的首要任务。近40年来，在新史学理论的影响之下，秦汉魏晋南北朝史学界也逐渐关注社会生活的研究，关注下层民众的历史，并且取得了不错的成绩。社会风俗中具体习俗的形成，大多与整个社会的大环境息息相关，近年来学者们在关注社会风俗时，首先重点关注的就是布罗代尔提出的中时段的社会风俗的具体情形及其转变，彭卫《汉代婚姻形态》（三秦出版社，1988年）运用跨学科的理论和方法，将汉代婚姻关系置于整个社会和文化背景中进行综合研究，具有开拓性与创新性。区域社会史探索中，侯旭东《北朝村民的生活世界：朝廷、州县与村里》（商务印书馆，2005年）、《近观中古史：侯旭东自选集》（中西书局，2015年）亦有可贵的收获。王子今《秦汉社会史论考》（商务印书馆，2006年）涉及秦汉社会史的诸多方面，多有创见；他的《秦汉时期生态环境研究》(北京大学出版社，2007年)一书和该领域其他多种研究论著，从思想史和观念史的角度考察秦汉生态环境与秦汉社会的关系，发人深省。

朱大渭等《魏晋南北朝社会生活史》(中国社会科学出版社，1998年)系统展现了魏晋南北朝社会生活基本状况，如衣冠服饰、饮食习俗、城市宫苑、园宅、交通、婚姻、丧葬、宗教信仰、鬼神崇拜、巫卜、节日、文娱、教育、医药等，搜罗宏富，考证严谨。

礼制的研究拓展了文化史的内容，梁满仓《魏晋南北朝五礼制度考论》(社会科学文献出版社，2009年)将传统的礼制，纳入礼文化的角度考察，区分礼学、礼制、礼行、礼俗等概念，在细致考证的基础上，建立了魏晋南北朝五礼制度研究的框架。

关于经学的研究，章权才《两汉经学史》(广东人民出版社，1990年)、《魏晋南北朝隋唐经学史》(广东人民出版社，1996年)是作者中国经学史系列著作(共4册)中的第一、第二册，以会通的视野，对两汉魏晋南北朝经学发展史进行了深入考察。一些学者将视野转向经学、儒学对政治、社会的影响和二者之间的互动关系，如晋文《以经治国与汉代社会》(广州出版社，2001年)、张涛《经学与汉代社会》(河北教育出版社，2001年)、刘厚琴《儒学与汉代社会》(齐鲁书社，2002年)、孙筱《两汉经学与社会》(中国社会科学出版社，2002年)等。

关于玄学的研究，汤一介《郭象与魏晋玄学》（湖北人民出版社，1983年）将魏晋玄学发展划分为四个阶段，即正始、竹林、元康、东晋四个时期，讨论玄学与佛教、玄学与道教的关系，以《庄子注》解剖郭象的哲学思想，提出郭象是玄学发展的高峰代表。王葆玹《正始玄学》（齐鲁书社，1987年）不同意郭象为玄学发展的高峰代表之说，认为"在玄学史上，正始玄学既是初创期，又是高峰期"。与上述从哲学角度研究玄学论著不同，从史学角度研究玄学的则有王晓毅《王弼评传（何晏评传）》（南京大学出版社，1996年）、《儒释道与魏晋玄学形成》（中华书局，2003年）、《中国文化的清流——正始之音》（中国社会科学出版社，1991年）等。

汉代是佛教的传入与道教的创立时期，魏晋南北朝时期佛教正在进行着中国化的历程，道教在此时也才大体完成经教体系的构建。总体论述宗教的著作有许抗生等《六朝宗教》（南京出版社，2004年）。

佛教研究成果非常丰富。任继愈主编《中国佛教史》（中国社会科学出版社，1981年）的前两卷和郭朋《汉魏两晋南北朝佛教》（齐鲁书社，1986年）都是继汤用彤之后，研究汉与魏晋南北朝佛教史的系统著作。方立天《魏晋南北朝佛教论丛》（中华书局，1982年）对道安、支遁、慧远、僧肇、道生等重要的佛教人物均有专论。道教研究的主要著作有卿希泰主编《中国道教史》（四川人民出版社，1996年）、汤一介《魏晋南北朝时期的道教》（陕西师范大学出版社，1988年）、刘昭瑞《考古发现与早期道教研究》（文物出版社，2007年）等。

思想史研究方面，金春峰《汉代思想史》（中国社会科学出版社，1987年）、刘泽华《中国古代政治思想史》（南开大学出版社，1992年）、葛兆光《七世纪前中国的知识、思想与信仰世界》（《中国思想史》第一卷，复旦大学出版社，1998年）等，是40年来这一领域成果的突出代表。

## 三

40年来秦汉魏晋南北朝史学研究取得了超迈既往的成绩，限于篇幅，特别是囿于自己的视野，难免挂一漏万，错误百出，很多成果没有谈到，恳请方家谅解。在肯定所取得成绩的同时，还有一些待努力改进之处。

我们应该清醒地看到，在史学研究繁荣的表象背后，还存在着深深的隐忧。一是论著的数量与质量不匹配。伴随着论文、著作出版的大量增长，泥沙俱下。许多没有创新、不具备学术价值、低水平、重复性的论著混迹其中，这不仅影响学术研究的价值、影响历史研究的社会评价，还深深影响着一代学风。二是严谨、扎实的学风亟待阐扬。在秦汉魏晋南北朝史研究领域，20世纪是一个大师与名家辈出的时代。王国维、陈寅恪等不仅开创了秦汉魏晋南北朝史研究的良好基础，也显示了严谨扎实的学风。

改革开放以来，随着科技的进步，计算机检索手段的开发与利用，便捷的文献检索极大提高了文献检索能力，过去需几年才能通读一遍的古籍丛书，如今短时间内即可翻检完毕，大大提高了工作效率。但研究工具的进步，给人们带来方便的同时，也助长了人们过分依赖工具、浮躁的风气。出现了一些人读书不认真、系统，靠检索软件写论文的状况。有经验的学者都知道，单靠电脑检索，没有系统读书的人，不仅缺乏对历史的深刻理解，甚至缺乏基本的历史感悟，难以进行有价值的学术研究，大量靠电脑检索而炮制的论文，助长了浮躁的学风，也是垃圾论文产生之源。在工业信息文明迅猛发展之今日，我们应正确利用工业信息文明发展带来的便利，发扬认真读书、严谨治学之风，惟此，才是学术长进之福。展望未来，我们可能需要在以下方面进一步努力：

（一）**敬畏学术**。史学的本质是求真，是传承人类文化的精神活动。我们当心怀敬畏之心研究史学，不能亵渎它，不能视之为服务于某种价值观的工具，也不能用之为谋取名利的手段。40年来，学术环境的改善与稳定，使我们深切体会到"不折腾"，即学术不受非法干扰之贵。试想1978年之后，如果仍然"阶级斗争年年讲、月月讲、天天讲"，史学为某某服务的口号天天喊，批判"右派史学""资产阶级史学"的棍子天天打，怎能有今天的史学发展局面？陈寅恪所提倡的"独立之精神，自由之思想"，今天仍然值得我们追求。

（二）**加强史学理论学习与探讨**。史学属综合性的人文学科，它涉及面广，包罗万象。从事史学研究，既需要掌握人类认识的一般理论与方法，亦需掌握具体的学科理论与方法。史学研究的分工、细化，使研究方向趋于断代与专门史的方面增强，对研究者知识体系结构提出了更高要求，未来的研究者不仅需要一般的史学训练，更需要解读历史的专业学科素养。广义的史学理论，应该包含具体的学科理论。譬如从事政治史研究的一定要懂政治学理论，经济史研究要懂经济学理论，文化史研究起码要懂文化人类学理论，思想史研究起码要懂哲学。这使我想起前几年前，史学界热烈讨论的"封建"问题，从所发表的论著与观点来看，许多置身其中、热烈表达意见的学者对政治学的理论掌握并不充分，往往不能准确的使用和区分政治学的基本概念，如国体、政体、国家结构概念，以及把握这些概念之间的联系。如，中国古代的"封建"概念，用现代政治学来看属于国家结构的范畴，封邦建国所出现的封国林立局面，使国家的整体与部分间形成松散的结合，而近代以来翻译和借用的"封建"一词，则属于"国体"范畴，往往在描述社会性质的范围内使用，属旧词新用，已经脱离了其旧有的内涵。又如，现在普遍使用的"经济"一词，古代"经济"指"经邦济世"，属政治范畴，而今天的经济则泛指人类物质生产生活以及交换活动。只有准确地运用政治学的范畴，运用政治学的理论与方法，才能深化政治史的研究，同理，只有准确把握具体的学科理论，我们才能深化各专门史研究。

**（三）经典文献与基本文献的掌握应该是史学研究的基本功**。从20世纪90年代开始，中国社会已进入了信息化快速发展的时代，如何适应信息时代的发展，构建新时代的史学？很多人已经思考和讨论了这一问题，并提出了很好的意见，我在此只是想强调，面临计算机信息处理技术的发展，不能完全抛弃传统史学研究的基本功。传统史学研究强调经典文献、基本文献的阅读与掌握，对于秦汉魏晋南北朝研究者来说，从《史记》到《隋书》这15部正史，应该是我们需要精读的基本文献。这些基本文献为我们保存了较为系统的史料，是我们了解和认识这一时期历史的不可或缺的文献，把握这些史料应该是我们的基本功。只有掌握基本的文献，我们才可能具有对这一时期历史的总体把握与体悟，否则研究者不可能在具体问题上获得深刻的认识。计算机能够使我们快速地获得史料，但不能使我们快速获得历史的总体把握与体悟。靠电脑检索写出来的论文与靠对历史的总体把握与体悟写出来的著作有天壤之别，浅薄与深刻，立马可判。譬如我们读田余庆《东晋门阀政治》，那种对历史的总体把握与深刻体悟、史料的融会贯通，是透过文字跃上纸面的，是有生命的。而一些靠电脑检索写出来的论著，缺乏对历史的总体把握，更缺乏时代的体悟，因而议论浅薄、语言苍白、没有生命力。所以，我想强调，秦汉魏晋南北朝研究的深入发展，在积极运用出土简牍、碑刻、墓志等考古材料，在善于运用计算机信息技术等工具的同时，不可忽视对基本文献的系统阅读与掌握。

# 改革开放 40 年来的隋唐五代史研究

刘后滨

接续前辈学者奠定的叙述框架和基本议题,深耕细作,厚积薄发,从实证研究走向综合叙事,重新寻找学术史定位。

**刘后滨**

江西吉水人。中国人民大学历史学院教授、博士生导师。毕业于北京大学历史系，获得学士、硕士和博士学位，曾任美国哈佛燕京学社、美国亚利桑那州立大学等学术机构访问学者，兼任教育部历史学科教学指导委员会委员、中国唐史学会副秘书长。曾入选教育部"新世纪优秀人才支持计划"，获得北京市高等学校教学名师奖、北京市优秀教学成果奖、宝钢优秀教师奖等教学奖励。

发表学术论文50余篇，代表性论文有《唐代司法"三司"考析》《论唐代县令的选授》《安史之乱与唐代政治体制的演进》《唐代文官铨选制度的建立与发展》《从敕牒的特性看唐代中书门下体制》《敕后起请与唐代政务裁决机制》《唐代中书门下体制下的三省机构与职权》《从蔡邕〈独断〉看汉代公文形态与政治体制的变迁》《唐后期使职行政体制的确立及其在唐宋制度变迁中的意义》《政治制度史视野下的唐宋变革》《唐宋间选官文书及其裁决机制的变化》《唐代告身的抄写与给付——〈天圣令·杂令〉唐13条释读》《任官文书的颁给与唐代地方政务运行机制》《唐宋间三省在政务运行中角色与地位的演变》《"正名"与"正实"——元丰改制与宋人的三省制理念》《古文书学与唐宋政治史研究》《政务文书的环节性形态与唐代地方官府政务运行——以开元二年西州蒲昌府文书为中心》《从宿卫学生到宾贡进士——入唐新罗留学生的习业状况》《唐代于阗文书折冲府官印考释——兼论于阗设置折冲府的时间》《瑟瑟考——兼论外来物品与唐诗语汇》《陈寅恪的士大夫情结及其学术取向》(与张耐冬合作)等。出版专著多部,代表作有《唐代中书门下体制研究》《唐代选官政务研究》《盛唐政治制度的研究》(合著)等,合作主编《唐宋历史评论》。

学术总结是一个时代学术反思的重要形式。不同的人有不同的学术指归，其总结的学术脉络也绝不与他人相同。对于20世纪隋唐五代史研究的学术成就和发展脉络，众多学者在世纪之交的时候进行过总结。其后，又有学者对改革开放30年来的学术进展进行总结。这些总结，有的是全面总揽各方面研究的代表性著述，不乏全局眼光；有的是就一些热点问题和核心话题进行综述和展望，体现出一定的洞察力（本文参考的总结性和展望性综述文章主要有：相卉《撷秀揽才 造就群英——首届唐史高级研究班纪事》，胡戟主编《唐研究纵横谈》，中国社会科学出版社，1996年；张国刚《二十世纪隋唐五代史研究的回顾与展望》，《历史研究》2001年第2期；张广达《〈二十世纪唐研究〉序一》、谷川道雄《〈二十世纪唐研究〉序二》，胡戟等主编《二十世纪唐研究》，中国社会科学出版社，2002年；吴宗国《我看隋唐史研究》，《文史知识》2006年第4、5期；李锦绣《敦煌吐鲁番文书与唐史研究》，福建人民出版社，2006年；郝春文《敦煌文献与中古史研究的新领域》，《中国高校社会科学》2015年第2期）。尤其是最近几年来一些年轻学人发表的就某一专题进行反思的综述和评论文章，结合学术最新进展，呈现出深刻的知识关怀和方法论探讨。这些总结和反思，是本文对改革开放40年来隋唐五代史研究进行综述的基础。需要说明的是，无论是对已有成果的总结，还是对未来研究的展望，都是站在个人立场和有限知识范围内做出的。即使文中涉及的内容，许多方面也是表面归纳或借助他人的评述。超出本人知识范围的大量研究领域及其代表性成果，只能付诸缺如。好在如今资讯渠道极为发达，本文并不承担开列论著目录的功能。

## 一　40年来隋唐五代史研究的学术脉络

改革开放后中国内地的隋唐五代史研究重新回到学术轨道。1979年由唐长孺主编（署名为武汉大学历史系魏晋南北朝隋唐史研究室）《魏晋南北朝隋唐史资料》第一辑出版，至今已经出版了36辑，成为包括隋唐五代史在内整个中国三至九世纪历史研究的重要学术平台。1980年由蒋天枢整理的《陈寅恪文集》由上海古籍出版社出版，包括《隋唐制度渊源略论稿》《唐代政治史述论稿》《元白诗笺证稿》，以及收录了众多魏晋隋唐史研究论文的《金明馆丛稿初编》和《二编》。陈寅恪提出的相关概念和范式，构成了随后一段时间研究的叙事平台和逻辑起点。1980年在西安成立唐史研究会（1983年改名为中国唐史学会），推选唐长孺为会长。会议论文结集成《唐史研究会论文集》于1983年由陕西人民出版社出版。1981年汪篯遗作《汪篯隋唐史论稿》、黄烈等主编《魏晋隋唐史论集》第一辑和1982年岑仲勉《隋唐史》(修订重排版)、金宝祥《唐史论文集》陆续出版。1982年出版了北京大学中古史研究中心编《敦煌吐鲁番文献研究论集》第一辑(共出5辑),1983年出版了唐长孺主编《敦煌吐鲁番文书初探》,1986年出版了韩国磐主编《敦煌吐鲁番出土经济文书研究》,1988年出版了王仲荦《隋唐五代史》、唐长孺主编《隋唐五代史》(《中国大百科全书·中国历史》的分册)和史念海主编《唐史论丛》第一、四辑(其第二、三辑出版于1987年)。这些学术成果的推出,无疑标志着隋唐五代史研究的全面正常开展,而且基本是在20世纪40年代以来已有研究基础上展开的。20世纪90年代唐长孺《魏晋南北朝隋唐史三论》(1992年)、王永兴《唐勾检制研究》(1991年)和《唐代前期西北军事研究》(1994年)等论著的出版,标志着陈寅恪之后第二代唐史学者进入到学术盘点的阶段。

前举在世纪之交进行的学术总结工作,与其时的研究状况是相适应的。20世纪最后20年的隋唐五代史研究,主体还处于继承与盘整阶段,基本还是站在以岑仲勉、陈寅恪为代表的新史学以来第一代唐史学者的研究基点上展开的史事钩沉和论题铺排,以及站在以唐长孺、汪篯为代表的接受了唯物辩证法和阶级分析方法又特别注重史料考证的第二代唐史学者研究基点上的理论推演与史料辨析。这些研究成果的总量巨大，但相比于五六十年代的研究，总体来看，论题的开拓却未有多少实质性的进展。由量的积累带来的质的突破，只在政治制度史和敦煌学（含吐鲁番文书研究，涉及面非常广泛）等少数几个方面有所呈现。这是中国学术界自我反思以及在国外（主要是日本）和我国港台地区隋唐史研究成绩冲击下做出的回应，一时间政治制度史和敦煌学率先成为隋唐史研究的热点，且这种情况一直持续到90年代初期（参见吴宗国《我看隋唐史研究》）。

所谓继承和盘整，具体说来，主要指政治史、官制史、法制史、财政史、经济史、军事史、民族史、对外关系史等领域，基本是接续传统议题而做出的进一步细化研究，无论从资料发掘整理还是史事铺陈解读，都还有一定空间，尚未遇到穷途和达到全面整合的程度。对于隋唐五代史研究来说，有学者将20世纪前半段的研究特征概括为文化史观中国化、唯物史观学术化和古史形态理论化，这几个方面的进展以陈寅恪、唐长孺和胡如雷等学者取得的成就为主线（孙继民发言，见陈瑞青等《"唐长孺、胡如雷与隋唐史研究"研讨会综述》，《高校社科信息》2005年第3期）。再加上岑仲勉、汪篯、韩国磐等人的研究，依然作为1980年以来隋唐五代史研究的主体知识体系，大量研究论著是在这些前辈学人研究成果基础上的细化和深化。例如，20世纪80

年代率先打破条条框框的隋唐政治史研究，就是一种细化和深化。尽管有些问题长期未有突破，如牛李党争就被称为唐史研究的"难解之结"，但一些从民国过来的老一辈学人和50年代开始进入学术界的中年学者，通过传统的史料考据和新接受的阶级分析方法，突破了官方史学教材中有关隋唐历史人物评价的套路，探寻历史事件和历史人物命运的真相。例如黄永年直指"废王立武"是高宗摆脱元老重臣的斗争，以长孙无忌为首的元老挑战的不是武则天，而是唐高宗，其失败是注定的。唐高宗的所作所为是乾纲独断，而非听任武则天指挥，唐高宗也不是昏懦之君（黄永年《说永徽六年废立皇后事真相》，《陕西师大学报》1981年第3期）。

还有一个虽然不是十分显著却颇具时代特色的现象，可以称之为对西方理论与议题的复制与套用。1980年以来史学界以社会史和文化史为代表的研究领域的扩张，总体上也还处于催生或复制议题、生吞活剥地将外来概念和研究论域套用到中国历史研究中的初级阶段。一段时间里，史学界的热门议题许多都是受到当时翻译引进的西方思想家（90年代以后又加入了海外汉学家）著作影响而提出的，例如国家与社会、社会流动、精英群体、族群认同、日常生活史、地方社会与民间社会等。这是学术史意义上对外开放之初的特有景象，对于冲破思想禁锢和僵化方法论具有重要的意义，对于深化对中国历史复杂内涵的认识也起到积极作用,但也不可避免地出现抽离这些思想、概念和方法产生的历史背景和语境,而加以机械套用的情况。经过一段时间的模仿与套用之后,学术界开始认识到这样的研究无助于深化对自身历史特征的认识。但这些业已引进的概念和话题,经过一定的语义与视角转换之后,逐渐与中国历史实际或史料特征相磨合,进而形成用以描述中国历史的"本土化"概念和话语。不过,在隋唐五代史研究中,跟风式的对西方概念和方法的模仿和套用现象并不突出,也因此显得理论色彩不够浓厚。无论是继承整合,还是复制套用,历史学科的特点是,只要是严谨务实的研究,一旦落实到历史资料的梳理,相关认识总是能够有所推进。

在正常学术研究中断20年之后,改革开放最初20年间隋唐五代史研究的局面被描述成以下几个方面:制度史的钩沉索隐、政治史的探幽发覆、经济史的推陈出新、社会史的异军突起和文化史的别开生面。除了这些中国古代史研究中呈现的普遍现象之外,还有一条是本断代研究的特殊情况,即敦煌吐鲁番研究与唐史研究的相得益彰(参见张国刚《二十世纪隋唐五代史研究的回顾与展望》)。站在世纪之交的学术现场,从整个20世纪的学术发展脉络来看,这样的描述大体是符合实际情况的,其中呈现出来的成就感也契合彼时的语境。

尽管没有什么标志性事件可以用来区分改革开放以

来40年隋唐五代史研究的阶段，但为了便于叙述，还是需要将其区分为两个阶段，第一阶段是20世纪70年代末到90年代中期，第二阶段则是90年代中期至今，本文概称之为前后两个20年。这个区分并不严格，有些90年代中期以前的成果可以划入后一阶段，反之亦然。如果一定要找到一些具有标志性意义的事件，则可举1994年底唐研究基金会学术委员会的成立及相关学术活动的展开，其学术成果基本面貌的呈现则大抵要到90年代末，主要是《唐研究》专刊及"唐研究基金会丛书"的出版。

1995年荣新江主编《唐研究》第一卷（北京大学出版社）的出版，标志着有了一份汇集以唐代为研究对象的包括历史学、考古学、古代文学、语言学、艺术史学和宗教学等各个学科成果的学术专刊，构成了隋唐五代史研究中多学科交流的新起点。笔者曾撰文指出，《唐研究》的出版"在当前强调学术整合的思潮下，有着特别的意义。《唐研究》强调新史料、新见解，将使刊物具备独特的学术价值和较高的学术品位，其突出书评的篇幅，并藉以总结学术史和建立严格学术规范的努力，也将对学术研究产生影响"。《唐研究》至今已经出版了23辑，对于隋唐五代史甚至中国古代史研究学术规范的建立，都起到了很好的引领作用。尤其是其最初出版的几辑，由于书评所占分量很重，明显区别于国内一般学术刊物，显示出与国际学术规范接轨的重要特色。《唐研究》的书评强调史料的辨析和深度解读，给被评书以学术史定位，甚至对被评书代表的学术领域或整个学科的特点和意义及研究动向进行综合分析，彻底走出了"瑕不掩瑜"体书评格套。这使其在规范学术研究方面取得了显著成绩，深刻影响了新一代学者的研究范式〔刘后滨《从〈唐研究〉（第一卷）看当前唐代研究动态》，《中国史研究动态》1996年第4期；《从〈唐研究〉（二至五卷）看唐代研究的进展》，《中国史研究动态》2000年第8期〕。

1996年"首届唐史高级研讨班"的举办及同年年底胡戟主编《唐研究纵横谈》的出版，其宗旨就是要"促进一批优秀的中青年唐史专家更快成长，形成一个对21世纪的唐研究有影响力的学术群体"（《唐研究纵横谈》，第226页）。参与研讨班和发表文章的那批学者，一定程度上代表了世纪之交隋唐五代史研究的主力。这个活动本身也预示着学术新生代即将或正在登上历史舞台，学术转型的霞光在一种集体焦虑中初显。2002年胡戟等主编《二十世纪唐研究》是对整个20世纪隋唐五代史研究的一次全面总结，并在学术反思中试图提出新的研究取向。

进入21世纪以后（许多领域的研究积累具有明显的连续性，而不必以新世纪到来为界）的隋唐五代史研究，在学术规范的建立、与国际学术界交流对话等方面都取得了实质性进展，研究领域也极大地拓展，社会史、区域史、妇女史、财政史、礼制史、法律史、中外关系史、民族史、文化史和历史地理等分支，都出版了一大批高水平论著。在历史文献的整理方面，包括敦煌吐鲁番文书、碑刻史料的整理以及各种传世文献的补遗，同样成绩卓著。可以说，无论从专题研究还是资料整理方面，从主流来看都已经达到了国际先进或者说领先水平，隋唐五代史上许多方面的知识都得到补充和更新。

不过，无论是接续传统议题的细化研究，还是套用外来概念的类比研究，在研究成果不断积累的同时，也出现了一定的困境。当然，突围的努力也从未间断。从学术史的发展看，一些核心话题的提出，往往以一些重大理论预设（科学假说）为依托。就中国古代史研究来说，例如中古士族问题、土地制度问题、唐宋变革问题、城市革命问题、明中后期商品经济发展与资本主义萌芽问题，等等，都与社会形态理论和历史分期理论密切相关。由于提出者和最初的一批讨论者大都是当时最杰出的学者，在他们学术影响力的辐射下，这些话题提出后，一般都能够以其惯性受到较长时间的关注和追踪，而且话题切分得越来越细致，尽显专门深刻。但是，随着大的理论环境的转移，这些受惯性作用而产生的深刻研究，也出现与相应学术命题被提出时的理论关怀相脱离而流于个案化、具体化的趋向，导致碎片化且缺乏方向性，大量的研究因此陷入同质性的重复。最近几年走向学术前台的中青年学者中间，已经有一些人敏锐地意识到这个问题的严重性，提出要回到核心议题提出时的理论语境，吸取大量个案研究中的有效积累，对接20世纪上半叶（从20年代社会史论战到60年代）的中文学术背景，实现又一轮的知识整合和议题更新。

## 二 40年来隋唐五代史研究的重要议题

由于学术产出大量扩张，学术成果的综合性水平不断提高，个人阅读量难以覆盖，甚至那些重要的论著也无法一一浏览，所以书评及学术综述和总结之作就显得特别重要。隋唐五代史研究的学术总结和反思之作颇多，各种分类和分期的学术总结文章，对于促进学术规范的建设、学术成果的积累和研究水平的整体提高，发挥了重要的作用，尤其在年轻学者和在校博士生中间形成了良好的示范效应。低水平重复的论著，不注意吸收已有研究成果的论著，已较为少见（尽管实质性的论辩交锋不多）。以下将在这些综述类文章的基础上，结合个人的阅读和研究体会，就40年来隋唐五代史研究中的一些重要议题进行简要归纳和评述。

时代定位是任何历史断代研究的全局性问题，由此展开的以何种视角和线索来定位，来进行历史分期，就牵引出这一时段历史研究的基本问题，即政治、经济、思想、文化、社会和阶级关系等方面涉及社会形态与结构意义上的问题，例如权力结构与国家形态之类。

20世纪前半期，无论是在中国学术界曾经集中讨论的五种社会形态的分期框架中，还是在日本学者争论的古代、中世与近世的时代分期理论中，隋唐五代都被强调是中国古代史上的一个重要转折期。由于隋唐两朝在政治血缘上都接续着北周政权，从各种制度现象上看也与南北朝尤其是北朝有很大连续性，所以在实际研究中魏晋南北朝隋唐史往往被作为一个整体对待，侧重探讨隋唐作为魏晋南北朝的延续所呈现出来的时代特征。隋唐史研究中许多定性的问题，往往都是从魏晋南北朝史的研究中带过来的。随着跨越魏晋和隋唐两个时段研究的充分展开和深入推进，二者之间的差别也日渐呈现，学者们越来越认识到发生在南北朝隋唐之际的深刻历史变革。再者，还在内藤湖南提出唐宋变革说的时代，加藤繁就认为唐宋都属于前期官僚制时代，即"世族势力衰歇，主要靠科举产生的新官僚阶级主持政务的时代"，两个时代实为一体，没有差别。唐宋相提并论，可以说是当时学者的一致立场（寺地遵《日本における宋代史研究の基调》，中国史学会编集《中国史学》第1号"宋元专号",1991年,第197页。参见张广达《内藤湖南的唐宋变革说及其影响》,荣新江主编《唐研究》第十一卷,北京大学出版社,2005年)。这种认识随着日本史学界论著的译介,在中国史学界也产生了很大影响。最近10来年间,在宋史研究取得全面丰收的助力下,唐宋之间在某些方面所具有的高度延续性又得到重视,如邓小南等学者认为晚唐五代十国和北宋前期,在许多方面尤其是政治文化方面可以作为一个完整的历史时期。

任何历史分期的做法都是为了建立分析历史变化或变革的坐标系,而所探索变化内容的不同,自然导致坐标系的不同。1982年美国学者郝若贝(Robert M. Hartwell)《750—1550年间中国的人口、政治及社会变迁》(《哈佛亚洲学报》第42卷第2期)指出,帝国内部高密度人口地区的扩散引发了行政上的困难,从而导致中央权威的下放,具体表现在"路"的出现和"县"的独立性的加强。韩明士(Robert Hyme)进一步申说两宋政治社会精英政治作为和社会作为的转变,划出北宋、南宋之间的分野,以把握南宋和后世中国社会的连续性。他们得出的结论是,北宋可以视为唐代的延续期,南宋则开启了一个新的时代,两宋之间的断层甚于唐宋之际的变革。在美国从事教学研究的华人历史学家余英时则认为,从宋代士大夫政治文化的发展看,南宋与北宋相比尽管发生了变异,但是变异不等于断裂,在这一变异时期,延续仍远大于断裂。近年来围绕《天圣令》展开的唐宋之间礼法与社会变革的研究,也涉及唐和宋(尤其是北宋)之间的延续与断裂问题。有的学者主张唐与两宋之间的差异大于延续,也有学者认为唐与北宋之间的差异远小于两宋之间的差异,南宋与北宋之间出现了某种断裂。

新世纪以来,东亚学术界对内藤湖南唐宋变革论有过集中的讨论,充分认识到内藤假说提出的理论关怀是中国历史的分期问题,意在探讨唐宋之间历史转变的意义,强调中国从宋代开始进入相当于欧洲近代早期的"近世",跳出中国传统历史叙事的王朝更迭和朝代循环模式,以回应西方长期流行的中国社会发展停滞论。而随着历史分期和社会发展阶段性质等理论论争的退场,内藤假说空余唐宋差异的比较方面,深入一些的讨论则涉及差异形成的原因和过程。而这已经是内藤假说的另类借用了。包括唐末五代作为中世和近世的过渡期之说,也被借用为"唐宋变革期"而广泛使用。可以说,中国学界对内藤假说的借用与展开,并非沿着此说在日本中国史研究中被阐发和论争的逻辑,因为中国自南宋以来就不断有唐宋之间所发生历史变化的归纳与提炼,在此传统下再借用内藤假说的概念,其实只是相当于使用了一个话语平台,由此进一步展开唐宋之间历史变迁内在轨迹的探讨。这原本也是史学研究的一个基本进路。张广达《内藤湖南的唐宋变革说及其影响》用一条长注概括了其对唐宋之际历史重大变革的理解，综述了这个研究进路中学术界已经达成的许多共识。文中指出人们趋近一致的意见是，在唐宋之际，经济、社会、政治、文化、民间信仰乃至对外关系等诸多方面确实呈现了许多变化。凡此种种，有些虽有地域差别，但是，在时间上，莫不或前或后参差发轫于唐宋之际。或者说，宋代上述领域出现的新事物、新气象，大多可以从唐代中期觅得端绪，验得萌蘖。不仅这样，在这些变化之中，有一些看来已经不像是王朝更替之后原来秩序的重新整合，也不像是传统之内的变化，而应该是结构性范畴的变革。

当然，这里还涉及唐宋之间的变化起点问题。在1986年中国唐史学会第三届年会上，中国学者针对此问题进行过一次集中讨论，相对于中唐变革说、晚唐五代变革说，南北朝隋唐之际开始发生导致宋代那种社会面貌变化的观点受到重视。

时代定位研究牵动的各重要议题中，士族及士庶区隔问题至为关键。可以说，对士族问题的关注无疑深刻影响着隋唐史研究中一些基本命题的展开，无论中文学术界还是日本和欧美学者都探究颇深（日本学界普遍称之为贵族制研究。中文学界的代表性论著如韩昇《南北朝隋唐士族向城市的迁徙与社会变迁》，《历史研究》

2003年第4期；范兆飞《权力之源：中古士族研究的理论分野》，《学术月刊》2014年第3期）。近年来一些年轻学者注重学术史的反思和理论探讨，力图回到士族问题最初被提出时的理论语境，找准问题焦点，以此为出发点揭示新的问题，克服缺少问题意识而只是就一些家族进行个案研究的同质性重复现象（参见林晓光《比较视域下的回顾与批判——日本六朝贵族制研究平议》，《文史哲》2017年第5期）。

政治制度史的研究在丰厚积累的基础上也围绕着时代定位问题展开。站在南北朝隋唐之际历史转型的起点上，重新审视6—10世纪国家权力结构和政务运行机制的变迁，这个视野下的研究已经取得了一些重要成果。在政治制度和文书学研究深厚学术积累的基础上，"政务运行"研究思路的提出，使得传统的以职官为中心的隋唐五代政治制度史研究转向了以事类（政务）为中心的综合性制度史研究，或者说制度史成为一种视角，用以分析国家与社会各个层面的具体运行及其变化。随着出土政务文书的不断整理刊布，这个研究取向集中体现在对行政运作、信息流通和政务处理规程的关注。文书、信息与权力，构成了帝制中国的复杂运行图。要了解帝国的运行，必须要进入到这个图景之中，具体认识依托于政务文书的信息流通与权力配置。目前的研究中需要注意的问题主要是，所依赖的文书资料的局限性以及政务运行机制研究在解释历史时可能存在着盲区。不是说权力都落实到文书上，许多时候权力体现在文书之外、处于无形之中；与此同时，落实到文书上的权力也不全部都是真实的权力，有时候只是一种程序或形式上的权力。但是，文书之外的信息流通和权力运行，在制度背景上还是以文书规范的流程为潜在依托的。只有了解文书体系中的信息流通和权力运行，才能避免将政治史和政治制度史的研究带入权谋的泥潭而难以自拔。总之，尽管研究角度和问题空间有所变化，但是，对官僚制度、政治体制及其发展变化的关注，仍然是政务运行机制研究的落脚点（代表性论著如李方《唐西州行政体制考论》，黑龙江教育出版社，2002年，2013年新版；赵璐璐《唐代县级政务运行机制研究》，社会科学文献出版社，2017年）。

法令体系是涉及隋唐五代时代特性的重要领域，法制史研究的成绩相当显著。除了传统的有关唐律研究和围绕"唐令拾遗"展开的持续工作之外，1999年戴建国率先披露了在天一阁发现明钞本北宋《天圣令》的情况以后，2006年中华书局出版了由中国社会科学院历史研究所课题组整理的《天一阁藏明钞本天圣令校证》一书，其中不仅包括明钞本《天圣令》的影印本、校录本和清本，还附带有该课题组花费巨大心血所完成的《唐令复原研究》。与此同时，相关研究再次成为唐宋史研究的聚焦点，专门论著可举戴建国《唐宋变革时期的法律与社会》（上海古籍出版社，2010年）、黄正建主编《〈天圣令〉与唐宋制度史研究》（中国社会科学出版社，2011年）、赵晶《〈天圣令〉与唐宋法制考论》（上海古籍出版社，2014年）。一方面，对于唐代政务运行机制的研究来说，《天圣令》在传世的编撰史料和敦煌、吐鲁番出土的档案文献之间，架起了会通的津梁。如果仅仅依据"以令式分入六司"编撰而成的《唐六典》来结合零散的出土档案文献，国家政务尤其是对于地方和基层政务来说，运行中的一些具体环节和程式，是无法复原的。而在《天圣令》相关规定的基础上，对于一些以往较少关注或泛泛而论的问题，探讨的深度和细节性有了很大的改观。另一方面，由于《天圣令》同时包含唐、宋两种《令》，透过宋代"不行"的令文，分析其不行用的制度和社会背景，以及透过宋代行用的令文中如何"以新制参定"而改动唐令中的关键字词，分析这个改动背后的原因，如此深入下去，则唐、宋法令之间许多具体而细微的变化就能够立体地呈现出来。高明士提出"天圣令学"的概念，并提示以此带动唐宋变革研究的深入（《"天圣令学"与唐宋变革》，《汉学研究》第31卷第1期，2012年）。这个角度的研究，目前还在继续受到关注和重视。此外，对《天圣令》研究的深入，也推动了礼制史和法制史相关研究成果的刊布，如吴丽娱著《终极之典——中古丧葬制度研究》（中华书局，2013年）和主编《礼与中国古代社会》（中国社会科学出版社，2016年）、楼劲《魏晋南北朝隋唐立法与法律体系——敕例、法典与唐法系源流》（中国社会科学出版社，2014年）的出版，使成果丰硕的礼制史和法制史研究再上台阶。

制度史研究的另外一个重要取向，是在官制或者官僚制的研究中，学者接着最近几年翻译成中文的20世纪五六十年代出版的宫崎市定《九品官人法研究：科举前史》（韩昇、刘建英译，中华书局，2008年）、谷川道雄《隋唐帝国形成史论》（李济沧译，上海古籍出版社，2004年，2011年新版）和增渊龙夫《中国古代的社会与国家》（吕静译，上海古籍出版社，2017年）等日本学者著述的思路，在国家行政机构层面之外，注重官僚制度的社会层面。国家行政体系在制度形式上有着整齐划一的设计，真实的国家构造和实际运作中的体制机制，却应该是大量吸收了产生于复杂社会运行中的各种要素。近年来，有关隋唐五代时期包括州县官府在内的基层政务运行机制研究、官员选任迁转制度及俸禄体系研究、官人身份及其扩大化问题研究、藩镇体制与唐宋间官僚身份体系变化研究等，都直接或间接地吸收借鉴了这样的研究思路，进而提出问题，取得了重要进展。当然，这方面的整合性研究还没有取得突破性成绩，对于隋唐国家构造的特质、路径及其与宋型国家的区别，还缺少全局性的把握。

总之，随着制度史研究的不断深入和有效积累，曾经一度受到以关注地方和社会基础为核心任务的"新社会史"冲击而略显沉寂的"国家"议题，最近在中国中古史研究中重新受到重视，带出了对中国古代传统国家在不同时期的构建途径和基本特质的探究。其中，在钱穆、严耕望等人强调的汉唐之别及宋承唐而建制的基础上，如何理解唐型国家与宋型国家存在的实质性差别，宋代国家的构建路径及其来自唐和五代十国的背景和缘起因素，这样两个基本面向上的诸多问题受到了集中的关注。国家形态意义上的唐型国家和宋型国家之分，并不意味着唐朝与宋朝的国家体制和政务运行机制完全断裂而无连贯性，也不意味着唐朝的结束和宋朝的建立就标志着两种类型国家的终结和确立，二者应是有所延续但在主体特征上又明显区别开来的两个类型。究其主体性和实质性的差别，目前研究所揭示的，主要体现在以下几个方面：君主（及制度化皇权）在国家政务裁决体系中位置的前移及其带来的君相关系的变化，使职差遣作为一种机制得以自上而下贯彻；地方各层级中心政务的分化，以及随之出现的中心政务之外某些行政权力的下移，县级政务运行的相对独立；商品经济发展和土地买卖限制的取消带来乡村基层组织形态的变化，以及由此导致的国家通过基层行政机构对乡村进行户口、赋役和司法控制的强化；等等。这是一个需要进行多方位研究并综合出新的重大论域。唐型国家和宋型国家作为学术概念的界定，也还有待具体研究的积累和理论构建的完善。

隋唐五代政治史研究中的一些传统话题如相权、党争、宦官和藩镇等，从局部视角或具体材料出发难有突破。在此背景下，一种新的综合性理论性探索正在中外学术的交流碰撞中展现，并显露出广阔的学术前景和研究活力。例如，藩镇研究就是对传统研究推进较为显著的领域，"藩镇体制"和"藩镇时代"概念的再次运用，将这个在个案研究方面非常深入的议题推进到一定的整合性层面（参见刘兴云《唐代中央对藩镇控制问题研究综述》，《中国史研究动态》2011年第2期；张天虹《唐代藩镇研究模式的总结和再思考——以河朔藩镇为中心》，《清华大学学报》2011年第6期；等等）。最新的代表性成果可举李碧妍《危机与重构：唐帝国及其地方诸侯》（北京师范大学出版社，2015年）。

唐宋间统治阶层尤其是政治精英相关问题，包括其构建与维护机制的变迁、价值体系与身份界限的演变以及由此带来的政治文化等，是近年来在士族门阀研究基础上出现的重要学术论域。其中，围绕科举和铨选而形成的"孤寒"与"子弟"，唐代不同时期政治话语中的"清流"与"浮薄"，唐人概括的"八俊"等快速升迁路径,诸如此类与统治精英集团形成途径和价值认同相关的问题,包括政治身份的获取、仕宦途径和婚姻策略的选择等,在史料解读和论题开掘方面都有了实质性的进展(代表性论著如吴宗国《唐代科举制度研究》,北京大学出版社,2010年新版;王德权《为士之道——中唐士人的自省风气》,政大出版社,2012年;陆扬《清流文化与唐帝国》,北京大学出版社,2016年)。陆扬尽力协调社会史研究中的"精英"概念和文献中诸如门阀、士族、旧族、新门、孤寒、子弟等概念,回到历史语境包括书写语境,细读各种文本的微妙修辞和写作意趣,提出并界定"清流群体"和"清流文化"两个概念,用以解释唐后期的整体政治史和政治文化。此书的关注点不同于传统政治史和政治制度史研究中对具有确定性的权力的重视,而是更加着力于把握历史进程中那些真切存在有迹可寻却又具有模糊性和不确定性的内容。在欧美中国中古史研究传统中,这是一个建立在细读史料基础上颇有推进的研究方向,而其以中文写作和出版,更对中文世界的唐宋史研究带来了新的启发和冲击。

在此基础上可进一步带出一个在更长时段如何评估中古时期不同精英集团的问题,包括精英认同的价值体系和现实依凭所发生变化的性质和轨迹,是否存在一个从依托门第阀阅构建起来的士族,到崇重当朝冠冕的氏族,再到上述清流群体的历史进程。从唐宋之间的变化来看，统治精英身份认同的价值体系有很大的继承性，但也有所区别。唐代统治精英的人数相对较少，在不同时期获取政治身份的途径也有所变化，但在其获得成功之后，还遵循着魏晋以来编撰谱牒的传统做法，以挤入士族的行列。至少在价值观念上，整个唐代精英集团的身份认同及其与其他阶层身份的区分，还是魏晋以来清浊之分的继续，尽管区分清浊的标准和依凭发生了根本性的变化。到了宋代，"器识"与"浮薄"之分大有取代清浊之分的势头。宋人很大程度上接过了唐末反"清流"势力指斥这个精英集团"浮薄"的话语，将"浮薄"一词指向没有地方历练、缺少器局和吏干的文人。宋人论唐史时所称之"浮薄"，当考虑这一层转换之后的回用，不可径作唐人语汇来理解。或许正是因为精英集团身份区分所依托价值体系的转变，以及政治精英人数的不断增加，宋代以降精英人物获得成功之后，就不再像唐代那样通过编撰谱牒来标榜身份了。正如南宋时赵彦卫所说，"唐人推崔、卢等姓为甲族，虽子孙贫贱，皆家世所重。今人不复以氏族为事，王公之女，苟贫乏，有盛年而不能嫁者。闾阎富室，便可以婚侯门，婿甲科"（赵彦卫撰，傅根清点校《云麓漫钞》，中华书局，1996年，第51页）。"不复以氏族为事"是一个否定句，从正面说，宋代的文化精英已经不需要通过炫耀家世的谱牒，而是建立起完全依靠科举功名确立其精英身份的价值依凭，精英集团的构建以此为认同基础，并通过编撰《登科录》《同年录》等来构建精英人士的网络。

民族史尤其是西域民族关系是隋唐五代史研究中极为重视的方面。如何认识和描述隋唐两朝作为世界性帝国的特征，如何认识这一时期在广大西域地区生活或建立政权的各个民族的族属和文化特征、民族分布和迁徙情况以及各民族之间的关系，诸如此类的问题，都是一项项复杂而艰巨的任务，吴玉贵《突厥汗国与隋唐关系史研究》（中国社会科学出版社，1998年）是这方面的代表作。仅仅依靠两《唐书》的"四夷"列传和《通典》《册府元龟》等文献的相关记载是远远不够的，对出土资料的发掘利用显得尤为重要，且已取得显著成绩。例如，依托敦煌吐鲁番出土汉文和各种胡语文献，研究以西域为历史舞台的各个政权之间政治文化关系；依托碑刻史料尤其是出土墓志（包括少量多语种碑刻），研究入仕唐朝的各国各族人物、家族和族群，以及外来宗教相关文物文献与宗教信仰；依托用汉字写作的入唐僧俗人士的文集、行记和碑刻等域外文献，研究隋唐帝国与东北亚和东南亚诸政权的交往。这些方面都已经取得了丰硕成果，凡是能够利用的资料，大都已经得到精深的发掘和精审的利用（参见李丹婕《唐代中国的族群与政治——三部著作的评介与反思》，朱玉麒主编《西域文史》第八辑，科学出版社，2013年）。目前阶段这方面的研究，主体还停留在史料钩沉和资料汇编的阶段，尤其是文物资料中有关外国和周边部族入仕唐朝人物、家族和族群的研究，以及物质交流和文化艺术交流方面，各种成果呈现出斑斓色彩。外来文明对隋唐帝国的实质性影响、隋唐两朝作为世界性帝国的核心特征，这两个方面的整合性研究也已经有了可喜的开始，呈现出建立在精深研究基础的回归叙事取向。例如，胡鸿《能夏则大与渐慕华风：政治体视角下的华夏与华夏化》（北京师范大学出版社，2017年）提出，随着内亚游牧民族的政治发育，华夏不再成为他们政治认同和政权建构的唯一选择。由此，唐帝国在北疆面临着前所未有的挑战，也彻底影响到了唐以后的历史进程。

中外关系史也是隋唐五代史研究中得到重大推进的一个显著方面。例如，随着《固原南郊隋唐墓地》（宁夏回族自治区固原博物馆、罗丰编著，文物出版社，1996年）的出版，一个流寓中国境内的中亚粟特侨民、"昭武九姓"之一的史姓家族的丰富信息得以呈现，隋唐丝绸之路的具体情形也在大量中亚风格的遗物中再现。20世纪末太原隋代虞弘墓和西安北郊北周安伽墓的发掘获得重大发现，以及后来在西安出土的北周史君墓、康业墓、李诞墓等，都使古代中亚包括粟特、罽宾等国的习俗、信仰尤其是祆教的研究再次成为热门话题，代表性论著可举荣新江《中古中国与外来文明》（生活·读书·新知三联书店，2014年修订版）和《中古中国与粟特文明》（生活·读书·新知三联书店，2014年）。至于这些北朝后期生活在长安的粟特等西域胡人后裔是否继续留住长安，众多缺少出土信息的西安地区粟特人墓志的主人与其是否存在某种关联，这些问题都有待进一步深入研究，进而将向达《唐代长安与西域文明》相关研究向纵深推进一步。又如，西北大学在2004年征集到的日本遣唐使井真成墓志，是迄今中国发现的唯一一件有关遣唐使的实物资料，也是"日本"作为国名最早的实物资料，引起了学界对遣唐使的集中关注，并由此出发，重新审视井真成入唐的8世纪上半叶及其前后东亚的外交形势，"给已经丰富多彩的日中文化交流史，增添了新的篇章"（荣新江《八世纪的东亚外交形势和日中遣唐使交流》，《遣唐使と唐の美术》，东京国立博物馆、朝日新闻社，2005年）。再如，1984年在陕西泾阳县发现的《唐故杨府君（良瑶）神道碑》记载了贞元年间杨良瑶受命出使黑衣大食（今西亚一带）的事实，加上1998年在印度尼西亚勿里洞岛海域发现的唐代时期沉没的阿拉伯商船，引发了对隋唐时期海上丝绸之路与国际贸易问题的重新思考。总之，在大量个案史料所揭示历史事实的基础上，隋唐帝国与东北亚、西域和内陆欧亚、波斯与阿拉伯、东南亚及印度洋诸国的交往面貌更加清晰。一些重点问题如张广达对唐代安西四镇之一碎叶城所在地理位置的考订，区域性综合研究如王小甫对唐朝与吐蕃、大食关系的揭示，有助于推进对隋唐帝国在西域统治的了解及其与西方各国的交往情况；一些具有统摄力的概念如"粟特系祆教"以及独特解读角度如葛承雍所谓"胡人的眼睛"之类的提出，有助于将零散的资料串联理解；一部全新的隋唐帝国对外关系史呼之欲出。了解那个时代的视野，也从依托汉文文献、站在中原立场，扩展到面向欧亚广阔空间、依托各种胡语及外国语文史料及相关考古材料进行全新的解读，唐朝作为一个世界性帝国的面貌更加丰富而立体地呈现出来。这些建立在大量考古资料基础上包括历史学、考古学、民族学、语言文字学、宗教学、艺术史学等多学科的研究成果，是新世纪以来隋唐五代史研究中最显著的成绩之一。

由于唐代在中国历史上的特殊地位及其对外文化交流的特殊性，有关唐代宗教的研究是国际显学，长期以来积累了大量的成果。21世纪以前，这些国际学界的重要成果在中国学界并不广为人知，近年来，随着学术交流的深入和对学术规范的注重、对学术史积累的尊重，在引介外文研究成果的同时，中文学术界的研究也取得了重要进展，无论佛教、道教还是作为外来宗教的"三夷教"（景教、祆教、摩尼教），中国学者或者说中文学术的研究成果已经基本能够站在国际学术的前沿。

敦煌吐鲁番文书的研究，在20世纪的隋唐史研究中有着极其重要的基础地位，大凡隋唐时期土地管理、户籍管理、赋役管理及财政诸问题研究中的重要突破，都有赖于出土文书的整理研究。尽管文献学意义上的敦煌吐鲁番学还有漫长的路要走，但是学术界已经在呼吁敦煌吐鲁番文书的研究从文献学向历史学转型。随着文献整理水平的不断提高，对相关资料认识的深化，对于具有档案性质的各种官私文书和写本文献的价值认识更加深刻，对那个时代历史真实形态的认识也不断推进（参见李锦绣《敦煌吐鲁番文书与唐史研究》；郝春文《交叉学科研究——敦煌学新的增长点》，《中国史研究》2009年第3期；王素《敦煌学当前工作漫议》，刘进宝主编《百年敦煌学：历史、现状、趋势》，甘肃人民出版社，2009年；荣新江《从"补史"到"重构"——敦煌吐鲁番文书与中古史研究》，《中国高校社会科学》2015年第2期）。

### 三 40年来隋唐五代史研究的成就评估与学术展望

20世纪新史学展开后至60年代，隋唐史研究耕耘已深，大家辈出，基本议题和叙述框架大致奠定。议题的变化和范式的转移并不如传统议题的深化明显。可以说，隋唐史研究中的基本叙述框架虽未有（亦非必须有）重要的突破和重构，但一些涉及较长时段和较为宏观视野的历史进程得以"深度描写",历史叙事更加充实。这个现象体现在众多方面,例如魏晋南北朝贵族制社会到宋代官僚制社会的转型、唐宋间政治体制和政务运行机制的转型、唐宋间思想文化的转型等,各个方面历史进程的描写都比以往要深入和细节化,历史转型中的关节点得以呈现。

总体来看,40年来隋唐五代史研究的成果可谓丰硕。但是,并不说明这个断代的研究取得了在整个史学界令人瞩目的成绩,更不必说超出史学界的重要学术影响。尤其在社会经济史方面,有逐渐冷落的趋势。尽管在一些具体问题研究中有所推进(代表性论著如陈明光《唐代财政史新编》,中国财政经济出版社,1991年;魏明孔《隋唐手工业研究》,甘肃人民出版社,1999年;冻国栋《中国中古经济与社会史论稿》,湖北教育出版社,2005年;刘玉峰《唐代经济结构及其变化研究:以所有权结构为中心》,山东大学出版社,2014年),但一直缺少聚焦性的议题,对隋唐时代历史定位整体分析框架的建立还缺少实质性的贡献,许多基本问题还要回到隋唐史研究的第一代和第二代学者如陈寅恪、唐长孺、何兹全、宁可等人的论著中去寻找解释(参见张雨《赋税制度、租佃关系与中国中古经济研究》,上海古籍出版社,2015年)。

40年来的隋唐五代史研究积累深厚却缺乏全局性学

术影响的一个重要原因，可能在于隋唐五代时期的新资料不断出土且数量众多，追踪新资料成为紧迫而令人兴奋的任务，综合性的整理消化还需时日。隋唐五代在中国历史上具有特殊重要的地位，但对这个时段的史学研究，却可能是中国历史研究中最为缺少理论形态和方法论关怀的一个断代领域。近40年来，除了接续日本学界讨论的所谓"唐宋变革论"和唐长孺提出的"唐代的南朝化"以外，似乎没有提出什么宏观的理论性概念，或者说很少有能够与其他断代研究中运用或涉及的一些重要理论和方法相提并论者，如早期历史研究中的疑古方法和国家形成理论，秦汉史研究中的官僚制理论和政治文化范式，魏晋南北朝史研究中的族群理论、政治体概念和史料诠释方法，宋史研究中解释"祖宗之法"的政治文化理论与解释"重文轻武"现象的权力结构理论，明清史研究中的贡赋体系与经济史理论、田野调查中运用的社会史理论等，甚至也没有提出与陈寅恪种族文化史观和统治集团理论等量齐观的理论与方法，也没有形成一些可以聚焦的牵动性议题。

这个现象本身即是值得研究的重要问题，不仅折射出隋唐五代历史特殊性和史料留存特点的一些侧面，也反映出这个断代研究史的一个重要特征，即研究的起步阶段就建立在扎实的史料考证和问题关怀相结合的基础上，没有在所谓史料派与史观派的对立之中摇摆。陈寅恪自然不是许多现代史学史研究者所说的史料派,甚至某种意义上更属于理论先行的史论派(参见刘后滨、张耐冬《陈寅恪的士大夫情结与学术取向》,《中国文哲研究集刊》第23期,2003年),只不过其史论不能容纳于20世纪50年代的显学而已。唐长孺和汪篯、王永兴等人在研究路数上都是陈寅恪的继承者。也许正是因为20世纪四五十年代隋唐五代史研究取得了令人瞩目的成绩,前辈学者开辟出了许多重要的论域,使人"陷入了遵循既往前辈学者设定议题的路径依赖"(仇鹿鸣语)。加上时代变迁和学术语境的转移,使得后来的学者需要花费很长时间来消化和补充。这种消化和补充,一定程度上存在着议题的范围逐渐细化和缩小的倾向。这应是学术研究的一个普遍现象,如同日本史学家谷川道雄在《魏晋南北朝隋唐史学的基本问题》(谷川道雄主编,李凭等译,中华书局,2010年)的《总论》中所指出的,战后日本对魏晋南北朝隋唐史的研究可以20世纪70年代为界线划分成前后两个半期,前半期是争论的时代,后半期则是没有争论的个别研究的时代,尽管开拓出了许多崭新的题材,各个专题领域在质和量上都有很大提高,但很少有人像以往那样,为自己的研究在已有的研究史中找到相应的位置,使之在中国史的巨大框架中发挥作用。研究中国古代史的中国学者中,在1980—1990年间也曾经盛行一种学术观念,即理论总是随着时代的变迁而过时或式微，而实证研究得出的成果却具有长期的价值和意义。从具体研究结论的接受角度而言，此说确有道理，不过在更长时段和更宏观视野的学术史总结中，人们意识到实证研究的那些议题和进路（出发点和具体论题），原本还是在理论论争的背景下出现的。历史学重视实证，并不意味着可以在理论衰弱的过程中将话题不断细碎化，而是需要在新的现实或者理论关注中对以往的理论和方法做出省思，进而提出具有一定宏观性的新议题，并以此引导实证研究的方向。即使号称客观的文献学研究，除了校勘之外，事实上也并不存在纯粹从文献出发的研究。此类研究的学者们，可能并不说明或者有时候没有意识到在什么理论语境中作研究。譬如唐代文献学研究成绩卓著的黄永年，看似从文献出发解析细节，其实还是有陈寅恪的理论作为研究出发点和背景。这大概是需要学术史反思的一个重要原因。

近年来，核心议题与其提出时的理论关怀结合起来所进行的学术史反思，在年青一代学人的学术实践中逐渐呈现出来。随着隋唐五代史研究在原有知识体系和逻辑框架中的学术积累丰厚到相当程度，新的问题意识和知识更替不断呈现，单纯依靠新资料做研究的状况开始转变，转而根据问题需要主动发掘整理已有资料引出新的研究取向。例如，总结曾经具有宏大理论关怀又有实证研究的日本东洋史学术理路，尤其是日本学术界关于中国中古贵族制研究的成果及其留下的学术遗产，就成为当今中国魏晋南北朝史和唐宋史学界寻找新的出发点的一项集体有意识课题。这种总结并非为了接续日本学界曾经的论争，而是在理论的层面上试图超越实证研究的一种努力。

在此背景下，从实证研究走向综合叙事的取向，尤其是以政治史为依托的叙事取向日渐显现。这是一种立足精细研究甚至详密考证基础上的历史叙事，是对政治史的一种回归，或者说是政治史研究的一次再出发（黄宽重、邓小南等人在宋史研究中所提倡）。再出发的政治史，不是学界在新旧世纪之交总结的那种包括政治人物、政治斗争、政治事件以及政治集团与派别等单一政治现象的研究，而是对政治权力及以之为中心各种事象解释的立体视角，或者说是各种视角历史叙事对政治史的依托。无论是制度史（制度史本身是一个综合研究的概念，已经超越了传统的官制史、财政史、礼制史等单一视角）、经济史、社会史、文化史、民族史等各种视角的历史叙事，只要进行历史叙事，其所能依托的框架就必然是政治史。不仅因为中国史学编纂的传统是以政治史为核心，史料特点决定了政治史的主体地位，更重要或者更根本的原因在于，政治现象是人类社会历史进程中最具整合性和可把握性的一个层面。

学术交流与对话是促进学术发展的必要途径。当今资讯发达、检索便捷的情况下，开展与外国同行的对话与交流更加方便。值得注意的是，西方学者对中国学者研究成果的吸收不充分、不及时，暴露出在中国古代史领域，中西方学者之间交流中存在的隔膜，既有关注重心的差异，很大程度上也是中文学术传播途径不畅造成的。对于中国古代史的研究和写作而言，史料并不像中国近现代史的某些方面一样需要"出口转内销"，中国读者并不指望从西方学者研究古代史的著述中获得稀见的史料。许多西方学者研究中国古代史的论著并不以史料丰富或运用稀见史料见长，而是通过史料的特殊排列方式呈现出特有的见识。这里面有一些只是站在外部世界观察中国历史时所特有的眼光。对于隋唐五代史研究来说，一些高度综述了西方学界研究成果的概览性著作，如《剑桥中国隋唐史》（崔瑞德编，中国社会科学院历史研究所西方汉学研究课题组译，中国社会科学出版社，1990年）和"哈佛中国史"系列中的《世界性的帝国：唐朝》（陆威仪著，张晓东、冯世明译，中信出版社，2016年），或许就是了解其学术脉络的良好桥梁和纽带。

综括言之，国内隋唐五代史学界对当前研究的不足有了日渐客观的认识，在参与国际学术对话时实际上增强了自信。随着年轻学人的成长，发挥所长，补足短板，几代学者期待的提高整体研究水平，以及在整体中国历史进程解释中贡献率的实质性增长，都将是指日可待的。

# 改革开放40年来的辽宋夏金史研究

包伟民

归纳40年持续扩张的辽宋夏金研究学术史,可以发现它的另一个结果,是带给了这一领域学者们一种普遍的焦虑心态。那就是在本领域如何百尺竿头更进一步。

**包伟民**

1956年出生于浙江省宁波市。1988年北京大学历史学系博士研究生毕业,曾在浙江大学任教多年,现任职于中国人民大学历史学院,教育部长江学者特聘教授,主要学术兼职有中国宋史研究会会长等。

多年来研究工作集中在宋代史、中国古代经济史及近代东南区域史研究等方面。还花了一些时间负责编纂浙江龙泉地区近代司法档案。各不同时期的代表作有《江南市镇及其近代命运》(知识出版社,1998年)、《宋代地方财政史研究》(上海古籍出版社,2001年)、《传统国家与社会:960—1279年》(商务印书馆,2009年)、《宋代城市研究》(中华书局,2014年),主编百卷本大型史料文献丛书《龙泉司法档案选编》(中华书局,2012年、2014年、2018年)等。

此外，近年来偶尔也关心历史学研究的理论与方法及中国近古时期乡村制度等问题。根据以上范围的专题研究，曾提出了一些自以为可以成立的学术观点。例如：关于中国传统的中央集权政体结构，认为它不仅造成中央政府独占全国资源的局面，而且使得地方各级政权内部，每一层级都形成上级对下级资源的独占与浪费，出现"阶层性集权"现象，以及在基层呈现中央集权与地方无序的双重特性。关于宋代城市史，主要针对学界长期以来所持之"加藤模式"提出了一些新的看法，认为所谓从唐到宋城市坊墙倒塌、市制崩溃，或者宋代出现"城市革命"等说法，可能只是依据了京师等大型规划城市的特例，从更为广泛的州县城市的史实去观察，唐宋间城市的发展过程所呈现的历史的延续性，远比从所谓"封闭"走向"开放"那样简单的模式归纳为明显。本人还认为，中国历史的研究方法应立足于本土经验，主要从具体的个案研究中去体会与归纳。唯有树立起学术的自信心，才能摆脱目前的"理论饥渴症"。

十一届三中全会标志着中国的历史进入了改革开放的新时期，社会生活从此逐渐走向正常，学术研究也获得了正常发展的机会。关于中国古代历史的学术研究，由此得以迅速发展。辽宋夏金史领域也是如此。

不过，相比于中国古代的各个断代而言，40年来辽宋夏金史领域的学术推进尤其明显，最重要的表现就在于，国人对公元10至13世纪——尤其是赵宋王朝——历史的看法，产生了近乎逆转性的变化。

## 一　时代背景

任何学术研究的推进，都会受到时代背景的制约，历史学尤其是如此。因为史家观察历史，于技术、资料等外部条件之外，在思想认识与分析方法等许多方面，受到他所生活时代的影响与制约。虽然史学研究的对象恒定不变，但不同时代的人对历史都会有自己不同的理解。归纳而言，40年来，影响辽宋夏金史领域发展的内外部因素，大致可有如下四个方面。

**（一）随着改革开放的推进，学术领域的思想禁锢逐步被打破，引领学者观察历史社会的分析方法产生了明显的弃旧扬新现象。**

传统的经典理论虽然一直被学界所尊奉，不过主要出于对理论教条主义弊病的警惕，尤其在年轻一代学者中间,其实际影响力无疑减弱了。改革开放之后,在海外学界的影响之下,一些当代社会科学理论渗透日深,其中经济学、社会学与政治学等学科的范式与分析方法,最受本领域学者们的关注。表现在具体的研究工作中,除了对一些历史现象解释与性质判定产生差异外,最明显的是研究议题的移易。一些新的研究议题受到关注,传统的、根据经典理论所提出的一些关于中国历史的核心议题,明显受到冷落。

**(二)学术思想的弃旧扬新,主要是通过研究人员的更替换代表现出来的。**

40年来,在本领域大致有四个代次的学者先后登临学术舞台。第一代是成熟于1949年之前、复经20世纪五六十年代思想改造洗礼的老一辈学者,在本阶段前期,他们引领了学术研究的走向,辽宋夏金各个领域都是如此。同时,一大批在五六十年代接受专业训练的中年学者,作为学术研究的生力军,在经过政治运动长期压抑之后,迸发出惊人的学术创造力,促使史学研究很快呈现繁荣景象。他们是第二代学者,大致到90年代中期开始占据主导地位。第三代学者则以七七、七八级学生为主,在"文革"后经高考进入高校学习,复经研究生课程的训练,在90年代起开始崭露头角,成为学界的生力军。进入21世纪后,更进一步成为本领域学术研究的主导者。紧接着,第三代学者薪火传人,在高校扩招政策的助力下，每年又训练出来相当数量的辽宋夏金史方向研究生。10余年来，学界在各方面都明显感受到了这一大批学术"新新人类"——第四代学者——的影响。

在讨论议题与研究方法方面，由于受教育背景、政治环境，以及中外学术交流条件等因素的综合影响，学者代际之间存在着比较明显的差异。前期在第一代学者的引领下，从20世纪五六十年代以来的一些主流学术观念与讨论议题仍占主导地位，例如强调辩证唯物主义与历史唯物主义的指导，重视阶级对立立场与阶级分析方法，坚持社会结构分析中的经济基础决定论，等等。落实到具体的研究领域，早先的一些中心议题仍然受到不少学者的热捧，例如宋代在"长期延续"的中国封建社会发展进程中的地位，资本主义萌芽是否在宋代产生，宋代社会的阶级结构，土地制度，租佃关系，农民战争，宋初中央集权强化与中后期的政治改革，思想史领域的唯心主义与唯物主义的对立，等等。辽夏金史等领域与此类似，例如一如既往地强调作为它们奴隶制国家的性质，并在此基础之上提出议题。从第二代学者开始，议题与方法已经出现某些弃旧扬新的态势，及至第三代学者进入主导地位，新旧之间的更替则成定势。第四代学者基本上是追随其师长的学术路径，而有所拓展。

总体看，本领域前后之间的学术面貌有较大改观。一些旧议题逐渐被以社会史、文化史为中心的新议题所取代。以至近年来有学者综述本领域的研究状况，屡屡提及作为传统研究议题之基础的经济史研究"不容乐观，至少在成果数量上持续走低，后备的研究力量明显不足"（梁建国《2011年宋史研究综述》，《中国史研究动态》2012年第6期）；或者经济史中"有新见的论文不多，重复、细碎性研究日趋严重"（李华瑞《2014年辽宋西夏金元经济史研究综述》，《中国史研究动态》2016年第1期）。同时，士人阶层、家族宗法、性别观念、民间信仰、社会生活、基层社会、地域文化、民族关系、思想流派等议题，开始成为新的学术热点。核心概念与分析取向也有不少调整。例如，年轻学者更倾向于使用"精英"这样相对正面的概念，来取代此前"地主豪强""猾吏劣绅"之类明显具有贬责意味的用语，以指称地方社会中的权势人物；对于文献中所见之"盗""寇""贼""匪"之类记载，此前大多不加分辨地归为"农民起义"，新近的论著则往往更为审慎地以"民变"一词来作指称。又如讨论历史人物，也更多地将研究目的从此前的"肯定"或"否定"等功过评判与道德审视，调整为对于其多重历史影响的具体分析。

（三）40年来中国经济持续奇迹般地发展，国力大幅度提升，使得国人对于民族历史的自豪感大增，直接

**促使了学界调整对辽宋夏金时期——尤其是宋朝——历史的看法。**

  长期以来，根据人类历史发展五阶段说的理论框架的界定，10 至 13 世纪处于中国封建社会中期末端或后期开端，被认为已经走下发展高峰，开始进入衰退期。可是在现实社会经济发展的刺激之下，随着中国与世界列强并驾齐驱进入 21 世纪，以及国际学界出于反思"欧洲中心论"的目的，开始重新认识中国帝制后期在世界历史上的地位，使得中青年学者越来越不满足于只把宋代的高度发展定位在中国封建社会内部的认识，而是希望将其置于当时的世界历史背景下给予新的评价。尤其是，正如有学者早已研究证明，差不多已经成为国人共识的、关于宋代国势积贫积弱的看法，是近代学人鉴于当时中华民族饱受列强欺凌，反观历史，出于对汉唐盛世的怀恋，以及对赵宋王朝国势不振之史的自惭，在强烈的民族情感背景之下归纳出来的。近年来国力的增强，使得学者们慢慢摆脱那种情绪化的心境，得以相对平静、全面地来观察两宋历史，以充分认识它在经济、文化、学术、技术等许多方面空前的成就。

  支持宋朝国力积贫积弱看法的一个关键"史实"，是它的武功不振，对外妥协，依靠向周边民族政权交纳岁币来维持边境的和平。近年来，不少论点有明显调整。例如关于北宋向辽国交纳岁币问题，就有学者通过具体分析澶渊之盟的历史影响，如宋朝从宋辽双方榷场贸易中赢得了超过岁币的商贸收入，中原、契丹人民从此得以和平相处等，来否定此前的一些看法。

比较典型的案例，是国人对南宋历史看法的转变。如果说"积贫积弱"是国人对于宋朝的一般性看法的话，那么相比较而言，长期以来，国人对于南宋历史的看法则更为不堪。长期以来加给南宋的标志性指称"偏安小朝廷"，就是一个完全贬义的概念。进入21世纪以后，南宋历史的这种负面形象发生了令人称奇的变化，地方政府开始将其视为难得的文化资源，设立机构，投入巨资，来推动南宋历史的研究。也有不少学者开始重视南宋历史的意义，强调"南宋在传承中华文明中所做出的巨大贡献"（何忠礼《略论南宋的历史地位》，《浙江社会科学》2008年第9期）。

**（四）支撑学术研究的外部条件明显改善，这里主要指可能直接影响学者研究条件的资料提供与数码技术的应用。**

随着经济的起飞，出版行业也开始快速发展，大量古籍被影印或经整理出版，为学者提供了最为基本的研究条件。由于从宋代起存世古籍成倍增加，其中多为孤本善本，各地馆藏情况不一，所以它们对于宋元以下各断代的研究来说，实比隋唐以前各个断代的关系更为密切。例如，作为研究宋史最主要史籍之一的编年体史书

《续资治通鉴长编》，直至它在1986年由上海古籍出版社影印出版，各地学者才得以比较方便地应用。古籍影印与整理工作的推进，使得一些原本相当稀见的古籍成了学者们案头的常备书，京沪之外的各地研究人员才逐步在基本资料方面具备了相对方便的条件。同时，因为各地大兴土木，作为它的"副产品"，本阶段所发现的辽宋夏金时期地下历史文物相当丰富，这也在很大程度上刺激了学术研究的深入，其中尤以城市考古领域为突出。另外，一些重要历史资料从域外的引进出版，例如俄藏黑水城西夏文书等对相关领域的促进作用，可为显例。这一切，若非社会经济明显改善，是不可能实现的。

与此同时，近几十年计算机信息技术的发展，也深刻地影响到了本领域的学术研究，例如学术期刊数据库的广泛应用，大规模古籍全文数据库的建设，等等。福祸相倚，新技术的应用难免带来了一些反作用，但综合起来看，尤其近一二十年以来，学科的发展已经在相当程度上感受到了它的推力。在相当大的程度上，新技术使得研究者搜寻资料更为方便，数十百倍地扩大了他们搜寻资料的数量与广度，也帮助了年轻学者得以迅速进入具体专题的学术场景。一些相当冷僻的文献，现在频繁地在硕士、博士研究生毕业论文的参考文献目录中出现。如果应用得法，必然对研究带来相当正面的影响。例如学者得以依据更多、更为全面的论据来对史事进行归纳分析。一些原本比较不容易讨论的议题,也有可能变得相对轻松。近年来涉及统计分析的议题,如某一词汇在文献中出现的频率等明显增多,可为明证。某些历史现象最早见诸记载的时间,就变得比较容易确定了。

时代背景对于史学研究的影响是全方位的,例如研究者基本的生活条件如何,无疑也是一个不可回避的因素。国家政治、就业市场、学术管理机制、现实生活中各种"后现代"观念的流行,等等,更不容忽视。不过相对而言,前面所述是比较重要的几个方面,它们对本领域研究的影响当然不是一直平铺展开,而是在不同阶段各有侧重的。

## 二 概况归纳

在内外各种因素的影响与推动之下,辽宋夏金史领域的发展增长差不多是全方位的,经过一番概览式的梳理,就可以相当清晰地呈现出来。

**(一)关于研究人员与研究机构。** 40年来,辽宋夏金史领域的专业研究人员增长了数倍,这是本领域学术增长的一个明证,也是它的基础。由于研究者的学术领域常有跨界,人数的精确统计并不可能。不过如果以宋史领域的例证看,参加1980年首届年会者60余人,目前注册的学会会员近500人,其中经常参加学会学术活动的近400人，数十年间增长了6倍有余。辽夏金史领域的情况不会完全平衡，不过当与此约略相近。

辽宋夏金各个专史都成立了作为学术交流平台的全国性学术组织，明显推进了各自领域的学术研究。在中国古代各断代史领域中，宋史首先于1980年成立了全国性的研究会，组建理事会，指导会员们的研究工作。作为本领域最主要的学术交流平台，研究会按每两年一次的频率召开学术年会，并编辑出版年会论文集。自1980年至今，已召开了17次大规模的学术年会，出版了17册《宋史研究论文集》。辽夏金史领域与此相似，1982年6月成立中国辽金史学会，定期组织召开学术年会。2003年，转为中国民族史学会辽金暨契丹女真史分会。从1987年出版《辽金史论集》以来，至2016年，已出版了14辑。西夏史则基本是通过中国民族史学会展开学术活动。本领域主要的学术出版物，有李范文自2005年起主编出版的《西夏研究》，前后共计出版了8辑，自2010年起改为由宁夏社会科学院编辑出版的学术季刊。此外，各地还成立有一些地域性的学术组织，例如于1984年成立的辽宁省辽金契丹女真史研究会，迄今已经30余年，会员从40来人扩展到300余人，定期召开学术年会。在宋史领域，也成立有岭南宋史研究会等。

40年来本领域也成立了不少重要的专史研究机构，

最为引人注目的，就是由教育部设立、作为"人文社会科学重点研究基地"的几个研究机构。其中有最初由教育部批准、成立于1982年的北京大学中国中古史研究中心，辽宋夏金史研究为其重要的组成部分。2000年纳入教育部人文社会科学重点研究基地系列，改名为北京大学中国古代史研究中心。此外还有2000年成立的宁夏大学西夏研究中心（2009年改名为西夏学研究院）和河北大学2001年成立的宋史研究中心。

与此同时，不少学术单位也成立有与本领域相关的学术机构，重要的如中国社会科学院西夏文化研究中心、河南大学宋代研究所、宁夏社会科学院西夏研究院、吉林大学民族研究所、中国人民大学唐宋史研究中心、浙江大学宋学研究中心、杭州市社会科学院南宋史研究中心，等等。

这些研究机构大都编辑出版有相应的学术专刊，重要的如河北大学宋史研究中心自1990年起编《宋史研究论丛》，迄今已经出版了20辑；宁夏大学西夏研究中心（西夏学研究院）于2006年起编《西夏学》，迄今已经出版了13辑；杭州市社会科学院南宋史研究中心自2006年起组织学者撰写"南宋史研究丛书"，迄今已经出版了67种。

（二）**论著的数量增长惊人。**40年来，总共刊布了多少关于辽宋夏金史研究的论著，无法统计，也不一定有意义，唯一可以肯定的是数量惊人，逐年增长，近年尤多。这在一定程度上反映了研究推进的事实，更印证了数量化的研究人员考核制度之推波助澜作用。

比较具有指示意义的现象是近一二十年来各领域博士学位论文数量的增长。根据中国知网"中国博士学位论文数据库"的统计，以"宋代"为主题的博士学位论文，1999年仅2篇，2000年10篇，此后持续增长，到2007年超过百篇，此后一直持续在八九十篇左右，直至2015年后才略有下降。这里当然也反映了高校扩招政策的直接影响。辽夏金史领域的博士学位论文数量增长与之相似，2000年仅2篇，后来持续增长，到2011年已超过了20篇。

数量当然绝非等于质量，不过由此展示出学术大跃进的态势则十分明晰。

**（三）断代史专著陆续问世，相关专题研究全面铺开**。通史式的全面铺叙与专题式的深入探讨，是观察史事的两种有效方式。这两种方式相互之间又是密切联系的，前者须以后者一定程度的积累为基础，一部编纂得当的断代史往往是某一时期相关领域综合水平的指示器。40年来，辽宋夏金史领域断代史的陆续问世，比较直观地展示了学术推进的过程。

早在20世纪70年代末至80年代，辽宋夏金各个领域都陆续出版了几部断代史专著。1979年，蔡美彪等《中国通史》第6册由人民出版社出版，此书分三章分别叙述辽、西夏、金三朝历史。这既是通史著作中最早以较多篇幅为辽、金各自单独设立专章来作完整叙述的，更是第一次将西夏作为一个独立的政权，为之设立一个单独章节的。同年，张正明《契丹史略》由中华书局出版。也是在同一年，钟侃等出版了第一部西夏史《西夏简史》（宁夏人民出版社）。次年，吴天墀《西夏史稿》由四川人民出版社出版。此书积作者数十年之功，所搜集的汉文史料相当丰富，还提出了很多有价值的观点，深得学术界好评。1984年辽宁人民出版社出版了张博泉《金史简编》和杨树森《辽史简编》等。

宋史方面，第一部断代史直至1985年才由人民出版社出版，即由周宝珠、陈振主编的《简明宋史》。此书关于两宋时期在中国古代历史中地位的论述，以及将阶级斗争视为认识宋代历史的主线的结构安排，可以说是当时相关领域研究水平的一个归纳总结。在南宋史方面，则差不多在30年后，由何忠礼等编写了八卷本《南宋全史》，2016年由上海古籍出版社出版。

与此同时，在邓广铭先生关于打通辽宋夏金、构建"大宋史"理念的影响下，学者们试图重新搭建历史的架构，从一个更为全面的视角来叙述10至13世纪的历史，于是出现了通论辽宋夏金史的努力。1986年，杨树森、穆鸿利等编著出版了《辽宋夏金元史》（辽宁教育出版社）。到2010年，河北大学宋史研究中心出版了由漆侠主编、380万字的宏篇巨著《辽宋西夏金代通史》（人民出版社），集中反映了相关领域学术研究的新进展。

在辽宋夏金史的各个专题领域，相关研究论著的数量则不可胜数。可以说，举凡存世资料相对充沛、足以展开讨论的议题，差不多都已经有学者撰写了专书，更不必说数量无法统计的专文了。一些热门的议题，例如核心的国家制度、重要的历史人物、著名的文艺作品、主要的思想流派等，专书专文更是集中，其中免不了就有相当比例的重复现象。

一个比较具有指示意义的现象就是，一些范围较小或相对冷僻的议题，也开始有学者为之撰写研究综述，分析其学术史的展开与研究现状，由此可以证明在那些领域都已经有了不少的学术积累。例如南宋的《平江图》，虽然是研究当时城市史的重要资料，但议题空间毕竟有限。但据中国学术期刊网的统计，从20世纪80年代以来，已有16篇专题讨论《平江图》的论文问世，以至许文刚得以为之撰写专题的学术综述（《〈平江图〉研究综述》，《江苏地方志》2015年第5期）。又如"买扑"是宋代官府市场经营（征榷、和买等）中的一个制度环节，自从1984年裴汝诚、许沛藻发表第一篇专文《宋代买扑制度略论》（《中华文史论丛》1984年第1辑）以来，至今已刊布有20多篇专文，更有专书一种,对它展开讨论。杨永兵还撰有研究综述一篇,归纳了这一议题的学术史(《近30年来宋代买扑制度研究综述》,《中国史研究动态》2009年第10期)。议题相对冷僻的,例如合灿温综述近30年高丽遣使金朝问题的讨论,征引研究文献49种(《近三十年来国内高丽遣使金朝研究述评》,《赤峰学院学报》2015年第3期)。郑玲分析河西回鹘与西夏关系史的研究状况,列出相关研究文献32种(《河西回鹘与西夏关系研究综述》,《西夏研究》2016年第2期)。又武婷婷归纳关于辽、宋、夏、金婚礼服饰及其礼俗内涵的研究,列出的今人所撰参考文献达70种(《辽、宋、夏、金婚礼服饰及其礼俗内涵研究综述》,《黑龙江史志》2013年第3期)。此外类似的例子还有不少。

## 三 研究举例

在议题全面铺开、论著数量成倍增长的同时,40年来我们对辽宋夏金史的认识也大大地深化了,尽管深化的程度未能与数量增长成正比。

总体观察起来,学术范式的推陈出新,研究领域的拓展与新议题的提出,多领域、多学科融合研究之受重视与一些视野更为宽广的核心概念(例如"宋学""大宋史"等)的推出,考古资料、文书档案等新史料的大量发现与整理研究，制度史等重要史事研究的精深化，等等，这些研究深化的具体表现，尽管不一定绝对平衡，却无疑是辽宋夏金各个专史领域的共同现象。内容相当丰富，下文在不同领域略举几例，予以说明。

研究范式的推陈出新，是本阶段最令人注目的学术进展之一。在坚持尊奉经典理论的同时，学界借鉴了不少当代社会科学的分析方法与学术范式，其中主要来自社会学、经济学与政治学等学科，这使得研究者得以从更宽广的视野，用更多元的分析方法，来讨论不同的研究对象，从而进一步展示历史的复杂面相。

例如在宋代思想史领域，学术史上存在着唯心主义与唯物主义为分野，给具体的思想与人物贴标签、划线站队的现象，将"学统四起"、精彩纷呈的宋代思想史领域，描写成了失真而又乏味的两条路线斗争战场。经过多年的努力，这种现象大为减少了。相反，深入历史文献内部、深入历史上客观存在的话语体系、深入人物主观世界的立体研究大大丰富起来。此前，很多人物和流派被认为是缺乏研究价值的，在历史上起到了开倒车的负面效应，譬如理学派的二程、朱熹、陆九渊及其学派，客观的研究很少，仅有者也主要基于批判的立场。40年来，情况被根本扭转，对程朱理学、陆九渊心学的研究禁区不但无形消散，而且在生平研究、思想研究两方面都取得了极大的成果。此外，关于李觏、范仲淹、司马光、王安石的研究也得到了极大的深化。40年来研究者在面对思想史文献时不但重视思想者在文献中主观上"说了什么",也重视他的主观思想表述是否被他人、被社会所接受,是否影响或在多大程度上影响了历史进程,客观考察思想观点的历史后果,因此也使得我们对宋代思想史的理解更加贴近历史实际了。

尽管如前所述,本阶段经济史受关注的程度减轻,其在整体研究中所占的比重下降,但它同时又是学界借鉴当代社会科学的分析方法与学术范式的努力比较明显的领域之一,近年来不少研究成果在深度上有许多推进。例如关于宋代的土地制度、租佃制与地租形态等问题,传统的观察大多强调地主与农民之间的阶级对立,从大土地占有制的发展、租佃关系中人身依附减轻与否、地租形态之从劳役转向实物,租佃契约的内容与性质等,来展开讨论。近一二十年来,这些议题明显受到经济学等学术范式的影响,效益、产权、风险控制与交易成本等核心概念与分析方法开始在讨论中扮演重要角色。

就如从两宋时期开始,土地关系日趋复杂,土地出售中的以典就卖、租佃关系中的一田二主与永佃权等现象开始出现,新近的研究在关注到这些现象可能影响到社会阶级关系的同时,更多地将分析的立足点落在了产权关系方面。有学者指出,北宋时官田佃户的永佃权事实上已经形成。民田方面，佃农则已经拥有稳固的租佃权，永佃权尚处于发育成长阶段，只在局部地区出现。土地产权这种多元化的发育成长，对于进一步激发产权权能所属各方的经营和生产积极性，提升经济发展的内在动力，具有积极意义，并对后代产生了深远影响。对于宋代土地买卖中存在着的典卖现象，学者们在深入梳理产权多元化趋势，强调田主、典主、佃农三者依托市场交易构筑的共享地权的新格局的同时，还注意到国家赋税和户口登记制度视田产的出典为财产转移，并不将出典田地作为财产来登记。在国家管理制度中实行的这种"一元制"产权形态，与流通领域存在的"一田两主制"形态不同，它是国家从降低社会管理成本出发，行使财税和行政管理职能的结果（戴建国《宋代的民田典卖与"一田两主制"》，《历史研究》2011年第6期；《从佃户到田面主：宋代土地产权形态的演变》，《中国社会科学》2017年第3期；龙登高等《典田的性质与权益——基于清代与宋代的比较研究》，《历史研究》2016年第5期）。

实际上，差不多在辽宋夏金史的所有领域，我们都可以感受到学术范式转换的影响。例如政治文化分析工具之被应用于关于"祖宗之法"这样的观念与政治的相互关系（邓小南《祖宗之法：北宋前期政治述略》，生活·读书·新知三联书店，2006年），在辽宋夏金各政权关系的讨论中跳出传统的华夷分野与中原正统观念，以现代国际政治的一些基本概念（如"外交"）与分析工具着手讨论，等等。当然也有一些学者，因为疏于分辨历史与现实之间的落差，甚至将现代社会生活中流行的一些概念，直接应用到辽宋夏金史领域的分析之中，例如外向型经济、市场化、人才培养之类，或者模仿社会心理学的方法，来揣摸历史人物行为的心理动因，等等。

似此学术推进有不少也许并非是跨越式的，不可能全面重构学术史，有些范式调整与新概念、新分析方法的引入，更可能尚显生硬，不过其所代表的学术发展方向令人鼓舞。

研究领域的拓展与新议题的提出，则无疑是重塑本领域学术史概貌最重要的推动力。尤其对于第三、四代次的学人来说，20世纪五六十年代以来主要根据经典理论提出的那些议题，不再具有往日的主导地位；随着国门开放，西方史学流派的著作被大量译介进来，恰好回应了他们的需求。于是，议题重心之从传统的国家政治与阶级结构，转向社会史与思想文化史，也就是顺理成章的了。地方社会、精英阶层、婚姻家族、社会性别、日常生活、物质文化、民间信仰、疾疫灾害、理念认同等方面的议题，慢慢成为新的研究热点。在一些专史领域，例如历史地理学，也开始讨论起历史上的环境与生态等问题。

　　有的时候,研究议题的更替并不一定以"新"覆盖"旧"的方式呈现出来。在社会史、思想文化史特有的视角及研究方式的引领之下,不少"旧"领域得到了有意义的拓展。例如作为传统国家制度重要组成部分的礼仪制度,日渐成为新的研究热点。仅从近年来本领域博士学位论文的选题看,明堂、朝会、祭祀、丧葬、乐制、服制,乃至礼器等,都被纳入了讨论的范围。

　　这也说明,历史研究的对象恒定不变,尤其是对于像辽宋夏金这样文明比较发达的历史时期,其中一些凸显的社会现象,从来都是人们关心与研究的重点。10至13世纪的一些突显现象,如多民族政权并存、赵宋政权文官制度的发达与武功之不振、经济与技术的突破性发展、思想文化领域新气象的形成等,是任何时期的观察者都不能忽视,必须予以悉心分析的。议题虽旧,其命常新。于是在这里,视角的"高下"有时就要比议题的"新旧"更为重要了,端看研究者能否透过表象观察到历史的真相而已。正因为此,有学者就开始关心如何从旧议题中发现新意义。邓小南就明确提出了政治史研究"再出发"的口号(《祖宗之法:北宋前期政治述略》)。近年来不少学者展开了对国家管理中信息流通渠道的研究,成绩斐然;包伟民对宋代城市史的研究,也是旧题新作的显著实例(《宋代城市研究》,中华书局，2014年）。

正如礼制与信息渠道等议题所展示的，前者主要涉及国家制度与文化思想两个不同的领域，后者虽然以国家管理制度为主要讨论对象，与传统的观察有所不同的是它更强调各个部门、各种层级之间的联系。如果从一个更为宏观的层面来归纳，可以发现40年来多领域、多学科融合，是推动辽宋夏金史研究的一个相当重要的因素。其中一些通贯性大概念的提出，与民族语言学研究对辽夏金史等领域的重要意义，都为明证。

邓广铭在为中国宋史研究会1982年年会编刊撰写前言时，就曾明确提出，后来并一再强调，应该视辽、宋、夏、金各王朝史为一个整体来展开研究，打破"严格划分此疆彼界，而相互不越雷池一步"的学术现状；并且特别指出，应该按各王朝建立的时间顺序，将"宋辽金夏"调整为"辽宋夏金"。这就是他的"大宋史"理念，旨在强调当时前后并存的辽、宋、夏、金各王朝相互之间的联系与影响，揭示在这种联系与影响之下社会生活的各个方面。数十年来，这个"大宋史"理念已经对学界产生了深刻的影响，不仅推动了诸如《辽宋夏金代通史》那样的宏篇巨著，或者许多专门研究各个政权相互之间关系的著作问世（例如李华瑞《宋夏关系史》，河北人民出版社，1998年），更重要的是，多数研究者在讨论辽宋夏金各王朝的具体专题时，它已经自然地成为一种内在的观察视角。此外，在两宋思想史领域，邓广铭对传统学术史上以"理学"来涵括所有思想流派的做法展开自我批评，提出了"宋学"这样一个核心概念，大大拓展了研究者的视野。40年来，"宋学"逐渐成为两宋思想史的标志，凸显了其在方法论上的重要意义（邓广铭《略谈宋学——附说当前国内宋史研究情况》，原作为"前言"，登在1984年第三届年会编刊《宋史研究论文集》，浙江人民出版社，1987年；后收入《邓广铭全集》第七卷，河北教育出版社，2005年；漆侠《宋学的发展和演变》，河北人民出版社，2002年）。

关于辽夏金等王朝，早期研究一向主要依靠汉文资料展开研究，存在着明显的不足。自19世纪以来，随着各民族语言的资料相继被发现，对契丹、女真与西夏语的研究也随之开始。由于资料情况不同，各自的推进水平有前后差异，不过40年来都取得了重大进展，这是辽夏金史领域学术进步的最主要表现之一。例如20世纪70年代以来，清格尔泰、刘凤翥等民族语文学者以汉语借词为突破口，并利用汉文文献所记契丹语词，解读契丹小字获得成功，其研究报告《契丹小字研究》于1985年由中国社会科学出版社正式出版，成为具有里程碑意义的契丹语言文字研究著作。此后，民族语文学者利用这一成果，并结合蒙古语、达斡尔语等契丹语的亲属语言，对一批新出契丹小字资料加以研究，成效显著，同时对于契丹大字的研究也取得突破。与此同时，国内女真语言文字研究也取得长足进步，先后有几部重要的研究著作问世（金光平、金启孮《女真语言文字研究》，文物出版社，1980年；道尔吉、和希格《女真译语研究》，《内蒙古大学学报》1983年增刊；孙伯君《金代女真语》，辽宁民族出版社，2004年），大大推进了女真语言文字的研究。在这些研究的基础之上，还有几部重要的工具书被编纂出来（例如金启孮《女真文辞典》，文物出版社，1984年；刘浦江、康鹏主编《契丹小字词汇索引》，中华书局，2014年），极大地便利了学者们对民族语言资料的应用。与此同时，利用民族语言研究的最新成果，将其真正与历史研究相结合，充分利用契丹、女真文字资料，给辽金契丹女真史研究带来新的机遇，重要成果迭出。刘浦江关于阻卜与鞑靼、契丹父子连名制等问题的研究最具代表性（《再论阻卜与鞑靼》，《历史研究》2005年第2期；《契丹名、字初释——文化人类学视野下的父子连名制》，《文史》2005年第3辑；《再论契丹人的父子连名制——以近年出土的契丹大小字石刻为中心》，《清华元史》第1辑，2011年）。

40年来，历史资料的整理与研究主要成就体现在古籍整理、出土文物、历史文书等新发现资料的整理研究方面。

由于学术发展本身的推动与国家制度的保障，40年来古籍整理工作成绩巨大，在辽宋夏金史领域范围内，大量善本孤本被影印出版，传世四部书之中除经部被整理者相对较少外，其他三部中的主要史籍差不多已经全被校勘出版。本领域卷帙最大的史书《宋会要辑稿》已经出版有一种点校本，新的编辑点校工作正在全力推进。近年来整理工作已经转向一些相对次要的史籍。新的大型史籍图书的编纂也成绩斐然，《全宋文》《全宋诗》《全宋词》《全辽文》《全辽金文》等已经出版，计划达10编、102册的《全宋笔记》已经出版了8编，剩下2编也接近完成。

新资料是史学工作永远的追求。在辽宋夏金史领域，它们大致上可以分为非文字类的出土文物与新发现的历史文书两个方面。在存世文献相对丰富的宋史领域，除城市、建筑、物质生活等议题外，出土文物在多数情况下起着作为文献资料佐证的作用。2012年被整理出版的南宋官员徐谓礼的告身印纸等文书（包伟民、郑嘉励编《武义南宋徐谓礼文书》，中华书局，2012年），是宋史领域首次出土的重要历史文书。近年来不少学者致力于传世以及新出土的碑铭资料与书背文书等的整理利用，对某些具体专题的研究也有重大意义。新资料对学者探索产生结构性影响的是在传世文献相对匮乏的辽夏金史领域，尤以西夏史研究为典型。

20世纪初，数量惊人的多数为西夏文、少量为汉文等文字的西夏文书在黑水城遗址中被发现，这使得西夏史研究进入了一个全新的阶段。不过在20世纪七八十年代以前，由于黑水城文书主要被收藏在海外，国内学者仍不得不主要利用传世的汉文资料，辅以极少量海外公布以及国内发现的西夏文资料来做研究。40年来，情况发生了根本的转变。除传世汉文等资料被进一步整理、利用外（韩荫晟编《党项与西夏资料汇编》，宁夏人民出版社，2000年），一方面，关于西夏语言文字的研究取得了巨大成就，李范文所编150万字的《夏汉字典》（中国社会科学出版社，1997年）可为其代表。一些基础性的西夏文献被译成汉文出版，如西夏法典《天盛改旧新定律令》（史金波等译注《天盛改旧新定律令》，法律出版社，2000年）等。同时，以西夏王陵为中心的考古工作全面展开，为西夏史研究提供了丰富的出土文物。另一方面更为重要的是，域外黑水城文书的陆续被整理出版。主要是经中俄双方合作整理研究，从1996年起由上海古籍出版社陆续出版的《俄藏黑水城文献》，迄今已经出版了26卷，计划共出版32卷。此外，还有国内及其他国家所收藏的不少西夏文文献也被整理出版（例如史金波等编《中国国家图书馆藏西夏文献》，上海古籍出版社，2005年；谢玉杰等编《英藏黑水城文献》，上海古籍出版社，2005年；塔拉等编《中国藏黑水城汉文文献》，国家图书馆出版社，2008年；武宇林等编

《日本藏西夏文文献》，中华书局，2011年）。西夏史研究的全面铺开，就有了充实的基础。在此之后研究论著的数量快速增长，一些具有代表性的研究专著的问世，充分证明了新资料对学术研究有直接的推进作用。例如主要利用《天盛改旧新定律令》，关于西夏法律制度及其与中原汉族法系关系的讨论得以深入展开（参见孙效武《近二十年来〈天盛律令〉研究综述》，《西夏研究》2016年第4期）。史金波、雅森·吾守尔两位学者综合利用出土文物与传世文献，解决了我国活字印刷术在历史上早期传播的关键问题（《中国活字印刷术的发展和早期传播——西夏和回鹘活字印刷术研究》，社会科学文献出版社，2000年）。同时，利用黑水城文书中汉文字资料的研究工作也取得了喜人的成果（参见孙继民《俄藏黑水城所出〈宋西北军政文书〉整理与研究》，中华书局，2009年）。迄今，关于西夏王朝的研究已经在西夏语言、文字、社会、历史、文学、艺术、宗教、法律、文物、文献等方面全面展开，形成了一个综合性的学科——西夏学。为了全面总结西夏学研究的成就，据报道，宁夏大学西夏学研究院正在推进由杜建录领衔主编、400万字的《西夏通志》的宏大项目。

最后，在上述各种因素影响下，许多重要史事研究趋向精深化，可以说是辽宋夏金史领域的普遍现象，无论在经济生活、思想流派、宗教信仰、人物群体、民族关系、文学艺术、科学技术、区域社会等各个方面，都是如此，尤以关于国家制度的部分，表现最为突出。其代表著作就难以枚举了。一个显眼的结果就是，在宋史研究领域，随着社会进步的史实不断得到论证，在时代背景的推波助澜之下，人们对宋代的认识，终于从"积贫积弱"这样负面的贬斥，转向了正面的推崇。前贤所谓"华夏民族之文化，历数千载之演进，造极于赵宋之世"的看法，终于得到多数人的认同。社会上大量的所谓"宋粉"，正是在这样的背景之下出现的。

1980年，邓广铭在为宋史研究会第一届年会论文集撰写的"前言"中，曾指出："从我国史学界对各个断代史的研究情况看来，宋史的研究是较为落后的……因此，关于宋代史事的研究，还亟需我们继续尽最大努力，去生产成品，去培育人材，去追赶国内各断代史的研究水平，并夺取国际上宋史研究的最高水平。"（邓广铭、程应镠主编《宋史研究论文集》，上海古籍出版社，1982年）今天，我们可以自豪地宣布，邓广铭在40年前提出来的这个目标，已经基本达到。在"大宋史"范围内的辽、西夏、金等王朝历史研究的领域，也是如此。尽管这绝非意味着我们可以就此固步自封。

## 四 推进展望

有意思的是,研究进步带来的更多却是临深履薄之感。归纳40年持续扩张的辽宋夏金研究学术史,可以发现它的另一个结果,是带给了这一领域的学者们一种普遍的焦虑。那就是本领域如何百尺竿头更进一步,在论著数量增长的同时提升研究的质量。

这种焦虑有几方面的具体表现。

(一)**研究方法的缺失感**。自从新中国史学形成以来,老一辈学者大多强调学习经典理论的重要性。除了政治原因之外,这在很大程度上也是因为,他们最为娴熟的以文献考据为中心的传统研究方法,已无法满足新型社会科学化的史学工作要求了。20世纪八九十年代以来,这样的呼声虽从未中断,由于各种可以理解的原因,年轻学者们更多地转向了当代社会科学以寻求帮助。但实际的研究工作提醒他们,某些新颖的概念与时髦的方法,也并不总是那样令人满意。于是,追求"有用"的理论方法,就成了本领域不同代次学者的共同特征。本人此前曾称这种现象为"理论饥渴症"。

(二)**对时代定位的困惑**。按照经典理论的解释,辽宋夏金时期大致位于中国封建社会后期的开端。新一代学者对经典理论日渐疏离,可是具有说服力的、对于那一个时代框架性的新认识体系则未能产生,以至许多研究者在处理具体的历史议题时，常常有难以把握其时代定位的困惑。20 世纪 90 年代以来，日本东洋史学界在 20 世纪初提出来的"唐宋变革"说曾大行其道，并出现了明显的泛化现象，某种程度上就是这种困惑的一种反映。近年来，有一些学者试图通过强调历史的某一侧面，来综合归纳其时代特征，例如认为中国历史自两宋时起进入所谓"富民社会"，也有人称之为"农商社会"，等等。这些极富勇气与雄心的尝试，值得赞赏。我们期待这些论点的进一步周全与成熟。

（三）**平面推进与议题枯竭的矛盾**。毋庸讳言，40 年来，平面梳理历史现象的成果，仍占出版物的大多数。经过一段时间的扩张，这样的方式自然会碰到存世历史资料不足的瓶颈。新议题难以发掘，旧议题则大多已经有了许多学术积累的困境，就现实地摆在了研究者的面前。简单重复遂成为一种可行的选择。在学术评价机制存在各种不足的现实面前，泥沙俱下、劣币驱逐良币现象遂不可避免。

（四）**作为双刃剑的新技术**。以全文检索数据库为代表的数字化新技术的应用，在给本领域研究以巨大方便与推动的同时，也在相当程度上改变了新一代学者的研究习惯与分析能力。长于通过检索工具来搜集历史资料的表面信息，拙于经过深入阅读来发现隐藏于历史文本背后的历史真实，这种情况已非罕见。被调侃为"检索体"的那些硕士、博士学位论文，正是这种现象的产物。

这些令人焦虑的问题，虽然不能说比较全面地反映了当前本研究领域的不足，但均属倾向性现象，可以肯定。今后本领域学术研究的推进，必然在这几个方面形成焦点，也是可以预期的。

数年前，笔者在一篇小文中曾归纳数十年来本领域学术进步的主要表现，认为所谓进步，既不在于有哪些旧貌换新颜般的弃旧扬新，也不一定指许多令人惊异的创见，而是表现在有越来越多的研究者开始自觉地审视、理性地思考研究方法问题。越来越多的学者已经认识到，从更为综合的视域与更加多样化的取向，以追求更为敏锐的抽象能力，是改进史学研究方法的必由之路。这正是学术史所给予我们的启迪。今天，笔者仍坚持此说。

本文写作过程中承蒙杜建录、程妮娜、余蔚、王宇、邱靖嘉等先生提出宝贵意见，特此志谢！

# 改革开放 40 年来的元史研究

刘　晓

改革开放 40 年来，中国的元史研究成果呈几何倍数增长，完成了由点及面到学科体系全面建立的转变，取得了令人瞩目的成就。

**刘 晓**

1970年出生于山东省烟台市。1992年山东大学法律系毕业，获法学学士学位。

1992—1995年于北京大学历史系读书，获历史学硕士学位。1995—1998年于中国社会科学院研究生院历史系读书，获历史学博士学位。现为中国社会科学院历史研究所研究员、宋辽金元史研究室主任，并任中国社会科学院历史学部专业技术职称评定委员会委员、历史研究所学术委员会与专业技术职称评定委员会委员、研究生院博士生导师等职。入选"国家级百千万人才工程""有突出贡献中青年专家"，享受国务院"政府特殊津贴"。曾先后任北京大学中国古代史研究中心兼职研究员、北京师范大学古籍与传统文化研究院兼职教授，出访日本京都大学文学部与人文科学研究所、美国南加州大学东亚研究中心、韩国庆北大学人文学院、中国台湾新竹清华大学历史研究所等,并担任研究员、客座教授等职。目前主要社会兼职为中国元史研究会副会长、中国蒙古史学会理事。

研究方向为元史,早年关注元代社会、文化史,近年主要关注元代宗教、法律、军事等问题,曾先后主持国家社会科学基金一般项目(《元代法律史研究》)与重点项目(《元代江南镇戍体系研究》),主编多期《隋唐辽宋金元史论丛》,出版《耶律楚材评传》《元史研究》《元代文化史》《十三世纪中国政治与文化危机》等多部专著或译著,参加整理《元典章》《元史新编》等多种古籍,并在《中国社会科学》《历史研究》《中国史研究》《民族研究》等刊物发表论文百余篇,其中多项成果获中国出版政府奖、郭沫若中国历史学奖及中国社会科学院优秀科研成果奖等。

## 一　序曲：近代以来的中国元史研究

近代以来中国的元史研究，始于20世纪初。这一时期，以传统修史方法进行的元史研究已接近尾声。真正意义上近代实证史学路径元史研究的开拓者，主要为王国维、陈垣和陈寅恪三位。继他们而起的翁独健、韩儒林、邵循正，则是以元史为专门研究领域的学者，除在国内新式大学受到系统的史学训练外，还曾到海外不少国家留学，先后师从当时世界公认的汉学大师伯希和（Paul Pelliot），受到很好的语言教育与方法训练，掌握了波斯语等元史研究必备的语言工具。在治学方面，三人都注意面向世界，善于借鉴国外的最新研究成果，因熟悉对音勘同的译名还原方法，注重将汉文文献与其他文字文献进行比较研究，开展名物制度的考证，取得了不少突破性进展。新中国以后成长起来的元史学者，大都与三人有着直接或间接的师承渊源，因此上述三位学者，可看作是当代中国元史学科的实际奠基者。

1949年中华人民共和国的建立，标志着中国史学研究由近代实证史学进入马克思主义史学的全新发展阶段。在此期间，史学工作者普遍接受了马克思主义与唯物史观的思想改造。总体来看，受政治环境等因素影响，1949年至1965年元史研究的队伍规模还很小，研究范围较为狭窄，主要集中在农民战争、蒙古社会性质与历史人物的评价等几个与"史学五朵金花"有关的方面。"文革"期间,学术研究基本上已处于停顿状态,即使"文革"结束后的头几年,极"左"思潮的惯性影响也依然存在。1978年十一届三中全会召开后,学术思想得到了真正解放,中国的元史研究开始逐渐恢复并进入蓬勃发展的崭新时代。

## 二 新风:40年来的中国元史研究概况

1978年改革开放后的40年来,中国的元史研究焕然一新,出现了欣欣向荣的局面。这一时期,元史研究的长足发展是全方位的。概而论之,可以体现为以下四个方面:

(一)后继人才和教研基地的形成。这40年的前半期,除韩儒林、翁独健、杨志玖等老一辈学者外,一批中年学者已成为元史研究的中坚力量。这批学者除蔡美彪外,集中出生于20世纪30年代,主要有亦邻真、周良霄、周清澍、丁国范、陈得芝、杨讷、黄时鉴、余大钧、邱树森、陈高华等。全国高考制度恢复后,中国社会科学院历史研究所、近代史研究所与民族研究所,以及中央民族学院(后改名中央民族大学)、南京大学、南开大学、内蒙古大学、北京大学、复旦大学、暨南大学等单位先后承担起培养元史方向硕士、博士研究生的任务，为元史学科发展培养了大批后备力量。目前活跃在元史研究领域的第三、第四代学者，绝大多数毕业于上述院校。近年来除上述元史"传统重镇"继续发挥重要作用之外，随着元史人才的不断培养和走向工作岗位，元史的教研基地有不断扩大的良好发展趋势。武汉大学、兰州大学、西北师范大学、华南师范大学、湖南大学、浙江大学、厦门大学便是其中的代表。

（二）**学术团体和学术专刊的建立和运行**。元史研究队伍的扩大，为学术团体的建立创造了条件。1980年10月，中国元史研究会于南京大学成立，由韩儒林任首届会长，并创办会刊《元史论丛》（目前已出14辑）与《元史研究通讯》。此外，专门刊载元史研究论文的刊物，还有南京大学元史研究室主办《元史及民族与边疆研究集刊》（原名《元史及北方民族史研究集刊》，1978—1990年共出13辑，2000年复刊后，改名《元史及民族史研究集刊》，共出4辑，2006年第18辑起改今名，目前累计已出31辑），近年又出现了清华大学国学研究院主办《清华元史》（目前已出3辑）与北京师范大学古籍与传统文化研究院主办《元代文献与文化研究》（目前已出3辑）。

（三）**研究成果的不断涌现**。改革开放40年来，中国元史研究的成果，无论是数量、质量，还是研究广度，同以前相比都有了质的飞跃。自1978年起，平均每年发表论文均在百篇以上（头10年有的年份未到此数，以后则远超此数），近10年，更上升至年均三四百篇的规模。与此同时，研究领域也在不断拓宽。横向而言，已广泛涉及政治（包括政治事件、制度、人物等）、经济（包括人口、农业、手工业、赋役、商业等）、法律、文化（包括思想、宗教、文学艺术、科技等）、社会、民族与中外关系等各个方面。从纵向来看，过去研究重两头（蒙古国和元末农民战争）、轻中间的趋势已得到彻底扭转。与之相应的是研究角度的变化。在元史研究中，长期存在这样一种倾向，即特别重视元代社会中蒙古及其他非汉族的文化成分，而对汉族文化的固有成分有所忽略。现在的研究者则更多地将元代社会作为一个整体加以考察，努力分析各种文化成分的主次地位，它们之间的碰撞、影响与融合。将元代纳入中国历史长河进行长时段的考察，也成为近年元史研究的一个趋势。

**（四）对外学术交流日益频繁和深化。**元史研究不仅是中国古代史研究的一部分，更是一门世界性的学问。随着改革开放的不断深化，中国以日渐开放的胸怀面对世界，元史研究的对外学术交流也随之取得了根本性的发展。国内元史国际会议的举办和学者的对外交流状况从无到有，日趋频繁。尤其是21世纪以来的10余年里，元史研究的对外交流更是达到前所未有的高度。

不仅目前国内元史会议常有国外学者参加，国内元史学者也不断赴外交流，属于新生力量的元史研究生群体也有很多人获得机会去美国、德国、以色列等西方国家进行访问学习，一些人直接攻读学位。不仅交流次数日益频繁，交流合作的程度也日益深化。目前中国元史研究已不满足于及时反馈西方最新研究成果的旧有程度，而是不断向真正意义的"国际合作"迈进。这具体表现在两个方面：一方面，目前西方最一线的元史及有关学科的学术会议、研修班等活动，多能看到中国学者使用英文报告授课和直接同西方同行交流的身影；另一方面，中国元史学者也开始与国外学者合作编写英文研究论著，而非停留在以前译介国外论著的层面。

## 三 例举：40年来的中国元史研究成果选介

40年来，元史研究成果可谓蔚为大观，几乎遍布我们现在所知的元史领域的各个方面。限于篇幅，以下仅介绍一些专题研究方面较有代表性的著作。

（一）**政治与经济**。政治方面的论著最多，内容广泛涉及典章制度、政治人物、政治事件、军事史、农民战争等各个方面。其中政治制度的综论性著作主要为《中国政治制度通史》第八卷（陈高华、史卫民撰稿，人民出版社，1996年；修订版，社会科学文献出版社，

2011年），其他较重要的著作有李治安《元代分封制度研究》（天津古籍出版社，1992年；增订本，中华书局，2007年）、《行省制度研究》（南开大学出版社，2000年；后经修改增订，改名《元代行省制度》，中华书局，2011年）与论文集《元代政治制度研究》（人民出版社，2003年），张帆《元代宰相制度研究》（北京大学出版社，1997年）。政治人物以成吉思汗的传记种类最多，其中篇幅较大者主要有余大钧、朱耀廷的著作《一代天骄成吉思汗》（内蒙古人民出版社，2002年）、《成吉思汗传》（人民出版社，2004年）。忽必烈的传记较重要者有李治安《忽必烈传》（人民出版社，2004年）。其他政治人物传记则有刘晓《耶律楚材评传》（南京大学出版社，2001年）、邱树森《妥欢贴睦尔传》（吉林教育出版社，1991年；后经增补修订，改名《妥欢贴睦尔评传》，澳亚周刊出版有限公司，2004年）等。军事史方面，则有军事科学院主编《中国军事通史》第十四卷《元代军事史》（史卫民撰稿，军事科学出版社，1998年），内容涉及元代军事制度、战争、军事人物与思想等诸多问题，代表了该领域的最新研究成果。

元代经济研究主要集中在赋役制度、手工业生产和海外贸易方面。综合性专著有李幹《元代社会经济史稿》（湖北人民出版社，1985年）。陈高华对元代经济问题潜心研究多年，发表过系列重要论文，绝大多数收入其论文集《元史研究论稿》（中华书局，1991年）、《陈高华文集》（上海辞书出版社，2005年）、《元史研究新论》（上海社会科学院出版社，2005年）与《元朝史事新证》（兰州大学出版社，2010年）等。他与史卫民合著的《中国经济通史·元代经济卷》（经济日报出版社，2000年；中国社会科学出版社，2007年），体例严整，内容翔实，是元代经济史研究的经典之作。元代城市研究主要有陈高华《元大都》（北京出版社，1982年）、陈高华和史卫民《元上都》（吉林教育出版社，1988年）。交通方面主要有党宝海《蒙元驿站交通研究》（昆仑出版社，2006年）。贸易方面的研究则有陈高华和吴泰合著《宋元时期的海外贸易》（天津人民出版社，1981年）、高荣盛《元代海外贸易研究》（四川人民出版社，1994年）。

（二）**思想文化宗教社会**。讨论元代理学思想的著作，主要有侯外庐等主编《宋明理学史》第三编《元代理学》（人民出版社，1984年）、徐远和《理学与元代社会》（人民出版社，1992年）。文化史方面综合性论著主要有陈高华等《元代文化史》（广东教育出版社，2009年）。史学史研究，主要有周少川《元代史学思想研究》（社会科学文献出版社，2001年），王慎荣主编《元史探源》（吉林文史出版社，1991年）对《元史》的史料来源进行了细致的辨析。宗教史研究，主要有卿希泰主编《中国道教史》第三卷（四川人民出版社，1993年；

1996年修订本)、杨讷《元代白莲教研究》(上海古籍出版社,2004年)、任宜敏《中国佛教史·元代》(人民出版社,2005年)、赵卫东《金元全真道教史论》(齐鲁书社,2010年)、殷小平《元代也里可温考述》(兰州大学出版社,2012年)、张广保《全真教的创立与历史传承》(中华书局,2015年)等。社会风俗方面则有史卫民《元代社会生活史》(中国社会科学出版社,1996年;2005年再版)、陈高华与史卫民《中国风俗通史·元代卷》(上海文艺出版社,2001年)等。

**(三)元代少数民族历史地理和中外关系。**罗贤佑《中国历代民族通史·元代民族史》(社会科学文献出版社,2007年)对元代民族状况作了整体性研究。杨志玖《元代回族史稿》(南开大学出版社,2003年)收录了作者民族史研究的重要论文。刘迎胜《西北民族史与察合台汗国史研究》(南京大学出版社,1994年)、《察合台汗国史研究》(上海古籍出版社,2006年)是中国学界关于察合台汗国史研究的重要成果。尚衍斌《元代畏兀儿研究》(民族出版社,1999年)、马建春《元代东迁西域人及其文化研究》(民族出版社,2003年)、谢咏梅《蒙元时期札剌亦儿部研究》(辽宁民族出版社,2012年)也是颇有分量的专著。民族边疆地区研究有张云《元代吐蕃地方行政体制研究》(中国社会科学出版社,1998年)、周芳《元代云南政区设置及相关行政管理研究》（中国社会科学出版社，2009年）、薛磊《元代东北统治研究》（社会科学文献出版社，2012年）等。

马可·波罗及其行记，一直是元史关注的焦点之一，出版了不少译本。因此马可·波罗研究也是元代中外关系史领域的重要议题。杨志玖对马可·波罗的研究享有国际声誉。他针对马可·波罗是否来华问题发表了一系列论文，收入论文集《马可波罗在中国》（南开大学出版社，1999年）。其他有关马可·波罗的研究论著也有不少。此外，还有黄时鉴《东西交流史论稿》（上海古籍出版社，1998年），刘迎胜《海路与陆路：中古时代东西交流研究》（北京大学出版社，2011年）、《蒙元帝国与13—15世纪的世界》（生活·读书·新知三联书店，2013年）、《华言与蕃音：中古时代后期东西交流的语言桥梁》（上海古籍出版社，2013年）等。

（四）**史料整理**。史料是历史研究的基础，40年来元史学者对元代史料的整理校勘工作付出了巨大的努力，诞生了一大批重要成果。按照元史研究的普遍性与特殊性，史料整理成果又可分为汉文史料、民族史籍和域外史料几个方面。

汉文史料整理方面，1978年以前只有《元史》的点校与《中国历史地图集》元代部分的编纂堪称重要。改革开放后，学界在这方面投入了大量力量，取得了丰硕成果。其中，较重要的元人别集大都有了整理本，有些别集的整理本还不止一种。北京师范大学古籍所李修生主持编纂的《全元文》（凤凰出版社，2004年）61册与中国社会科学院文学所杨镰主持编纂的《全元诗》（中华书局，2013年）68册，是规模庞大的元代文献总汇，也是目前元代文献整理最重要的成果。《蒙古秘史》是研究蒙古早期历史的最基本史料，乌兰《元朝秘史（校勘本）》（中华书局，2012年）则是近年这方面的最新成果。《元典章》为元史研究的基本文献，向以难读著称，经陈高华等学者的不懈努力，已出版点校本（中华书局、天津古籍出版社，2011年）。黄时鉴主持的《元代史料丛刊》由浙江古籍出版社出版了7种，汇集以政书为主的元代基本文献。宗教史料方面，陈智超、曾庆瑛在陈垣旧作基础上增补完成的《道家金石略》（文物出版社，1988年），有相当多内容也属元代。王宗昱《金元全真教石刻新编》（北京大学出版社，2005年）在前者基础上又有所增补。

元代的出土文书主要指黑水城文书，而这方面近年来成绩斐然，相继出版了图版、文字更为清晰全面的《中国藏黑水城汉文文献》（塔拉等主编，国家图书馆出版社，2008年）、《中国藏黑水城民族文字文献》（塔拉等主编，天津古籍出版社，2013年）及《中国藏黑水城汉文文献释录》（杜建录，中华书局、天津古籍出版社，2017年）等。至于俄藏、英藏黑水城文献，也有不少整理著作出版，如孙继民等编著《英藏及俄藏黑水城汉文文献整理》（天津古籍出版社，2015年）等。

民族史籍的整理。民族史籍的整理、研究与翻译，是元代文献研究的一大特色。如前述，《蒙古秘史》在蒙古早期历史资料上地位最为重要，但仅有汉字标音本传世。恢复《秘史》的本来面目，是各国蒙古学家追求的目标。1987年，内蒙古大学出版社出版了蒙古族学者亦邻真《秘史》的畏兀儿字复原本，这在国内尚属首次。零散的蒙古语文献整理与研究，则有道布《回鹘式蒙古文文献汇编》（民族出版社，1983年）、照那斯图《八思巴字和蒙古语文献》（东京外国语大学アジア・アフリカ言语文化研究所，Ⅰ研究文集，1990年；Ⅱ文献汇集，1991年）、呼格吉勒图与萨如拉《八思巴字蒙古语文献汇编》（内蒙古教育出版社，2004年）、蔡美彪《八思巴字碑刻文物集释》（中国社会科学出版社，2011年）等。元代藏文文献也很丰富，其中蕴含了大量珍贵历史史料，目前一些重要的藏文史籍已先后译成汉文。

域外史料的翻译整理。早在19世纪下半期起，中国学者就已认识到域外史料特别是波斯文史籍对于元史研究的重要性，但多只能通过《元史译文证补》和《多桑蒙古史》等书去间接了解"域外史料"中的有关记载。改革开放后，这一情况得到根本改善。"域外史料"汉译本得以陆续与中国学者见面。其中较重要的有何高济从英译本转译的志费尼《世界征服者史》(内蒙古人民出版社，1980年)，余大钧、周建奇从俄文本转译的拉施特《史集》(商务印书馆，1983—1986年)，周良霄译注的剌失德丁《成吉思汗的继承者：〈史集〉第二卷》(天津古籍出版社，1992年)。13世纪上半期欧洲教会使节出使蒙古的行记，已出两种译本(吕浦译、周良霄注《出使蒙古记》，中国社会科学出版社，1983年；耿昇、何高济译《柏朗嘉宾蒙古行纪 鲁布鲁克东行纪》，中华书局，1985年)。

## 四 前瞻：对未来中国元史研究推进的展望

综上所述，40年来中国的元史研究成果丰硕，取得了巨大成绩。但不可否认的是，在欣欣向荣的表象下，也掩盖着诸多不足。例如有不少文章仅靠一些常见的零碎资料东拼西凑而成，停留在浅层次的平铺直叙，根本谈不上是严格的学术研究。有的文章虽然花了不少精力，但因闭门造车，没有注意到前人的研究成果，实际上是在重复别人已讨论过的东西，没有多少新意。而有自己独到见解的文章，其中又有不少因不重视学术规范，使读者无法知道哪些是作者的新意，哪些是前人的观点。另外，研究文本缺乏规范化的通病，也在实际上大量存在着。

新时代要有新气象,更要有新作为。中国元史研究,还有以下几个方面需要大力加强。

第一是史料的继续发掘与整理。史料是历史研究的基础,历史研究如无史料作后盾,就会成为无源之水、无本之木。以往的实践业已证明,史学研究的蓬勃发展,往往与新史料的发掘有很大关系。

在汉文、蒙文、藏文史料利用方面,中国有得天独厚的优势,20世纪中国元史研究所取得的巨大成绩,从某种程度上可以说正是得益于这种优势。改革开放40年来,元史研究领域不断出现引人注目的新史料,如在河南发现的西夏遗民文献《述善集》,在韩国发现的元刊《老乞大》《至正条格》、高昌偰氏家族的《庆州偰氏诸贤宝记》与《近思斋遗稿》,国内外所藏黑水城文献的整理研究,以及近年引起广泛关注的公文纸本文书(又作公文纸背文书)的发掘与整理等。这些鲜活的文献资料,有的已被学者引入研究领域,为元史研究增添了勃勃生机。其实,除这些新资料外,在文献整理方面我们还有许多工作可做。例如,地方志、金石志中的元代文献值得下大力气全面、系统地加以辑录,而且,因同一地区不同时期编纂的方志,收录的文献往往互有异同,我们绝不能以查阅其中一种为满足。至于分散各地未见辑录的元代碑刻及拓片,以及新出土的墓志、碑刻等,数量也颇为可观。早在20世纪80年代初,翁独健就曾提倡进行《元碑集成》的编纂，可惜这方面的工作至今也未全面展开。近年已有学者申请国家社会科学基金"元代北方金石碑刻遗存资料的抢救、发掘及整理研究"，可以说是一个良好的开端。汉文文献资料的整理可以多方面进行，以便于学者研究利用为原则，《全元文》《全元诗》是一条很好的途径。资料的分类整理也很有必要，《道家金石略》的出版曾极大地推动过元代道教史的研究，元代的佛教金石文献存世者更多，如也能汇集在一起编辑成册的话，肯定会推动元代佛教史的研究。

"域外史料"是元史研究的一大资料宝库，这方面的整理与利用，国外学者因得天独厚的条件，已取得丰硕成果，远远走在我们的前头。为此，翁独健曾提出分两步走的建议，即先将国外学者整理研究的成果转译过来，以后待条件成熟时再直接翻译原始文本。这方面的工作，我们仅完成了第一步，即从西方文字的转译，且种类有限。近年来随着中国元史学者越来越重视"域外史料"和语言能力的不断提高，"域外史料"的汉译工作已呈加速度发展，形势喜人。如穆勒（Moule）和伯希和于1938年刊行的《马可·波罗寰宇记》集校本，至今仍是《马可·波罗行纪》最完备、最权威的版本，却一直没有汉译本问世。近年来其汉译工作已经在进行之中。现在一些域外史料的翻译工作已不再依赖西方文字，而是直接与其原始语言"对接"。如著名的波斯文世系谱《五族谱》(Šu'ab-i Panjgāna)的汉译与整理工作便是直接以抄本作为工作本，逐步开展。此外，令人欣慰的是，近年来，国内一些语言学者已开始着手第二步的工作，出版了诸如王一丹《波斯拉施特〈史集·中国史〉研究与文本翻译》（昆仑出版社，2006年）、时光《〈伊利汗中国科技珍宝书〉校注》（北京大学出版社，2016年）等论著。

以后，我们仍需继续加强这方面的努力，尤其是历史学者与语言学者的通力合作。此外，"域外史料"有不少是抄本、写本，在国内各大图书馆收藏较少，以往学者研究多通过私人渠道获得，在学界流传不广，给研究带来了极大不便，因此，今后有必要建立依托于某一大学或某一研究机构下的资料中心，广泛搜集收藏于世界各国的"域外史料"抄本或刻本，以方便国内学者的使用。

第二是考古成果的吸收与借鉴。考古发现不仅能为历史研究提供新资料，而且还可以发现许多新问题。自王国维"二重证据法"提出以来，历史文献与考古发现相结合，已成为史学研究的一条重要途径，元史研究当然也不例外。元代考古同其他朝代相比，应该说是比较薄弱的。其中固然有某些客观原因，如元朝统治的时间较短，诸帝均葬漠北，蒙古人一般无墓室，导致元代墓葬考古不发达等，但这并不意味着元代考古没有工作可做。新中国成立后元代的重要考古发现首推黑水城文书，黑水城文书虽在数量上与唐代敦煌文书不可同日而语，但因内容大多反映的是元代世俗社会的情况，学术研究价值丝毫不亚于后者。泉州等地的宗教石刻以及全国各地出土、征集到的元代文物也有不少，被学者广泛应用于宗教习俗、社会生活等方面的研究，取得了很好的效果。元大都、上都与中都等都城史的研究，更是因考古发现较多地弥补了文献记载的不足，才取得了飞速发展。以上情况表明，元代考古并非可有可无，而是大有希望的，在此基础上，我们完全有必要响应翁独健关于编纂《元代文物图谱》的倡议，结合考古发现，带动元史研究进一步走向深入。

第三是专题研究的深化与新领域的开拓。尽管20世纪的元史研究在许多方面取得了可喜成绩，但也明显存在着许多不足，各领域的研究并未得到均衡发展，即使研究较多的领域，成果也不平均。例如政治制度史，对中央机构的研究多集中在省、院、台等重要机构，对部、寺、监等机构的专门研究就显得很薄弱。这方面的问题，在其他领域也都不同程度地存在着。经济史中区域经济与财政制度的研究，近年来虽取得不少进展，但有待深化之处仍有不少。元代法制史的研究起步较晚，从法律编纂、刑罚制度到实体法研究等，有许多问题还没有搞清楚。再如宗教史的研究，有关内地佛教史的研究就十分薄弱，即使是学者们关注稍多的禅宗，其实也有许多问题没有展开讨论。元代卫生医药，内容丰富多彩，迄今没有得到史学界的重视。目前出版的几部元朝断代史（韩儒林主编《元朝史》，人民出版社，1986年；周良霄、顾菊英《元代史》，上海人民出版社，1993年），已获得学术界较多好评，在今后相当一段时间内，我们应当继续把主要精力放在深化专题研究与弥补研究不均衡的缺陷上。近年来，陆续出版了一些元代专门史著作，如史卫民《元代社会生活史》，陈高华、史卫民《中国政治制度通史·元代》，史卫民《中国军事通史·元代军事史》，陈高华、史卫民《中国经济通史·元代经济卷》，陈高华等《元代文化史》等，我们希望今后能有更多这方面的著作问世。

除已有研究外，客观世界的变化和研究手段的进步，都会导致新的问题出现，以往一些被视作研究的"范式"，现在看来，还有许多需要重新认识的地方。近年来，日本蒙古史学者杉山正明的系列通俗读物被大量译成中文，引起了不小波澜。有关"新清史"的热烈讨论，也波及部分元史学者。如何打破以往以汉族、汉语、汉文化为中心的研究范式，从不同角度，从亚洲乃至世界视野研究蒙元史，一时成为热门话题。部分学者的讨论与回应，曾结集为《重新讲述蒙元史》（张志强主编，生活·读书·新知三联书店，2016年）出版。此外，元代在中国历史发展长河中的地位如何，宋元之交、元明之交中国社会都发生了什么变化，也是有待重新认识的问题。虽然已有一些学者开始关注于此，但尚未形成共识，需要解决的问题还很多。再如，元代的"四等人制"以往曾是学界的一种共识，但实际上从目前材料，我们根本找不到任何元朝官方的正式规定。"四等人制"到底是怎样形成的，是仅适用于某些具体规定，还是影响遍及元代社会的各个角落？近年已有不少学者提出了质疑。

第四是研究视角的拓展和深化。历史事物是普遍相互联系的，这种联系的复杂程度往往超出人的想象，随着研究视角的变化，即使旧有的研究领域也会释放出全新的学术价值。因此在推动元史继续发展的方式上，研究视角的拓展和深化也是非常重要的途径之一。"拓展"和"深化"分别代表了两种学术路径。首先，"拓展"又可以分为"时间"和"空间"上的两种思路。时间上的"拓展"主要指将元代纳入中国历史进行长时段的考察，最为可行的是将元代与之前的南宋金朝时期、之后的明代置于"贯通式"的研究视野之下。实际上，中国史每个断代往往都有自己非常成熟的问题意识和研究方法，彼此又不尽相同。但历史的演进却是逐渐因循的，因此如果将元史领域成熟的视角和意识放入蒙金、宋元、元明之际的历史考察，可能会唤醒很多深藏在这些历史时期深处的重要问题。空间上的"拓展"则是将元史置于13—14世纪世界史的格局之下，重视多种语言史料的解读和比较。这个思路虽在近代中国元史学科诞生之初就已受到很大重视，但在新时代中国日益开放的有利大形势下，才会变成可能。其次，视角的"深化"则更是元史旧有领域内的"升级更新"。如前所述，元史已有专题领域还有待深化的空间，但这种"深化"性质上更可能是"量"的增长或对未覆盖领域的"弥补",当难以从"质"上提升元史的研究水平。因此若想"更上一层楼",引入"结构化"的研究视角或许是一种必然选择,即找出不同专题领域间的关系,立体化去考察元代的历史,就如同历史上真实的元代中国确实是由各种历史事物彼此联系而构成的"立体事物"。

第五是继续加强国际学术交流,及时了解国外学术界的研究情况,并直接与国外进行合作。作为东方学的一个分支,涵盖元史的蒙古学在18、19世纪一直是国际显学,直到今天,世界各国仍有不少学者致力于这方面的研究,尽管他们研究的角度、关注的问题与中国学者不尽相同,有些观点也不为中国学者所接受,但这并不妨碍双方互通有无、取长补短。20世纪初的中国元史研究,可以说正是在这一影响下发展起来的,也正因此缘故,元史被国内不少学者称之为"不中不西"之学。新中国成立以后,由于众所周知的原因,我们的对外学术交流走过了一段曲折道路,长期的自我封闭,使我们对外界的学术研究动态几乎一无所知。直到1978年改革开放后,这种局面才得到改善。今后,我们要继续加强对外学术交流,拓宽视野,不断吸取国外同行的研究成果与研究方法。也只有这样,中国的元史研究才能真正走在世界前列。而且现在的中国和世界都处于大开放大合作的崭新时代背景之下,中国的元史研究融入世界正逢其时,可大有作为!

# 改革开放 40 年来的明清史研究

赵世瑜

改革开放 40 年来的中国明清史研究是中国古代史研究中发展最迅速、成就最突出的领域,明清史研究领域中的大量具体研究分别在一些关乎中国史全局的大问题上给出了自己的答案。

**赵世瑜**

1959年8月出生。历史学学士、硕士,文学博士。现为北京大学历史学系教授。兼任教育部课程与教材

专家委员会委员、中国民俗学会常务理事、中国民间文艺家协会理事、国家档案局记忆遗产专家委员会委员、教育部人文社会科学重点研究基地中山大学－香港中文大学历史人类学研究中心学术委员会委员、中国人民大学清史研究中心学术委员会委员。

先后主持教育部人文社会科学基地重大项目、国家社会科学基金项目、教育部跨世纪人才项目、香港大学人文与社会研究所项目、香港AoE（卓越领域计划）项目。先后出版《在空间中理解时间——从区域社会史到历史人类学》《小历史与大历史——区域社会史的理念、方

法与实践》《狂欢与日常——明清以来的庙会与民间社会》《眼光向下的革命——中国现代民俗学思想的早期发展（1918~1937）》《吏与中国传统社会》《腐朽与神奇——清代城市生活长卷》《中国文化地理概说》《皇父摄政王多尔衮全传》等专著；主编《长城内外：社会史视野下的制度、族群与区域开发》《大河上下：10世纪以来的北方城乡与民众生活》《北京东岳庙与北京泰山信仰碑刻辑录》等论文集与资料集；此外尚有《神圣罗马帝国》《欧洲史学新方向》《欧洲家庭史》等译著。先后在《中国社会科学》《历史研究》《中国史研究》《近代史研究》《史学理论研究》等刊物上发表学术论文、评论、译文等约200篇。

1978年以后的改革开放和思想解放运动对中国历史学界的影响是巨大的。20世纪中国历史学的发展变化有三个重要的时间节点，而这三个时间节点是政治上的巨变带来的。首先是20世纪初帝制的终结，宣告了"王朝体系"史学的破产；其次是1949年中华人民共和国的成立，使马克思主义史学在中国内地占据了主导地位；再次是改革开放，中国历史学由此真正成为国际历史学术的一个重要组成部分。1978年以来的明清史研究，以及各个领域的历史研究，脱离了这三个时间节点就无法得到准确的理解。对中国明清史研究领域比较全面的概括总结，可参见南炳文《二十世纪的中国明史研究》(《历史研究》1999年第2期)，钞晓鸿、郑振满《二十世纪的清史研究》(《历史研究》2003年第3期)。需要特别说明的是，由于这个"40年"的特殊意涵，本文综述的对象以中国内地的明清史研究为主。

中国的明清史研究有个很重要的特点，那就是长期被纳入中国古代史的领域，其理由是政治性的，因为明清属于帝制时代，与作为近现代标志的民主共和时代截然不同。由于同样的原因，清史的后半段被"划归"近代史，中国古代的下限被定在了清代后期。在这里，我们暂不讨论这一分期的得当与否，只是可以比较而论，从20世纪初直至40年前，明清史研究的成就远不如中国古代史中的其他断代，而且，讨论明清史，基本也不涉及晚清史的内容。幸而由于改革开放，中国史学界中社会史、文化史、法制史、思想史等得到恢复和发展，历史叙述得以超越传统的政治史或王朝史分期，使历史学者常常可以讨论元明之际的连续与断裂，也可以将主题从清代前期延伸到晚清甚至民国。

在20世纪的前80年间，明清史领域也出现了不少重要的奠基之作，孟森、谢国桢、商鸿逵、郑天挺、傅衣凌、王毓铨、梁方仲等前辈的见解至今还有许多是我们研究的起点，但毕竟是到了80年代之后，明清史研究才能在质量和数量上与古代史其他领域比肩而行。因此，回顾40年来中国明清史研究的发展历程，具有不同于其他领域的特别意义。

## 一 双重学术背景下的明清史研究

所谓双重学术背景，是指在思想解放运动的大背景下中国明清史学界的"拨乱反正"和重新走上正轨，以及国际明清史研究界的发展变化给中国同行带来的影响。

李祖德在回忆40年前《中国史研究》创刊时谈及创办该刊的背景："如何拨乱反正，还历史的真实面目，尤其是历史科学如何适应中共十一届三中全会提出的工作重心的转移，进一步繁荣和发展马克思主义历史学，这是摆在我们广大史学工作者面前的一个重要任务。"他还谈到《中国史研究》的几个特点，一是坚持学术性，"要与'文化大革命'时期的刊物有所不同，一般不发表政策性、表态性、通俗性的文章，不作时事宣传，不刊登或转载政治性的'社论'"；二是坚持以马克思主义理论为指导，"要反对把马克思主义理论庸俗化，反对把马克思主义语句作为'标签'，到处乱贴"；三是贯彻"百家争鸣"方针，"要提倡'百家争鸣'，尤其要保护不同意见发表的权利"（《〈中国史研究〉创刊纪事》，中国社会科学院历史研究所编《求真务实五十载：历史研究所同仁述往》，中国社会科学出版社，2004年，第522—540页）。这样的做法在当时的史学界成为共识。如该刊创刊号上发表的刘重日、曹贵林的《清官海瑞》一文，就是为了还历史上海瑞的真实面目，一方面重新肯定历史上"清官"的存在，另一方面也意在批判"文革"前因政治目的故意歪曲历史的做法。

比如农民战争的研究，一直是新中国建立后历史研究的热点，但在"文革"期间，此前认为农民战争导致统治者实行"让步政策"的观点也遭到压制。李洵在1978年发表了《明末农民战争历史作用初探》（《吉林师大学报》1978年第2期）一文，强调了晚明工商业的发展和统治者对其的扼制，指出明末农民战争打击了这个统治集团，并为清前期社会经济的恢复发展开辟了道路。同年，顾诚先后发表了与姚雪垠商榷的《李自成起义军究竟从何处入豫——同姚雪垠同志商榷》(《北京师范大学学报》1978年第4期)和引起广泛讨论的《李岩质疑》(《历史研究》1978年第5期)两文，后文否定了清代诸书记载投入李自成麾下的李岩实有其人，为学界高度重视，但其背后其实是李自成核心领导层是否受到士绅集团影响的问题。在这些研究基础上，顾诚《明末农民战争史》(中国社会科学出版社)在1984年出版，同年，第一次全国明末农民战争史学术讨论会召开，1987年又召开了第二次。在此期间，许多学者如赵光贤、李光璧、孙祚民、张显清、王兴亚、南炳文、方福仁、陈梧桐等都发表过关于明末农民战争的文章，一方面体现了这个传统研究热点的生命力，另一方面也是20世纪50—60年代培养出来的学者学术关注的结果。

与此相联系的是，除了元末农民战争同样受到关注外，明前期、清前期的重要历史人物也得到学者的重视，这不仅是因为他们往往是农民战争后新王朝的建立者，更重要的是因为在"文革"期间，这些人物很难得到正面的肯定。比如关于朱元璋及明初政治的文章很多，包括关于明初专制集权的大量论文。在清史方面，阎崇年出版了《努尔哈赤传》(北京出版社，1983年)、孙文良与李治亭出版了《清太宗全传》(吉林人民出版社，1983年)，在20世纪80年代中期，清代诸帝的传记陆续出版，如冯尔康《雍正传》（人民出版社，1985年）、周远廉与赵世瑜《皇父摄政王多尔衮全传》（吉林文史出版社，1986年）、孟昭信《康熙皇帝大传》（吉林文史出版社，1987年）等。这些作品虽然在资料的丰富性上无法与以后相比，但因多属首创，因此颇受读者的欢迎，得到多次重印或再版。

历史学界的"拨乱反正"并不都是采取理论批判或有针对性的观点论战，多数学者回归到正常的、不受政治干扰的学术研究，就是"拨乱反正"的体现。在1987年召开的第二届明史国际学术讨论会上，王毓铨指出："当前我们的历史研究工作缺乏活力，使读者感到千篇一律，枯燥无味，不是因为研究课题不对，也不完全在于没有采用新方法，根本问题是在一些重要的问题上缺乏实事求是的态度，有时候甚至不顾事实，强为之说……今天要想写出真历史来，首先必须端正态度，真正做到实事求是。"（林金树整理《向明史研究深度和广度前进的讨论会》，《历史研究》1988年第2期）这个说法具有鲜明的针对性，强调"求真"是历史研究的第一性，而不是曲学阿世，这就把正常的学术研究与"拨乱反正"统一了起来。

在这样的共识之下，1978年，傅衣凌同时发表了两篇关于明清社会发展特点的重要文章，商鸿逵发表了他关于山海关战役的新考证，李华首次利用会馆碑刻等资料研究了北京的行会，叶显恩也陆续发表他关于徽州乡村社会经济的研究成果（傅衣凌《论明清社会与封建土地所有形式》，《厦门大学学报》1978年第2、3期合刊；《论明清社会的发展与迟滞》，《社会科学战线》1978年第4期；商鸿逵《明清之际山海关战役的真相考察》，《历史研究》1978年第5期；李华《明清以来北京的工商业行会》，《历史研究》1978年第4期；叶显恩《从祁门善和里程氏家乘谱牒所见的徽州佃仆制度》，《学术研究》1978年第4期）。在这些研究中，既有比较宏观的梳理，也有区域性个案；既有传统的对重大政治事件的关注，也有如今非常常见的利用碑刻、谱牒所做的社会经济考察，展示了和此前相比颇为不同的面貌，也昭示了此后明清史研究繁荣发展的前景，使发现和精研材料进行具体的实证研究成为40年间的显著特征。

学术会议的定期召开和举行是学术研究正常开展的标志之一。1980年，南开大学召开明清史国际学术研讨会，有来自中国、美国、日本、德意志民主共和国、德意志联邦共和国、澳大利亚、瑞士在内的120多位学者与会，可以说是"文革"后中国明清史学界的第一次最高水平的学术交流活动。值得注意的是，此次会议也包括了研究晚清史的学者，这种打破分期界限的学术交流长期以来并不多见。1983年，中国社会科学院历史研究所明史研究室在无锡组织了明史专题研讨会，1985年便在黄山举行了首届明史国际学术研讨会，此后两年一届，延续至今。1982年，中国社会科学院历史研究所清史研究室、中国人民大学清史所、南开大学历史系和中国第一历史档案馆在北戴河联合主办了全国清史讨论会，1983年和1985年又接连开了第二届和第三届讨论会，先后集中于康雍乾时期的社会经济、明清之际的历史趋势等主题。虽然当时的有些讨论，如关于清初社会的主要矛盾是阶级矛盾还是民族矛盾、清兵入关是历史必然还是偶然机遇等问题，还带有时代的印记，但学者们的学术态度是非常认真的，所提交的论文也大多是高水平的。

在这样的背景下，中国明清史的研究成果与以往相比，呈现出井喷式的景象。据有关统计，1981年在全国报刊上发表的清史论文为200多篇，到1984年就达到500多篇（参见林永匡、王熹《近年来清史研究的回顾与展望》，《史学月刊》1987年第1期）。以往除了1956年出版的李洵的《明清史》（人民出版社）以外，几乎没有稍具规模的明清断代史著作，但在1980年，《清史简编》（辽宁《清史简编》编写组，辽宁人民出版社）上编出版，戴逸主编《简明清史》（人民出版社）第一册出版。在稍晚的1985年，汤纲和南炳文《明史》（江苏人民出版社）出版；1989年，郑天挺主编《清史（上）》（天津人民出版社）出版；1993年，傅衣凌主编《明史新编》（人民出版社）等先后出版，不仅代表了当时中国明清史研究的水平，而且为大学里相关课程提供了规模适当的参考书。到1991年，由王戎笙主编10卷本《清代全史》（辽宁人民出版社）出版，则显示出与其他断代史相比的后来居上之势。

学术交流是学术进步的必要条件，改革开放使得此前少有的中国明清史学界与海外之间的交流逐渐成为常态。1979年，有学者撰文介绍美国的《清史问题》杂志（张注洪《简介美国的〈清史问题〉杂志》，《教学与研究》1979年第6期），该杂志后更名为《晚期帝国研究》，是反映美国清史研究状况的一个窗口；同年，以魏斐德为团长、罗友枝为副团长的美国明清史代表团访华，开始了战后中美明清史学者的首次接触。他们先后访问了北京、上海、济南等地，分头在各高校与相关学者座谈，讨论的话题涉及明代制度史、明清易代、资本主义萌芽问题、农民起义问题、太平天国研究的新进展，以及明清时期的中外关系、法制史和思想史等（Frederic Wakeman, Jr., *Ming and Qing Historical Studies in the People's Republic of China*, University of California Press, 1980）。自20世纪70年代后期，日本明清史学界与中国同行的交流逐渐正常，日本学者经常访问中国，如1982年，北海道大学的滨岛敦俊访问厦门大学，向中国同行介绍了日本的明清史研究状况；1983年，名古屋大学教授森正夫在复旦大学与伍丹戈、樊树志合作，研究明代江南的土地关系问题；他们还将傅衣凌、王毓铨等中国学者的作品介绍到日本学界，在80年代以来中国召开的明史或清史的学术会议上，也都能看到日本学者的身影。

此后，一些国外学者的明清史作品被译介到中国来，在中国也产生了较大的影响，如寺田隆信曾于1982年到山西考察，与山西大学及山西财经学院的学者座谈，其《山西商人研究》（张正明等译，山西人民出版社，1986年）一书，对中国学者的晋商研究起了积极的推动作用；山根信夫1980年在上海访问期间，介绍了战后日本明清史研究以社会经济史为主流的特点，在很大程度上与当时中国学者的研究合拍；此后，社会经济史研究的深入导致了日本学者的"地域社会论"，这一研究特点在1989年的第三届国际明史研讨会上由倡导者森正夫介绍给中国同行，1993年该文译成中文发表，而1994年在西安举行的第五届社会史年会，也以"地域社会与传统中国"为主题，一些明清史学者亦在会上被称为"田野派"。正像有的学者总结的那样，这样的研究走向除了各自国家的学术传统以外，以法国年鉴学派为代表的新史学对各国学界都产生了影响（叶军《日本"中国明清史研究"新特点：地域社会论与年鉴学派》，《社会科学》2002年第1期），这一方面说明，在改革开放以后，中国的明清史学者与世界各国的同行一样，都受惠于国际史学的一些新途径、新方法；另一方面，由于这样的共性，各国学者之间建立了更密切、更频繁的学术联系，到今天，已经形成了比较长期稳定的合作。

在同样的学术思潮和战后"区域研究"兴起的背景下，美国的明清史也出现了同样的转向。在1982年中华书局出版的黄仁宇的《万历十五年》风靡一时之后，1989年中华书局出版的另一本书，柯文的《在中国发现历史：中国中心观在美国的兴起》也引起了广泛的讨论。柯文在书中提到并推崇的施坚雅《中华帝国晚期的城市》、贝蒂《中国的土地与宗族：明清安徽桐城研究》、罗友枝《清代中国的教育与民众识字率》、欧大年《民间佛教：传统中国晚期的异端教派》、韩书瑞《中国的千年末世之乱：1813年的八卦教起义》、魏斐德《中华帝国晚期的冲突与控制》等著作，代表了与上一代学者（费正清等）不同的"中国中心"取向，受到了中国学者的关注，不仅引发了他们在相关领域中的研究，而且也在自己的研究中与之讨论。

由于理念、方法和研究主题的启发性，大量海外明清史著作得到译介，其中最有代表性的是江苏人民出版社于20世纪80年代末开始推出的《海外中国研究丛书》，其中与明清史有关的著作不下20种。另一套大规模的译著是国家清史工程推出的《清史编译丛刊》，包括史料性质的著作和今人学术论著已出版近 70 种，加上其他出版社，分别出版的明清史译著（如中国社会科学出版社出版的《剑桥中国明代史》等），其数量和影响力是其他断代史无法比拟的。在这种现象的背后，是中外明清史学者更深层次的交流与合作，即开始超越那种在学术会议上各自宣读论文然后互不相干的层次，出现真正平等的共同研究，且研究成果为海外学者广泛征引。如在明清经济史领域里的李伯重〔其代表作为《江南的早期工业化（1550—1850）》，社会科学文献出版社，2000 年〕，他关于明清江南的社会经济水平的看法，为彭慕兰、王国斌等人接受，故被视为美国"加州学派"的一员。在另一本题为《中国历史上的宋元明变迁》的论文集中，他也是唯一的中国作者（Li Bozhong, "Was There a 'Fourteenth Century Turning Point'? Population, Land, Technology, and Farm Management", in Paul J. Smith and Richard von Glahn, ed., *The Song-Yuan-Ming Transition in Chinese History*, Harvard University Press, 2003）。又如联合国教科文组织在 1992 年开始陆续出版的 6 卷本《中亚文明史》（Chahryar Adle and Irfan Habib, ed., *History of Civilizations of Central Asia*, vol. V, UNESCO Publishing, 2003）的作者队伍中，包括了一些中国学者，如第 5 卷中的马大正、刘正寅等。

正因为有这样双重的学术背景，我们可以看到，在明清史研究中的许多重大问题上，近40年来已无法彻底把国内学者的讨论与海外学者的讨论分离开来，相互之间有借鉴、启发，也有商榷、争论，这说明明清史研究已经国际化，无论哪方无视这一点，都会影响研究的水平。

## 二　变迁与连续性

历史学者绝不会把自己的研究局限为饾饤之学，他们对历史发展的整体脉动始终保持浓厚的兴趣。对明清史学者来说，就是明清史在中国历史上的地位问题，以前热烈讨论的"资本主义萌芽"问题和稍后讨论的"现代化"问题，都是这个问题的延伸。日本学者讨论的"近世"与"近代"问题、美国学者对明清时期的概括从"帝国晚期"（late imperial period）变到"早期现代"（early modern），同样是这种关注的反映。

在这40年中，中外学者们对16世纪中国社会发生了明显变化已经形成共识，这一共识显然是接续了此前对明朝嘉靖、万历时期出现"资本主义萌芽"的讨论，不同的是现在的学者大多并未急于给这种变化定性。20世纪80—90年代，对明中叶以来商品经济发展的研究成为热点，包括区域性商帮、会馆、市镇经济的研究成果迭出。80年代初,叶显恩接连发表有关徽商的论文(《试论徽州商人资本的形成与发展》,《中国史研究》1980年第3期;《徽商的衰落及其历史作用》,《江淮论坛》1982年第3期;《徽商利润的封建化与资本主义萌芽》,《中山大学学报》1983年第1期),张海鹏、王廷元主编《明清徽商资料选编》(黄山书社,1985年)。陈学文出版了《中国封建晚期的商品经济》(湖南人民出版社,1985年),此后又有《明清时期太湖流域的商品经济与市场网络》(浙江人民出版社,2000年)等书出版。同时,范金民在明清江南工商业领域的研究、张正明的晋商研究、张海鹏和王振忠的徽商研究、许檀的山东商品经济研究等接连问世(范金民、金文《江南丝绸史研究》,农业出版社,1993年;范金民、罗仑《洞庭商帮》,中华书局香港有限公司,1995年;范金民《明清江南商业的发展》,南京大学出版社,1998年;张正明《晋商研究》,山西人民出版社,1993年;张海鹏、王廷元主编《徽商研究》,安徽人民出版社,1995年;王振忠《明清徽商与淮扬社会变迁》,生活·读书·新知三联书店,1996年;许檀《明清时期山东商品经济的发展》,中国社会科学出版社,1998年)。与此相关的,是大量关于明清市镇的研究出现,已有学者对此进行过相当详细的梳理和概括,此处不再赘述(可参见颜晓红、方志远《80年代以来国内学者明清城镇及城乡商品经济研究的回顾》,《中国史研究动态》1999年第4期;任放《二十世纪明清市镇经济研究》,《历史研究》2001年第5期)。而在进入21世纪之后,相关领域的研究并没有陷入沉寂,而是继续细化、深化,并向北方和边疆地区拓展〔可参见林枫、孙杰《关于明代商业经济史研究的思考》,《厦门大学学报》2010年第5期;林雨薇《明清市镇研究综述(2001—2013)》,《黑龙江史志》2015年第5期〕。

对这样一种社会变化究竟应该如何定位?赵轶峰给明清社会定义为"帝制农商社会",呈现出一种新旧杂陈的状态(《明清帝制农商社会研究初编》,科学出版社,2017年)。李伯重前引书将16世纪50年代以降江南地区的经济变化,称之为"早期工业化",他认为明清江南工业发展同样属于由劳动分工和专业化推动的"斯密型成长",而且如果没有西方的入侵,这种发展还有很大空间,尽管并不一定能导致资本主义的近代工业化。他的估计与黄宗智的看法不同,后者认为是人口压力造成经济的"过密化"或"内卷化",导致了明清工商业经济的活跃,因而是没有发展的增长(参见黄宗智《华北的小农经济与社会变迁》,中华书局,1986年;《长江三角洲的小农家庭与乡村发展》,中华书局,1992年)。对此,明清经济史学界展开了热烈的讨论,就"过密化"为题的讨论文章约有40篇之多。尽管学者们对黄宗智所使用的理论框架、分析方法和实证数据各有褒贬,但多认可他与彭慕兰一样,力图从"欧洲中心论"的影响下摆脱出来,努力从中国的实际状况出发去理解中国式发展道路(可参见叶茂《商品化、过密化与农业发展——部分经济史学者讨论黄宗智〈中国经济史中的悖论现象与当前规范认识危机〉》,《史学理论研究》1993年第4期;仲伟民《学术界对前近代中国研究的分歧——以彭慕兰、黄宗智的观点为中心》,《河北学刊》2004年第2期)。尽管这场争论并没有导致一个清晰确定的结论,但显然比过去的研究进了一步,对明清时期的社会经济发展有了更为积极的认识。对明清社会变化的定位并不仅仅是以经济变化为全部出发点,也有学者概括了晚明社会的11个特征,并据此认为这正体现了中国从传统社会向近代社会的转型(万明主编《晚明社会变迁:问题与研究》,商务印书馆,2005年,第25—27页)。

但我认为16世纪前后这场变化在这40年讨论中的突出表现,就是讨论已经绝不仅仅限于以生产力为核心的问题。当然,经济领域的问题仍然重要,但人们比此前更关注市场的问题和制度变化的问题。如白银货币化的问题,自全汉昇等开始关注以来,近年来又随着弗兰克《白银资本:重视经济全球化中的东方》(中央编译出版社,2000年)一书的译介而引发学者们的热议,进而转入对财政体制转变的深入思考（万明《白银货币化视角下的明代赋役改革》，《学术月刊》2007年第5、6期；陈春声、刘志伟《贡赋、市场与物质生活——试论十八世纪美洲白银输入与中国社会变迁之关系》，《清华大学学报》2010年第5期；刘志伟《从"纳粮当差"到"完纳钱粮"——明清王朝国家转型之一大关键》，《史学月刊》2014年第7期；黄阿明《明代货币白银化与国家制度变革研究》，广陵书社，2016年）。当然这个问题必然与海外贸易有关，不过传统的海外贸易史研究或走向东南沿海地方社会自身发展脉络的挖掘，或走向一个海洋史的宏观框架，这就把中国的这场变化置于16世纪开始的全球性变革过程中去思考，同时又赋予这场宏观的运动微观的地方性视角（林仁川《明末清初私人海上贸易》，华东师大出版社，1987年；陈春声《从"倭乱"到"迁海"——明末清初潮州地方动乱与乡村社会变迁》，《明清论丛》第2辑，紫禁城出版社，2001年）。同样的关注也跳出了江南和东南沿海的范围，向长城沿线扩展，甚至将国家的边略视为对这一全球性社会变动的因应（赵世瑜《时代交替视野下的明代"北虏"问题》，《清华大学学报》2012年第1期；赵世瑜、杜洪涛《重观东江：明清易代时期的北方军人与海上贸易》，《中国史研究》2016年第3期；赵世瑜《明朝隆万之际的族群关系与帝国边略》，《清华大学学报》2017年第1期）。特别需要提及的是，这样一场社会变化如果是结构性的，那就必然体现在具体的社会空间和社会实践中，而近年来这类具体而深入的研究日益增多（刘志伟《在国家与社会之间：明清广东里甲赋役制度研究》，中山大学出版社，1997年；郑振满《乡族与国家：多元视野中的闽台传统社会》，生活·读书·新知三联书店，2009年；谢湜《高乡与低乡：11—16世纪江南区域历史地理研究》，生活·读书·新知三联书店，2015年）。

正是由于人们对晚明发生的社会变化有了更清晰的认识，所以必然引发对另外两个相关问题的思考：一是在这些变化发生前的明初社会是怎样的？二是明清更迭之后，这些变化是中止了还是一直延续？

前一个问题并不是明史学界率先提出来的。学界曾大多认为，明初是个政治专制、制度僵化、文化保守的时代，这种认识既与吴晗的《朱元璋传》以来的政治批判有关，也与前述对明中后期出现新变化的讨论有关。前者因现实政治的原因对于明初的诸多事件和制度大多采取了否定的态度，后者因对后期新变化的肯定而必然导致对前期历史的消极评价。然而，当唐宋史学界大多认可唐中叶以降至北宋中国社会发生了社会转型时，一些学者追问：在这两次社会转型之间的南宋至明中叶，中国究竟发生了什么？两次转型是什么关系？其结果就是前引史乐民、万志英主编的那本《中国历史上的宋元明变迁》。该书编者的主要观点，是认为这300多年的社会发展是有利于唐宋变革延伸到明清变革的，换句话说，是强调历史连续性的。而持异议者如萧启庆则认为金元时期中国北方遭到极大破坏，因此在两次转型之间存在断裂（萧启庆《中国近世前期南北发展的歧异与统合——以南宋金元时期的经济社会文化为中心》，清华大学历史系、三联书店编辑部合编《清华历史讲堂初编》，生活·读书·新知三联书店，2007年，第198—222页）。这两种截然不同的观点也会导致对明初中国的不同认识。

近年来，李治安发表了一系列文章讨论明初对元代的承继性。综合他的看法，一是肇始于元的政治上北支配南、经济上北依赖南的南北关系格局为明清所延续，二是元开创的行省制这种中央—地方权力结构模式为明清所继承，三是配户当差包括军户、匠户等制度，四是贵族分封，五是南北分治，六是对边疆的直接管理，还有纸币的推行等，都体现了元与明初在政策、制度层面的连续性。总的来说，他认为明初的政策与宋元对江南的政策背道而驰，而把元代对北方的政策向全国推广，直至明中后期的变革才复归原来的"江南"轨道（李治安《元代及明前期社会变动初探》，《中国史研究》2005年增刊；《两个南北朝与中古以来的历史发展线索》，《文史哲》2009年第6期；《元和明前期南北差异的博弈与整合发展》,《历史研究》2011年第5期;《元至明前期的江南政策与社会发展》,《历史研究》2016年第1期)。但李新峰却不同意这样的看法,他在回顾了李治安的上述观点及赵世瑜、葛兆光分别从社会史和思想史等不同角度讨论金元或宋元与明朝历史连续性的基础上,从地缘格局、制度来源、变化趋势三个方面论证了元明国家的不同,又正面申论明初统治者践行的新改革,最终认为元明之间的变革要大于宋元和明清之间的变革。尤其引人注目的是,他认为北族的"入侵"不仅给社会经济造成破坏,而且使此后的发展出现长期停滞(可参见赵世瑜《从明清史看宋元史——倡导一种"连续递进"的思考方法》,清华大学历史系、三联书店编辑部合编《清华历史讲堂续编》,生活·读书·新知三联书店,2008年,第219—250页;《圣姑庙:金元明变迁中的"异教"命运与晋东南社会的多样性》,《清华大学学报》2009年第4期;葛兆光《"唐宋"抑或"宋明"——文化史和思想史研究视域变化的意义》,《历史研究》2004年第1期;李新峰《论元明之间的变革》,《古代文明》2010年第4期)。

这样的看法体现在后一个问题,即清军入关之后中国社会的状况如何的问题上,直到最初几届全国清史讨论会上,清政权入主中原代表了历史的进步还是倒退,仍是会议的主题之一。到目前为止,多数中国学者认为，清初战乱平息之后，统治者基本承袭了明朝的统治方式和管理体制，比如在国家机器方面，明朝中央的内阁和六部制度，地方从省、府、州县到基层管理体系依然延续，关外带来的议政王大臣会议和八旗旗主的权力被不断削弱（参见孙文良《论清初统治的因革与变化》，《社会科学辑刊》1989年第2、3期；高翔《略论清朝中央权力分配体制——对内阁、军机处和皇权关系的再认识》，《中国史研究》1997年第4期；杨珍《历程　制度　人——清朝皇权略探》，学苑出版社，2013年）。在赋役征收方面，雍正朝普遍推行的摊丁入地（樊树志《"摊丁入地"的由来与发展》，《复旦学报》1984年第4期；刘志伟《广东摊丁入地新论》，《中国经济史研究》1989年第1期等），以及此后在各地出现的顺庄编里或粮户归宗（刘永华、郑榕《清初中国东南地区的粮户归宗改革——来自闽南的例证》，《中国经济史研究》2008年第4期；陈支平《民间文书与明清赋役史研究》，黄山书社，2004年；徐枫《清前期赋役问题研究综述》，《中国社会经济史研究》2016年第1期），都是明代中后期以"一条鞭法"为代表的财税制度改革的继续。在边疆族群方面，明代中后期开始的"改土归流"也在雍正以后陆续展开（参见李世愉《试论清雍正朝改土归流的原因和目的》，《北京大学学报》1984年第3期）。社会经济方面，在康熙后期渐次恢复的农业和工商业继续沿着过去的轨道发展，收复台湾后，海禁复弛，重回明朝隆庆开海的局面。事实上，即使在清初海禁时期，海上"走私"贸易也并未停止过。魏斐德关于"从16世纪中叶到20世纪30年代整个时期构成连贯的整体。学者们……发现有若干历史过程，绵延不断横跨最近四个世纪，一直延伸入民国时期"的看法，在相当程度上为中国学者所接受（魏斐德《中华帝国晚期的冲突与控制》，加州大学出版社，1975年）。刘志伟、陈春声在提到20世纪30年代梁方仲为何以"一条鞭法"作为自己的研究对象时认为，梁方仲正是因为发现当时的田赋制度依然延续着"一条鞭法"的基本架构，才决定以此作为研究中国社会经济的切入点〔见刘志伟、陈春声《天留迂腐遗方大，路失因循复倘艰——梁方仲先生的中国社会经济史研究（代序）》，《梁方仲文集》，中华书局，2008年，第2页〕。

这样的认识在美国"新清史"（"新清史"得名于下书：*New Qing Imperial History: The Making of Inner Asian Empire at Qing Chengde*, James Millward, Ruth Dunnell, Mark Elliot, Philippe Forêt, ed., Routledge, 2004）兴起之后受到了质疑。虽然学术界的争论聚焦在清军入关之后是否"汉化"的问题上，但从某种意义上说，坚持"汉化"的立场似乎表明某种连续性，而强调清朝的满洲"族群性"则表明与明朝统治方式的断裂。当然，在断裂的意义上,"新清史"关于清朝统治独特性的看法与前述主张满洲入关对中国社会造成破坏的观点完全不同,甚至是对立的,它强调的是清朝的内亚性,即清朝的"内亚帝国"性质,使清时期的中国对蒙古、新疆、西藏、青海等内亚地区完成了有效管辖。也就是说,清所体现出的与明的断裂,不仅没有带来倒退,反而带来了发展,至少是发展的巨大可能性。这样,对明清的连续与断裂的讨论就发生了变化。1993年,中国人民大学清史所曾在承德召开中英通使200周年学术讨论会,中外学者大多对与会的法国学者佩雷·菲特《停滞的帝国——两个世界的冲击》(生活·读书·新知三联书店,1993年)一书对清朝的评价持不同意见,而这正是米华健在其主编的《新清帝国史》(London: Routledge, 2004)一书"导论"中阐明的观点。

有关"新清史"的讨论在近10余年中异常热烈,其中既有大量非学术的因素,也存在一些误解。"新清史"对"汉化论"的否定,在于以往清史研究过于强调"清承明制",较少看到清史上满洲特性或"内亚性"所起的重要作用。反对者或重申汉人传统,或强调明朝制度对清的重大影响,或指出以往的清史研究也并未忽视对蒙古、新疆、青藏地区的关注。

在这个意义上,"新清史"强调的清朝与明朝的差异性,更多的是指他们在天下观、夷夏观,以及治理方式上的不同，它并未拒绝承认清代与明代在社会经济发展趋势上的连续性。对于这二者之间究竟是什么样的关系，学界可以进一步研究，但无论如何，这样的探讨对于我们认识19世纪中叶以降的断裂与连续性问题必定有所启示。

## 三　国家·社会·人

近40年的明清史研究最突出的特点，是除了传统的政治史、制度史、军事史、社会经济史、思想学术史、边疆民族史、中外关系史、历史地理、法制史、人物研究等领域继续蓬勃发展以外，社会史、文化史，乃至环境史、科技史、艺术史、医疗史、身体史、性别史等也异军突起，使明清史研究呈现出色彩纷呈的繁荣景象，是其他断代史所无法比拟的。这一是受惠于明清时期的材料大大多于前代，由于研究者视野的开阔和观念更新，新材料被不断发掘、整理和利用，使这些方面的研究得以开展；二是因为明清时期整个世界历史也在剧烈变动，中外联系比之前更为密切，出现了许多新的现象，吸引了研究者的关注。所有这些都导致了研究者对明清历史上的人、社会、国家之间的互动关系加以重新审视。

本文不拟对以国家、社会、人或人群为研究对象的诸多研究成果进行概述，而试图区分以国家、社会、人或人群为研究出发点的不同研究。因为有不少研究虽然以社会、人为具体的对象，但仍然是以比较抽象的国家为出发点；而也有一些研究虽然关注的是国家制度，但却以活生生的、能动的人及其实践行为为出发点。这两类研究实际上代表了截然不同的研究立场和历史认识取向。

明清国家的各项制度一直是研究者重点关注的对象。就明史研究而言，朱元璋废除丞相制度以后渐趋成型的内阁体制成为讨论的热点，从关文发和颜广文《明代政治制度研究》（中国社会科学出版社，1995年）、谭天星《明代内阁政治》（中国社会科学出版社，1996年），到从不同侧面展开讨论的论文，都意在说明明代中央集权的加强或皇权的强化；而就清史而论，无论是关于满洲旧制如议政王大臣会议的研究，还是有关新创的南书房和军机处的研究，大体上亦不出这一共识（例如，高翔《略论清朝中央权力分配体制——对内阁、军机处和皇权关系的再认识》，《中国史研究》1997年第4期；《清朝内阁制度述论》，《清史论丛》2005年号，中国广播电视出版社，2005年；郭成康《雍正密谕浅析——兼及军机处设立的时间》，《清史研究》1998年第1期）。在这一时期，对地方行政管理体制的研究也有不少成果，如柏桦、何朝晖、吴吉远、魏光奇、胡恒等都有专书出版，另外也有文章讨论督抚制度、巡检司制度等（柏桦《明代州县政治体制研究》，中国社会科学出版社，2003年；何朝晖《明代县政研究》，北京大学出版社，2006年；吴吉远《清代地方政府的司法职能研究》，中国社会科学出版社，1998年；魏光奇《有法与无法——清代的州县制度及其运作》，商务印书馆，2010年；胡恒《"皇权不下县"？——清代县辖政区与基层社会治理》，北京师范大学出版社，2015年；王伟凯《试论明代的巡检司》，《史学月刊》2006年第3期），表明研究重点从国家的制度设计向权力的运作转移。有些学者利用政治学的概念，从权力的机制、关系、运行等方面重新加以梳理（如方志远《明代国家权力结构及运行机制》，科学出版社，2008年）。另一些学者则转而关注制度创设背后的人或人群的活动，比如谢湜对太仓州设置的研究，认为其创设出于州、卫、县之间的利益博弈和官员之间的争斗；另如冯贤亮把江南州县的行政行为置于社会不同方面，如税收、灾荒、盗匪等问题中去考察；再如胡铁球对明清歇家的研究，揭示了明清社会的变化所产生的一种"非正式组织"。这就是邓小南所倡导的"活的制度史"（谢湜《明代太仓州的设置》，《历史研究》2012年第3期；冯贤亮《明清江南的州县行政与地方社会研究》，上海古籍出版社，2015年；胡铁球《明清歇家研究》，上海古籍出版社，2015年；邓小南《走向"活"的制度史——以宋代官僚政治制度史研究为例的点滴思考》,《浙江学刊》2003年第3期)。

这样的转变同样发生在其他制度史研究中,比如在赋役制度、卫所军户制度、盐法制度和法制史的研究领域,变化就颇为明显。以赋役制度及相关的户籍、基层组织的研究来说,自傅衣凌、梁方仲大力提倡并身体力行以来,利用各种册籍、契约文书等地方文献,已经开始揭示国家制度的地方实践和地方起源,较早有栾成显基于徽州文书、陈支平利用福建契约文书、刘志伟利用广东地方志进行的出色研究(栾成显《明代黄册研究》,中国社会科学出版社,1998年;陈支平《民间文书与明清赋役史研究》,黄山书社,2004年;刘志伟《在国家与社会之间——明清广东里甲赋役制度研究》,中山大学出版社,1997年)。近年来杨国安对两湖地区、叶锦花对福建泉州的盐场地区、黄忠鑫对徽州地区、万明和侯鹏对浙江地区、薛理禹对江西地区、麦思杰对广西右江地区的研究,利用了更为丰富的地方民间文献,使我们对地方民众的实践如何与国家制度形成互动并最终影响了国家制度的转变,有了更为多元的认识(杨国安《明清两湖地区基层组织与乡村社会研究》,武汉大学出版社,2004年;叶锦花《户籍制度与赋役需求及其规避——明初泉州盐场地区多重户籍现象研究》,《清华大学学报》2016年第6期;黄忠鑫《明清时期徽州的里书更换与私册流转——基于民间赋役合同文书的考察》,《史学月刊》2015年第5期;万明《明代浙江均平法考》,《中国史研究》2013年第2期;侯鹏《明清时期浙江里甲体系的改造与重建》,《中国经济史研究》2014年第4期;薛理禹《明代中后期的人丁与丁银——以江西为例的研究》,《明史研究论丛》第十一辑,故宫出版社,2013年;麦思杰《赋役关系与宋明时期广西左右江区域社会的演变》,《史学月刊》2012年第1期)。

以卫所军户制度的研究来说,自顾诚关于卫所制度的系列研究,特别是他关于明帝国两套行政管理系统的研究发表以来,陆续有不少精彩成果问世,既有关于屯田数字的讨论,也有从历史地理的角度述及不同卫所的设置和分布的研究。张金奎、彭勇、梁志胜等学者参酌前人研究,无论在系统性还是填补空白领域方面都颇有建树。其中张金奎在其《明代卫所军户研究》(线装书局,2007年)一书的系统梳理基础上,开始利用族谱等民间文献,讨论明代原籍军户的社会地位问题,开始跳脱出原来的制度史框架,进入实践层面的讨论,可与美国学者宋怡明讨论福建军户应对国家差役的策略相互印证。同样,邓庆平在讨论蔚州卫在清代改县后造成的资源争夺和重新配置时,把关注点从以往制度变革的泛泛而论转变为制度变化和地方民众的反弹之间的相互因应。由于卫所在全国各地普遍设立,因此近年来的许多研究都涉及卫所军户如何在地化的过程，体现了新一代研究者揭示国家制度与具体人群的能动行为之间关系的努力（有关研究可参见邓庆平《明清卫所制度研究述评》，《中国史研究动态》2008年第4期。该文未提及的有：张金奎《明代原籍军户社会地位浅析——以族谱资料为中心》，《第十届明史国际学术讨论会论文集》，人民日报出版社，2005年；邓庆平《卫所与州县——明清时期蔚州基层行政体系的变迁》，《"中研院"史语所集刊》第80本第2分，2009年；林昌丈《明清东南沿海卫所军户的地方化——以温州金乡卫为中心》，《中国历史地理论丛》2009年第4辑；徐斌《明清军役负担与卫军家族的成立——以鄂东地区为中心》，《华中师范大学学报》2009年第2期。另外宋怡明的研究可参见 Michael Szonyi，*The Art of Being Governed: Everyday Politics in Late Imperial China*，Princeton University Press，2017）。

同样的特点体现在盐法制度和法制史的研究中。前者有刘淼、陈锋、萧国亮等学者在盐运、盐税、专卖、盐官、灶户等制度方面作了比较系统的梳理，近年来黄国信则把食盐专卖制度，特别是清代的专商引岸制度，放到一个区域社会里不同人群的相互博弈中去思考，使得某种划一的制度或制度变革在不同地方呈现出不同的面相。这一研究取向吸引了不少学者将盐法、盐政与盐场社会和更大范围的地方社会联系起来，正如刘志伟所论，"盐场的历史，因为是王朝国家在本地社会建立的最早的控制形式，成为本地居民构建正统身份认同的历史记忆"（有关研究可参见何亚莉《二十世纪中国古代盐业史研究综述》，《盐业史研究》2004年第2期，此处不一一注明。另见黄国信《区与界：清代湘粤赣界邻地区食盐专卖研究》，生活·读书·新知三联书店，2006年；刘志伟《序》，黄国信、钟长永主编《珠江三角洲盐业史料汇编——盐业、城市与地方社会发展》，广东人民出版社，2012年）。盐业或盐法制度就不仅是一种物资生产与经营和国家体制，而且是具体的人活动的结果。

后者则因新的研究视角和清代州县档案的利用变得焕然一新。在黄宗智、滋贺秀三、寺田浩明等人的观点刺激下，中国学者也不再局限于资料上的朝廷法典和对象上的法理和程序。张小也认为，应在三个方面思考法制史研究的新进路：一在历史发展的脉络中观察法的沿革；二在整体社会结构中观察法的位置；三在微观权力的运作过程中观察法的实践（《官、民与法：明清国家与基层社会》，中华书局，2007年，第27页）。尽管在此时期，仍有许多研究围绕律条、程序进行，但明显有不断深化和细化的趋向，注意律条与司法实践之间差异及断案复杂性的研究更多。特别是历史学者而并非法学学者越来越多地介入法制史研究，使得法律问题得以在具体的历史情境中加以理解和重释（依然关注法学问题的法制史研究如苏亦工《明清律典与条例》，中国政法大学出版社，2000年；吴艳红、姜永琳《明朝法律》，南京出版社，2016年；张晓蓓《冕宁清代司法档案研究》，中国政法大学出版社，2010年；廖斌、蒋铁初《清代四川地区刑事司法制度研究——以巴县司法档案为例》，中国政法大学出版社，2011年。而将法制史研究与地方社会实践相联系，或被称为"法社会史"的成果日益增多，如龚汝富《明清讼学研究》，商务印书馆，2008年；陈会林《地缘社会解纷机制研究——以中国明清两代为中心》，中国政法大学出版社，2009年；尤陈俊《法律知识的文字传播：明清日用类书与社会日常生活》，上海人民出版社，2013年；阿风《明清徽州诉讼文书研究》，上海古籍出版社，2016年；吴佩林《清代地方民事纠纷何以闹上衙门——以〈清代四川南部县衙档案〉为中心》，《史林》2010年第4期；卞利《明清时期民事诉讼立法的调整与农村基层社会的稳定》，《江海学刊》2006年第1期）。但是，建立在田野工作和深入理解地方历史基础上的研究仍然值得期待。显然，清代法制史研究的成果数量要大大超过明代同类研究，这一是因为这时有满、汉、蒙、藏等不同法律体系这一多元性特点，二是因为清代州县档案及族谱、契约文书等民间文献大大多于明代，三是上述研究的新取向比较容易在清史研究中实现，四是诸多学者关注中国司法实践的现代转型，而这直接上承的时代是清代。

人及其活动从来都是历史研究关注的中心，40年来的明清史研究中也从不乏人物传记、思想和作品（学术、思想史）的成果，当然，帝王将相和知识精英仍然是这些研究中的主角。这丝毫不令人奇怪，因为这些人物总是会留下远超他人的材料，他们的作为也确曾在历史上起过重要的作用。比如谈到"隆庆和议"，我们无法躲开高拱、张居正、王崇古，甚至三娘子。但通过人物，我们可以对时代有新的认识，而不是先有一个既定的时代，再去研究一个人物，这是我们评价人物研究的一个基本标准。假设已经认定某场战争是"非正义"的，那么进行战争的人就必定被给予否定性的评价，如此，除了为先定的结论寻找证据和一些细节考订之外，其实就没有什么研究的必要了。韦庆远对明代"三杨"、张居正、清代的皇商范氏的研究，都是可以通过人物来认识时代的（《三杨与儒家政治》，《史学集刊》1988年第1期；《张居正和明代中后期政局》，广东高等教育出版社，1999年）。田澍多年来一直对明世宗和嘉靖朝进行研究，出版了一系列观点独到的论著；何龄修、杨海英长期关注明清易代时期史事，后者所研究的人物逐渐从声名显赫者转移到几乎不见经传、只是通过"壬辰倭乱"时期援朝将士的家书才得以为人所知者（田澍《嘉靖革新研究》，中国社会科学出版社，2002年；何龄修《史可法督师扬州期间的幕府人物》,《燕京学报》1998年新3、4期；杨海英《洪承畴与明清易代研究》,商务印书馆,2006年;《施琅史事探微》,《清史论丛》2006年号,中国广播电视出版社,2006年;《域外长城——万历援朝抗倭义乌兵考实》,上海人民出版社,2014年)。另有学者涉猎人物研究,这里就不一一赘述了。

正如史景迁写过《中国康熙皇帝的自画像》和《利玛窦的记忆之宫：当西方遇到东方》,也写过《王氏之死：大历史背后的小人物命运》一样,我们也需要关注普通人,需要娜塔莉·戴维斯《马丁盖尔归来》,或金兹堡《乳酪与蛆虫——16世纪一个磨坊主的宇宙观》这样的作品,换句话说,我们应该展示一个普通人眼中的明清易代或社会变迁。显然并不是没有材料,像姚廷遴《历年纪》那样的文献就提供了这种可能性,只是在这40年中这样的研究成果寥寥。

在另一方面,人及其行为不仅是我们描述的对象,更应该成为学界研究的出发点（这一认识在刘志伟、孙歌《在历史中寻找中国：关于区域史研究认识论的对话》中得到充分阐发。东方出版中心,2016年)。用一个略嫌简单的例子来说,当我们提到改革开放之初农村经济改革起步时期的联产承包责任制时,如果以国家为出发点,我们会认为它是一项国家的政策或制度,但以人及其行为为出发点,我们就知道它本是安徽小岗村农民的发明创造，后被安徽省委将其经验上报中央，才被作为统一国策推广到全国。晚明以"一条鞭法"为代表的赋役制度改革所经历的过程，几乎与此同出一辙。近年来，有一些研究开始在这个理念支配下进行一些尝试。

比如，在改革开放之初依然活跃的农民起义史，在近20年来的明清史领域里沉寂了，甚至没有综述愿意包括这些内容。刘志伟、罗一星等学者却非常强调黄萧养起义对于珠江三角洲社会重组的分期意义，这不仅包括对后世影响巨大的里甲制变化和宗族建构，也包括当地族群的划分（刘志伟《明代广东地区的"盗乱"与里甲制》，《中山大学史学集刊》第3辑，广东人民出版社，1995年；罗一星《明清佛山经济发展与社会变迁》，广东人民出版社，1994年）。陈春声通过潮州地方的"民""盗"不分现象，说明嘉靖及以后时期的"倭乱"和"海盗"问题，不过是沿海地区这类现象的延续和扩展，是私人海上贸易等因素的后果，也是明清易代时期南明在岭南苟延的基础（《从"倭乱"到"迁海"——明末清初潮州地方动乱与乡村社会变迁》，《明清论丛》第二辑，紫禁城出版社，2001年）。黄志繁从宋代的"虔寇"和明代的徭、畲，到清代的棚、客，讨论了赣南地区长期的动荡背后的生态困境和山区开发，认为"盗寇"这种国家话语背后实际上是对人口流动和区域开发的控制过程（《"贼""民"之间：12—18世纪赣南地域社会》，生活·读书·新知三联书店，2006年）。而唐晓涛则把明中叶韩雍、王阳明等都参与处置的"大藤峡傜乱"乃至晚清的太平天国运动发起，都置于一个区域的族群发展的脉络中去重新理解（《狼傜何在：明清时期广西浔州府的族群变迁》，民族出版社，2011年）。这类研究当然不只是重提农民起义史，它们与以往的农民起义史的区别在于，后者无论怎么强调阶级矛盾的紧张，都是从国家的角度看问题的——农民是反抗国家的暴政，而国家又怎么去镇压他们——恰恰没有去研究那一个个有名有姓的农民到底在做什么，为什么被国家污名为"盗贼"，而这之后他们二者又是怎么博弈从而形成一种新的体制的。

所以，这个出发点其实不是某项研究的出发点，而应是所有历史研究的出发点。比如在历年的清史研究综述中，我们看到明清易代时期的历史是个热点，乾嘉学术也被持续关注，都出版了许多专著和论文。一个是动荡时期，一个是相对稳定的时期；一个主要体现为政治和战争，一个则主要是思想与学术，二者似乎很不相同。如何走向以人的行为为出发点的研究？就前者而言，以上所举或许可以作为借鉴；就后者而论，艾尔曼对常州学派的研究、程美宝对近代广东文化的研究，以及麦哲维对学海堂的研究，在取向上也是可以参考的（艾尔曼《经学、政治和宗族——中华帝国晚期常州今文学派研究》，赵刚译，江苏人民出版社，1998年；程美宝《地域文化与国家认同：晚清以来"广东文化"观的形成》，生活·读书·新知三联书店，2006年；Steven Miles, *The Sea of Learning: Mobility and Identity in Nineteenth Century Guangzhou*, Harvard University Press, 2006）。

## 四　从区域史到全球史

历史总是在特定的空间里展开的，而选择何种空间尺度来进行特定研究，应该是学者必须思考的问题。尽管在历史地理、边疆民族史等领域，长期以来均会选择特定的空间尺度来开展研究，但以比较抽象的王朝版图或民族国家的概念作为自己研究范围的情形仍非常普遍。这可能有资料限制的原因，也可能是大一统观念在起作用。不过，在40年的明清史研究中，特别是近20年，由于地方文献的发掘与利用，区域研究已成为一时风气，而明清史与整体性世界的直接关系，也导致了跨区域的、甚至涉及全球联系的新思考。

在传统的研究领域中，社会经济史和边疆民族史是始终不乏区域研究成果的。在前面提及的有关商人、市镇、市场的研究中，多数都是区域性的，不过以往江南研究一花独放，有大量成果涌现，近年来长江中游地区、西南地区的研究正在迎头赶上，比如卞利对江西土地租佃关系的研究、张建民对秦岭和大巴山区区域开发的研究、任放对长江中游市镇的研究、鲁西奇对汉水流域农业的研究、尹玲玲对鄱阳和洞庭湖区渔业的研究、蓝勇对滇铜京运和皇木采办的研究、张应强和林芊等人对清水江流域林业生产和木材贸易的研究、马琦对滇铜黔铅的研究等等，亦呈不胜枚举之势；城市经济史则有高寿仙对明代北京的研究，是近年来国内学者在北京史领域里的重要成果（卞利《清代前期江西赣南地区的押租制研究》，《中国农史》1998年第3期；《清代江西赣南地区的退契研究》，《中国史研究》1999年第2期；张建民《明清长江流域中游山区资源开发与环境演变——以秦岭大巴山区为中心》，武汉大学出版社，2007年；任放《明清长江中游市镇经济研究》，武汉大学出版社，2003年；鲁西奇《明清时期汉水流域农业经济的区域差异》，《中国社会经济史研究》2000年第1期；尹玲玲《明代江西鄱阳地区的渔业经济》，《中国社会经济史研究》2000年第2期；《明代洞庭湖地区的渔业经济》，《中国农史》2000年第1期；蓝勇《明清时期的皇木采办》，《历史研究》1994年第6期；《清代滇铜京运路线考释》，《历史研究》2006年第3期；张应强《木材之流动：清代清水江下游地区的市场、权力与社会》，生活·读书·新知三联书店，2006年；林芊《从明代民间文书探索苗侗地区的土地制度——明代清水江文书研究之三》,《贵州大学学报》2015年第6期;《清初清水江流域的"皇木采办"与木材贸易——清水江文书·林契研究》,《原生态民族文化学刊》2016年第2期;马琦《国家资源:清代滇铜黔铅开发研究》,人民出版社,2013年;高寿仙《明代北京社会经济史研究》,人民出版社,2015年)。

边疆、民族史本身就具有区域研究的特点,而这个领域的研究在清史研究中是为重点。有个有意思的现象,明代的东北女真史属于明史中的边疆、民族史,但对于清史来说,就是满洲入关前史了。同一个东西,在前者是地方史,在后者是"龙兴"史,是新王朝的前史。这背后是中原王朝中心主义的立场,如果对此没有清醒的批判意识,边疆、民族史就不可能是区域研究。在这40年中,涉及西南地区"改土归流"的研究成果逾千,但在其中,有相当部分研究只是将其作为王朝实施的管理边疆民族地区的新策略,而较少考虑它是地区开发、贸易需求和人口流动等新形势的反应,更少考虑16世纪以后东南亚地区的变化和北部藏区的"内亚"因素。这样,在本质上,这还是一种"中心"支配"边缘"的研究,而非具有地方人群主体性的区域研究。

当然,建立在史实考索、新史料和新视角基础上的许多工作也取得了重要成果。在明代,蒙古问题始终为朝野关注，因而成为明代边疆、民族研究中的重中之重，与此相关的，是对长城和九边的研究。关于漠南蒙古，达力扎布有系统的梳理；曹永年也陆续发表关于明代蒙古史的论文；1985年，由中国蒙古史学会创办的《蒙古史研究》杂志开始由内蒙古人民出版社出版，此后许多明清时期蒙古史的论文陆续在该刊刊载；关于明代长城修筑及边镇，近年来则有彭勇、赵现海等人的研究，且开始向长城沿线区域社会的研究拓展（达力扎布《明代漠南蒙古历史研究》，内蒙古文化出版社，1997年；曹永年《明代蒙古史丛考》，上海古籍出版社，2012年；彭勇《明代北边防御体制研究——以边操班军的演变为线索》，中央民族大学出版社，2009年；赵现海《明代九边长城军镇史——中国边疆假说视野下的长城制度史研究》，社会科学文献出版社，2012年；赵世瑜主编《长城内外：社会史视野下的制度、族群与区域开发》，北京大学出版社，2016年）。关于明代女真社会，刘小萌《满族的部落与国家》（吉林文史出版社，1995年）是一部非常重要的著作，书中利用《八旗满洲氏族通谱》中保留的早期信息，结合其他史料，描绘出明代女真社会组织的基本面貌。杨旸等也曾对清代黑龙江下游的噶珊制度进行过探索（杨旸、徐清《清代黑龙江下游地区的噶珊制度与虾夷锦》，《清史研究》1994年第1期）。在这40年中，不仅建立起像中国藏学研究中心这样的国家级机构，高校中也设立了许多专门研究机构，蒙古族、藏族、维吾尔族等各族学者也成长起来，成为本族本地区历史研究的权威（如温春来《从"异域"到"旧疆"：宋至清贵州西北部地区的制度、开发与认同》，生活·读书·新知三联书店，2008年；王力《明末清初达赖喇嘛系统与蒙古诸部互动关系研究》，民族出版社，2011年；扎洛《清代西藏与布鲁克巴》，中国社会科学出版社，2012年；张中奎《改土归流与苗疆再造：清代"新疆六厅"的王化进程及其社会文化变迁》，中国社会科学出版社，2012年；乌云毕力格主编《满文档案与清代边疆和民族研究》，社会科学文献出版社，2013年；李文君《明代西海蒙古史研究》，中央民族大学出版社，2008年）。在这种情况下，边疆民族史研究，特别是清代的边疆民族史研究有了一个巨大的飞跃。

人们普遍认为，区域研究是社会史乃至文化史研究的主要路径。事实上，在社会史和文化史研究中，有许多研究是专题性的，这与学者们对社会史和文化史的不同理解有关系。由于明清时期的民间文献遗存丰富，所以社会史研究成果在明清史领域中也最多。以宗族研究为例，冯尔康、陈支平、常建华、郑振满、刘志伟、唐力行、赵华富、吴仁安，直至许多年轻学者，都有许多重要论著，其中有些是综论性的，有些则是区域性的（冯尔康等《中国宗族史》，上海人民出版社，2009年；

冯尔康《中国宗族制度与谱牒编纂》，天津古籍出版社，2011年；常建华《明代宗族研究》，上海人民出版社，2005年；《明代宗族组织化研究》，故宫出版社，2012年；陈支平《近五百年来福建的家族社会与文化》，上海三联书店，1991年；《福建族谱》，福建人民出版社，1996年；郑振满《明清福建家族组织与社会变迁》，湖南教育出版社，1992年；《乡族与国家：多元视野中的闽台传统社会》，生活·读书·新知三联书店，2009年；科大卫、刘志伟《宗族与地方社会的国家认同——明清华南地区宗族发展的意识形态基础》，《历史研究》2000年第3期；赵华富《徽州宗族研究》，安徽大学出版社，2004年；唐力行《徽州宗族社会》，安徽人民出版社，2005年；吴仁安《明清时期上海地区的著姓望族》，上海人民出版社，1997年；饶伟新主编《族谱研究》，社会科学文献出版社，2013年；徐斌《明清鄂东宗族与地方社会》，武汉大学出版社，2010年）。成果之多，几至目不暇接。显然，有些研究重在讨论宗族制度的发展演化，兼及其区域性特征，另有些研究则意在通过观察地方宗族和体会宗族产生理解一个特定地方的社会结构。在社会史研究中，类似的情况还有民间宗教和民间信仰的研究，比如有的侧重教派，有的侧重宝卷，有的侧重政治事件，有的侧重地方社会。也有大量的出版物，特别是有大量的文献出版，为后人的研究提供了丰富的资源（马西沙、韩秉方《中国民间宗教史》，上海人民出版社，1992年；路遥《山东民间秘密教门》，当代中国出版社，2000年；车锡伦《中国宝卷研究》，广西师范大学出版社，2009年；郑振满主编《碑铭研究》，社会科学文献出版社，2014年；刘永华主编《仪式文献研究》，社会科学文献出版社，2016年；朱海滨《祭祀政策与民间信仰变迁——近世浙江民间信仰研究》，复旦大学出版社，2008年）。这些研究也非常清楚地显示出了关注点的差异：主要是宗教行为本身，还是特定社会结构及其变化的"礼仪标识"。

由于区域研究被一些社会史研究者视为地方史走向整体史的方法路径，所以自从20世纪90年代以来出现了一个被标签为"华南研究"的学术群体，这一群体从对明清时期的珠江三角洲、莆仙平原、韩江流域的研究开始，渐次扩大到江西、两湖、华北和西南地区。除了前面已经提及的研究之外，对广东的研究还有黄海妍、肖文评等人的著作。在华北方面，杜正贞将山西泽州的村社传统放在一个较长的时段加以分析，力图发现晋东南地区乡村社会结构的独特性；乔新华探讨了山西洪洞在明清时期的变化如何营造了类似大槐树传说之类文化现象；张俊峰同样研究洪洞，但其切入点是水利社会；胡英泽则关注黄河滩地的社会（黄海妍《在城市与乡村之间：清代以来广州合族祠研究》，生活·读书·新知三联书店，2008年；肖文评《白堠乡的故事：地域史脉络下的乡村社会建构》，生活·读书·新知三联书店，2011年；杜正贞《村社传统与明清士绅：山西泽州乡土社会制度变迁》，上海辞书出版社，2007年；乔新华《为什么是洪洞：大槐树下的文化传统与地方认同》，人民出版社，2010年；张俊峰《水利社会的类型：明清以来洪洞水利与乡村社会变迁》，北京大学出版社，2012年；胡英泽《流动的土地：明清以来黄河小北干流区域社会研究》，北京大学出版社，2012年）。在已有的福建区域研究基础上，刘永华对闽西四堡地区礼生的研究重现了"文字下乡"对乡村社会的影响（Yonghua Liu, *Confucian Rituals and Chinese Villagers: Ritual Change and Social Transformation in a Southeastern Chinese Community*, 1368—1949. Brill, 2013）。对西南地区的探讨，有陈贤波《土司政治与族群历史：明代以后贵州都柳江上游地区研究》(生活·读书·新知三联书店，2011年)、梁勇对四川巴县移民社会的研究等（《移民、国家与地方权势：以清代巴县为例》，中华书局，2014年），都揭示了不同的区域历史过程。前面亦已提及，吴滔、谢湜以江南地区为对象，把历史人类学的研究路径运用到区域历史地理的小尺度研究中，开拓了历史地理学研究的新视角。

彭慕兰曾提醒说，全球史或新世界史的先驱除了世界体系论以外，还有布罗代尔以及年鉴学派的"整体史"，而这主要是关于日常生活的社会史；另一条路径就是区域研究，"这些区域研究强调概念化和跨学科，而这与社会史极其契合"（Kenneth Pomeranz, "Social History and World History: From Daily life to Patterns of Change", *Journal of World History*, vol. 18, no. 1）。在以往的明清史研究中，中外关系、华人华侨研究也是具有较多成果的领域，特别是海上交通史后来拓展为海洋史，更吸引了中外学者的关注。在全球史的视野下，上述研究领域自然而然成为全球史研究的重要组成部分。

在进入21世纪以前，明清时期的中外关系史研究还处于比较平稳的状态，可能是由于学者们开始注意到，这个领域的进展要依赖于国外资料的搜集和利用，到这个时期开始有了条件，但仍处在研究过程中，但进入21世纪之后，就逐渐出现了一些高水平的成果。汤开建对澳门史的研究工作开始得较早，先后出版了一系列关于澳门史的专著和资料集，随后又有黄庆华《中葡关系史》（黄山书社，2006年）、万明《中葡早期关系史》（社会科学文献出版社，2001年）等著作，可以说是这一领域内围绕同一主题的质量最高的一批著作。关于东北亚地区，有白新良主编、多人合作的《中朝关系史：明清时期》（世界知识出版社，2002年）以及何慈毅对明清时期日本与琉球关系的研究著作。还有不少关于明代"倭寇"问题的论文。关于中亚地区,有张文德对明朝与帖木儿王朝关系的研究著作;关于欧洲,有米镇波对中俄恰克图贸易的研究(《清代中俄恰克图边境贸易》,南开大学出版社,2003年)、马廉颇对清代中叶中英关系的研究(《晚清帝国视野下的英国——以嘉庆、道光两朝为中心》,人民出版社,2003年)。此外,还有大量关于郑和下西洋的论文。在一些论文集中,关于传教士的研究在新材料和新观点上得到了较多体现。一个明显的特点是,对海上关系的研究成果要多于对陆上关系的研究成果,这当然是因为前者正处在勃兴阶段,而后者正处在衰落的态势,而在实际上明清国家对其关注的程度倒并不一定如此,特别是在明代。

应该说,传统的中外关系史为一种包括中国史在内的世界史或者说全球史奠定了基础,但在观念上,大多成果更多地体现为一种双边关系,还不是一种在区域性世界或整体性世界的视野下对中国与外国之间互动关系的考察。在这方面,关于宗藩关系的研究可以视为某种以中国为主导的区域性世界的论说(如孙宏年《清代中越宗藩关系研究》,黑龙江教育出版社,2006年;宋慧娟《清代中朝宗藩关系嬗变研究》,吉林大学出版社,2007年),但多少还是有从中心看边缘的痕迹。在近年来兴起的"海洋史研究"中,全球史的认识框架开始体现出来,特别集中地体现在李庆新主编《海洋史研究》

（社会科学文献出版社，自 2010 年开始出版，迄今已出版 10 辑）各辑的文章中。这份期刊刊载的文章大多是讨论明清时期的，作者无论中外，都很少采用某种两国双边关系的角度，而往往选择一个具体的区域，城市或乡村、港口或内地、海岛或海峡，由此观察它们与外部世界形成的网络，这样，每一个小的地方都是一个大的区域或世界的有机组成部分。这些文章采用了来自域内和域外的商业、外交档案，地方民间文献，考古发掘和实物资料，涉及中外不同人群及其社会的各个方面，形成了一批建立在实证基础上的高水平个案研究，由此区域史转化为全球史。

总之，40 年来中国大陆地区的明清史研究取得了巨大进展，研究人员增长数十倍，研究成果数以万计，本文所及，挂一漏万，如明清思想史领域几乎就没有涉及，另外国家清史工程如此重大的项目，也未及点墨。并非因为这些领域和成果不重要，实在是所拟四个专题的局限和篇幅的限制所致。这些进步是建立在改革开放之后中国学者自身的努力和国际学术交流日益增多的基础上的。诚然，在资料的挖掘、理念和方法的更新等方面，我们还有很多工作要做，但这正是学术研究的常态。

# 改革开放40年来的中国社会史研究

常建华

新时期中国社会史研究经历了酝酿、发轫、成长以及壮大的过程,学术焦点是如何把握什么是"社会",贡献了丰富多彩的学术成果。

**常建华**

1957年出生，河北张家口人。1978年考入南开大学历史系，1982年本科毕业并考上本系研究生，1985年取得硕

士学位并留校任教，1996—2000年在职攻读并取得博士学位，1990年晋升副教授，1997年升任教授。担任教育部人文社会科学重点研究基地南开大学中国社会史研究中心主任，兼任中国社会史学会会长。先后访学于日本爱知大学、韩国汉城大学（今改名首尔大学）以及中国台湾"中研院"，受聘中国台湾暨南大学、日本大阪市立大学客座教授。研究方向为中国社会史、明清史。

社会史研究与学科建设方面，新出学术评述《新时期中国社会史学》，著有中国社会史研究新探、再探、三探文集三种：《社会生活的历史学》《观念、史料与视野》《日

常生活的历史学》,主编读本教材《中国社会史经典精读》《中国日常生活史读本》,合撰《新时期中国社会史研究概述》等。

长期研究宗族问题与族谱学,著有《中国文化通志·宗族志》《明代宗族研究》《朝鲜族谱研究》《宋以后宗族的形成及地域比较》等,主编《宋以后的宗族形态与社会变迁》。

清史研究集中于康雍乾时期,著有《清代的国家与社会研究》《乾隆事典》《清史十二讲》《康熙出巡与国家认同》等,辑录《乾隆帝起居注巡幸盘山史料》,主编《清嘉庆朝刑科题本社会史料辑刊》。

此外,还撰有《婚姻内外的古代女性》《岁时节日里的中国》等普及读物。在《历史研究》《中国史研究》《文史》以及法国《年鉴》等海内外学术刊物发表论文多篇。

先后承担并完成国家社会科学基金项目"明代宗族研究",教育部人文社会科学基地重大项目"20世纪中国社会史研究的回顾与展望""宋以后宗族形态与社会变迁",国家清史项目"《通纪》第三卷",目前承担国家社会科学基金重大招标项目"多卷本《中国宗族通史》",主持教育部人文社会科学重点基地十三五规划项目"中国日常生活史"。

1978年，我国进入了改革开放的新时期，社会史学发生了重大的变化，至今已经40年。特别是1986年10月全国举行了首届中国社会史学术研讨会，标志着中国社会史研究的复兴，若以此为界标，新时期的中国社会史研究也有30年之久。有必要总结新时期中国社会史研究的学术史，把握其特色与趋势。这里就近40年来的中国社会史研究学术脉络、重要议题、成就与不足，作一概述。

## 一 改革开放以来中国社会史研究的学术脉络

我拟将改革开放40年来的中国社会史研究的发展进程划分为四个阶段，每个阶段大致经历10年。

**（一）酝酿：中国社会史研究的反思（1976年10月—1986年9月）**。首先，社会生活史应运而生。马克思主义史学理论建构的宏观社会历史理论模式，形成了特有的社会史"骨架"，需要补充生活的"血肉"。20世纪80年代初，中国学术界开始重新思考社会史研究的问题，试图建立以社会生活、生活方式为主要内容的新社会史，以补充由于既往研究的理论模式而缺乏的历史内容。新中国成立以来的历史研究领域是政治、经济、思想三大块，学术重心是阶级斗争史与农战史。《历史研究》编辑部、南开大学历史系以及云南大学历史系、天津师范大学历史系等单位，分别于1983年8月和1985年5月召开了"中国封建地主阶级研究学术讨论会"和"中外封建社会劳动者生产生活状况比较研究讨论会"，试图突破僵化的阶级斗争决定论，把多种社会关系、社会群体和民众生活纳入视野。田居俭为会议论文集所作序言《略论中国史学研究方法的变迁》（后来发表在《历史研究》1986年第2期），倡导开展"具体"层次的生活方式的研究。哲学学者王玉波还将生活方式理论引入了史学研究，1984年5月2日《光明日报》发表了他的《要重视生活方式演变史的研究——读吕思勉史著有感》，重提历史学家吕思勉对社会生活的重视，呼吁人们开展生活方式演变史的研究。冯尔康率先发表《开展社会史的研究》（《百科知识》1986年第1期），强调"恢复、开展社会史的研究，已是当今史学界一个刻不容缓的课题"，认为"社会史的研究，能够给予历史研究以有血有肉的阐述，真正建立立体的史学，形象化的史学，科学的史学"。接着王玉波发表《为社会史正名》（《光明日报》1986年9月10日），区别社会史和社会发展史，认为"社会史是以人的社会生活的历史演变过程和规律为基本内容"，"社会史可以说就是生活方式演进史"，而把社会发展史作为哲学范畴。

史学研究者认识到有必要吸收当代社会科学理论与方法开展历史研究，尤其是社会学对社会史研究的借鉴作用非常明显。乔志强借用社会学的概念和框架倡导社会史研究，在《中国社会史研究的对象和方法》(《光明日报》1986年8月13日)一文中提出社会史主要研究社会构成、社会生活、社会职能。

其次，文化史的兴起也为社会史开辟了道路。马克思主义社会史具有经济社会史的特征。20世纪50年代以后社会经济史和农战史研究盛行，在揭示普通人民大众的经济生活方面取得不少成绩，但反映普通民众精神生活的著述甚少。1985年李侃、田居俭向第十六届国际历史科学大会提交的论文《近五年（1980—1984）中国历史学概述》指出：文化史研究的兴起，是中国史学界近几年出现的新气象，一些古代区域性的文化受到重视，一些长期致力于断代史和社会史研究的学者们，也开始注意研究各个历史时期的文化生活和文化成就。文化史的研究从1984年起进入高潮。文化史的研究涉及作为人民大众文化的生活方式，也引发对社会史的探讨。

再次，区域史为社会史扩展了地理空间。中国史学界反思以往过分重视宏观社会形态史、忽略历史地理空间因素之际，受区域经济和区域文化研究的刺激，区域社会史研究兴起。区域史重视一地区的社会经济结构的变化，在20世纪80年代以前已有傅衣凌等学者研究。80年代初，叶显恩《明清徽州农村社会与佃仆制》(安徽人民出版社，1983年)一书表现出较强的区域社会史特色。由于社会经济史自20世纪50年代之后一直比较受重视，80年代初国家制定"六五""七五"社会科学规划时，把开展区域社会经济史研究作为重点方向，涉及的主要区域有广东、福建，以及苏松杭嘉湖、西北。

（二）发轫：中国社会史研究的复兴（1986年10月—1996年）。1986年10月由南开大学历史系、《历史研究》编辑部、天津人民出版社发起的"首届中国社会史研讨会"在天津举行，标志着新时期中国社会史研究的复兴。当时学者们强调研究民众社会生活的重要性。冯尔康提交会议的论文《开展社会史研究》（后来发表在《历史研究》1987年第1期）提出"中国社会史是研究历史上人们社会生活的运动体系"，它"以人们的群体生活与生活方式为研究对象，以社会结构、社会组织、人口、社区、物质与精神生活习俗为研究范畴，揭示它本身在历史上的发展变化及其在历史过程中的作用和地位"。冯尔康关于社会史研究的框架，还体现在《清人社会生活》（天津人民出版社，1990年）一书中。冯先生主持编纂了《中国社会史研究概述》（天津教育出版社，1988年），总结以往的学术史。学术界对于社会生活的重视，还体现在宋德金的《金代的社会生活》（陕西人民出版社，1988年）上。特别是中国社会科学院历史研究所承担了1987年度国家社会科学基金资助项目"中国古代社会生活史"的十卷本断代史丛书，并于

1987年6月召开了专门会议，就中国古代社会生活史的概念、范围、研究方法和理论框架进行了讨论。该课题组重要成员彭卫出版了《汉代婚姻形态》（三秦出版社，1988年）这部运用新方法进行跨学科研究的著作。乔志强主编了新框架的《中国近代社会史》（人民出版社，1992年）。

1988年在南京大学举办第二届中国社会史研讨会，蔡少卿、孙江《回顾与前瞻——关于社会史研究的几个问题》（后来发表在《历史研究》1989年第4期）认为，社会史主要应研究社会结构及其变迁，其广义定义是再现人类社会过去的历史，其狭义定义可以是研究社会结构变迁时普通人的经历，并指出："由于社会的日常生活与经济状况、政治活动的密切关系，以及在社会结构中的重要性，人们有理由对其予以较多的关注。"蔡少卿主编《再现过去：社会史的理论视野》（浙江人民出版社，1988年）一书，翻译介绍了国外社会史的研究。

这一时期还举办了4届中国社会史研讨会。1990年第三届由四川大学主办，讨论的重点是中国宗族、家庭的历史与现实，社会弊端的历史考察。1992年第四届由沈阳师范学院主办，会议主题是"社会史研究与中国农村"，研讨重点有三：社会结构与农村变迁，历史上的灾变与社会救济，社会史的理论体系、构架与功能。1994年第五届由西北大学主办，会议主题是"地域社会与传统中国"。1996年第六届由重庆师范学院主办，中心议题是：区域社会比较研究、中国社会传统生活方式研究、社会史的研究对象与方法。综上所述，这一时期人们关切的主要是社会史的理论体系、社会生活史、区域（地域）社会，也针对一些社会现实进行历史性的讨论，如社会问题、灾害救济、乡村社会等。第四届年会上，还成立了"中国社会史学会"，冯尔康出任会长。1996年7月开始编辑《社会史研究通讯》。

此外，还有一些重要的社会史会议举行。1992年中国社会科学院近代史研究所文化史研究室联合《社会学研究》编辑部举行了"社会文化史研讨会"；1995年中国社会科学院历史研究所在北戴河举办了海峡两岸"传统社会与当代中国社会史"学术研讨会。

**（三）成长：跨世纪的中国社会史研究（1997年—2006年）**。这一时期对于中国社会史理论进行了更深入探讨，提出了一些新的研究领域。社会史学界在界定社会史上存在分歧，经过讨论逐渐缩小，趋于消解。

南开大学于1986年成立社会史研究室，1999年重新组建为社会史研究中心，成为教育部人文社会科学重点研究基地，并创办了学术年刊《中国社会历史评论》。

跨学科研究日益受到重视。社会史与人类学结合，历史人类学成为最活跃的学术领域，2001年中山大学历史人类学研究中心成立，后成为教育部人文社会科学重点研究基地，创刊《历史人类学》，给社会史研究增添了新活力。由于重视地域社会史，地理学也深刻影响历史学，王振忠倡导历史社会地理学研究。

新的社会史理论探讨，也带来对社会史史料的新认识。冯尔康出版了《中国社会史概论》（高等教育出版社，2004年），提出了社会史史料学的概念。郑振满则倡导民间历史文献，他在《民间历史文献与文化传承研究》（《东南学术》2004年增刊）中强调，广泛搜集和充分利用民间文献，是新史学发展的前提条件和必由之路。

这一时期共举办了5届社会史年会：1998年苏州大学主办第七届，将"家庭·社区·大众心态变迁"作为主题；2000年华中师范大学主办第八届，主题为"经济发展与社会变迁"；2002年上海师范大学举办第九届，主题是"国家、地方、民众的互动与社会变迁"；2004年厦门大学举办第十届，以"礼仪、习俗与社会秩序"为主题；2006年安徽大学举办第十一届，主题是"地域中国：民间文献的社会史解读"。由上可知，社会史学界讨论的问题比较多元化，富有开放性。第十届年会学会改选，倡导社会史研究的老一辈学者荣退，"文革"后的新一代学者成为学会的主导力量。

**（四）壮大：新世纪的中国社会史研究（2007年—2017年）**。该时期由社会经济史研究发展演变出来的历史人类学与区域社会史研究蔚然成风，社会生活史、社会文化史的研究发生了向日常生活史的转变，在新历史认识论影响下民间文献更加受到重视。民间文献、日常生活、历史人类学的交融，促进了社会史学科建设（参见常建华《开放与多元：新世纪中国社会史理论探讨与学科建设》，《南京社会科学》2017年第2期）。中山大学历史人类学研究中心组织的"历史·田野丛书"自2006年以来推出10余种，并出版《清水江文书》3辑。厦门大学民间历史文献研究中心自2009年起，每年举办一届论坛，已经举办8届，并出版"民间历史文献论丛"，2013年起推出《族谱研究》《碑铭研究》《仪式文献研究》。安徽大学徽学研究中心2005年起出版《徽州文书》5辑。上海师范大学中国近代社会研究中心于1997年起每年举办一届江南社会史国际学术前沿论坛，并于2009年创刊《江南社会历史评论》。上海社会科学院出版"上海城市社会生活史丛书"，2008年推出，2011年出齐，计有25种。首都师范大学历史学院中国近现代社会文化史研究中心重视社会生活史研究，出版了《社会生活探索》6辑，出版有关社会文化的访谈录、论丛等系列出版物。山西大学中国社会史研究中心2012年出版"田野·社会丛书"4种，编有集刊《社会史研究》。南开大学中国社会史研究中心2008年推出《清嘉庆朝刑科题本社会史料辑刊》，2014年推出《清代宗族史料选辑》，出版资料丛刊多种，特别是2015年推出《中国近代铁路史资料选辑》（104册），自2011年起连续五年举行了以中国日常生活史为主题的研讨会，涉及日常生活的多样性、生命与健康、地方社会、民生问题、物质文化内容。

这一时期社会史年会共举办了5届：2008年中山大学举办第十二届，主题为"政治变动与日常生活"；2010年聊城大学主办第十三届，以"区域、跨区域与文化整合"为主题；2012年山西大学主办第十四届，主题是"改革开放以来的中国社会史研究"；2014年江西师范大学主办第十五届，将"生命、生计与生态"作为主题；2016年武汉大学、三峡大学举办第十六届，主题是"中国历史上的国计民生"。由此可见，这一时期社会史学界比较关心社会史研究的整体性与人本身，映照了对社会现实的思考。特别是第十五届年会提出了颇具特色的"三生"研究模式。

从2005年起，由中国社会科学院近代史研究所社会史研究中心牵头，利用社会史年会间歇期的单数年，举办"中国近代社会史国际学术研讨会"：2005年青岛大学举办了首届，以"近代中国的城市·乡村·民间文化"为主题；2007年新疆大学举行的第二届讨论"晚清以降的经济与社会"；2009年贵州师范大学举行的第三届以"近代中国的社会流动、社会控制与文化传播"为主题；2011年苏州大学举办的第四届讨论"近代中国的社会保障与区域社会";2013年湖北大学举办的第五届讨论"社会文化与近代中国社会转型";2015年河北大学举办的第六届讨论"华北城乡与近代区域社会";2017年杭州师范大学举办第七届,主题为"地方文献、区域社会与国家治理"。还连续编辑出版了7辑"中国近代社会史研究集刊"。以此为基础,成立了中国社会史学会近代社会史专业委员会。

## 二 改革开放以来中国社会史研究的重要议题

这里侧重于社会史理论体系问题,分以下四个方面来谈。

**(一)社会史的概念之争**。从1986年中国社会史正式兴起后,对于"什么是社会史"存在三大分歧,即社会史是历史学的专门史抑或通史、社会史究竟是历史学的一个分支学科还是一种新的视角、社会史学科体系建设及与社会学的关系问题。常建华《中国社会史研究十年》(《历史研究》1997年第1期)对此进行了学术梳理,重提中国社会史的研究对象与方法,建议借鉴费孝通对于"社会学"学科的定位,走综合的路线,一是研究全盘社会结构,二是从具体研究对象上求综合,从而把握当代社会史的社会生活、社会文化、区域社会三大研究特征。赵世瑜《再论社会史的概念问题》(《历史研究》1999年第2期）进一步将社会史表述为史学研究的一种新范式，并分别从作为历史研究范式的社会史、作为整体的社会史、属于历史学而非社会学的社会史三方面论述什么是社会史，使得这一讨论更加明晰。

（二）整体性、碎片化、政治史与区域社会史。社会史有广义、狭义之分，学术研究有宏观与微观之别，具体理解上会见仁见智。新时期的社会史脱胎于宏观的社会经济形态模式，一些学者认为应在区域史中把握社会史的整体性，微观史学的个案研究可以有效地探讨事物整体。有些学者则认为国内的社会史研究出现零碎、细小的弊病，强调通过整体性来纠正。

杨念群提倡"中层理论"以摆脱宏大叙事的纠缠，改变史学界"只拉车不看路式"的工匠型治史方式，厘定与传统研究方法不同的规范性概念和解释思路。新社会史寻求以更微观的单位深描诠释基层社会文化的可能性。杨念群《为什么要重提"政治史"研究》（《历史研究》2004年第4期）强调"意识形态""社会动员形态"的研究。杨念群《"地方性知识"、"地方感"与"跨区域研究"的前景》（《天津社会科学》2004年第6期）质疑区域社会史多趋向于探讨"宗族"和"庙宇"功能的研究现状，认为应改变"村落研究取向"，从"跨区域研究"的角度使社会史研究趋于多元化。赵世瑜《社会史研究向何处去?》（《河北学刊》2005年第1期）强调要与传统史学对话,也主张反思政治史,把握好社会史与政治史关系。常建华《跨世纪的中国社会史研究》(《中国社会历史评论》第 8 卷,2007 年)对于上述讨论阐发了自己的认识。

2012 年《近代史研究》(第 4、5 期)组织"中国近代史研究中的'碎片化'问题笔谈",涉及社会史的理论与方法问题,其中杨念群《"整体"与"区域"关系之惑——关于中国社会史、文化史研究现状的若干思考》主张应摒弃"区域"与"整体"二元对立的刻板模式,转从"政治合法性"与"政治治理能力"的角度去观察和理解中国历史演变的轨迹和特征;罗志田《非碎无以立通:简论以碎片为基础的史学》、王笛《不必担忧"碎片化"》在了解国外已经讨论过"碎片化"问题后而发的"经验之谈"尤其值得关注。

**(三)历史人类学与民间历史文献学**。社会史研究中,历史人类学与民间历史文献学的研究风格值得关注,此类研究也是在区域社会史研究中显现的。这一学术流派的基本特征是强调从区域人群活动与相互关系中把握社会,重视在田野调查中解读民间文献。其学术追求,或许用科大卫所著《明清社会和礼仪》(曾宪冠译,北京师范大学出版社,2016 年)可以表达:通过个案研究,对于统一的中国社会进行了详细的论证,重建了地方社会如何获取及认同自身特性的历史,以及地方社会如何接受并整合到一个大一统的文化的历史，展现了中国社会的独特性和复杂性。刘志伟、孙歌《在历史中寻找中国——关于区域史研究认识论的对话》（东方出版中心，2016年）强调说，由跨区域的边界和人的流动去建立地区空间概念的历史人类学研究取向出发，区域就自然可以成为一个研究单位，他们特别强调进行以人为主题的历史研究，区别于以国家为主体的历史学。赵世瑜所著《小历史与大历史：区域社会史的理念、方法与实践》（生活·读书·新知三联书店，2006年）、主编《大河上下：10世纪以来的北方城乡与民众生活》（山西人民出版社，2010年）与《长城内外：社会史视野下的制度、族群与区域开发》（北京大学出版社，2016年）作了有益的尝试。

历史人类学通过田野调查与解读民间文献来理解"人群"和"生活方式"。郑振满说："每一种民间文献可能都和特定的人群和特定的生活方式有关。如果不把民间文献放在具体的社会环境中，不了解各种民间文献的作者和使用范围，也不能真正理解民间文献的历史意义。要做到这一点，就必须做田野，就需要历史人类学了。"（刘平等《区域研究·地方文献·学术路径——"地方文献与历史人类学研究论坛"纪要》，《中国社会历史评论》第8卷，2010年）王振忠《明清以来徽州村落社会史研究——以新发现的民间珍稀文献为中心》（上海人民出版社，2011年）是使用田野调查发现民间文献的重要著作。

（四）社会文化史与日常生活史。我国较早的社会文化史，比较强调揭示社会精神面貌。文化史的研究有一个从研究文化生活、文化成就向社会生活转移的过程。杨卫民《新时期社会生活史研究述略——以中国近代社会生活史为中心》（《焦作师范高等专科学校学报》2012年第1期）认为："随着新时期的到来，历史学发展大的趋势是从政治经济史向社会生活、生态环境、生命史的转移，这不仅是史学研究本身的转移，还是当代文明和社会已经从欲望、本能、名利等转向生活、生命等本质的再认识上。角度的转换，意味着历史观的更新和研究方法的转变，一种新社会生活史观逐渐形成。"李长莉《中国近代生活史研究30年——热点与走向》（《河北学刊》2016年第1期）指出，中国近代生活史研究内容为风俗习尚、社会群体生活、城市生活与"公共空间"、消费生活、文化娱乐生活、生活史综合研究等，更多关注社会变动与生活变化之互动，更多注意生活与政治、经济、社会、文化等诸因素的相互关联和互动关系。不过，中国近代生活史研究的缺陷在于理论分析与理论创新不足。常建华《从社会生活到日常生活——中国社会史研究再出发》（《人民日报》2011年3月31日）提出社会生活史研究应当向日常生活史转变。新的社会生活史或者说日常生活史研究，很重要的一点是要借鉴"新文化史"或者说社会文化史。

刘永华主编《中国社会文化史读本》（北京大学出版社，2011年）指出：社会文化史强调的是，在具体的研究实践中将社会史分析和文化史诠释结合在一起。在分析社会现象时，不能忽视相关人群对这些现象的理解或这些现象之于当事人的意义，在诠释文化现象时不能忽视这些现象背后的社会关系和权力关系。该书涵盖5个主要问题领域：国家认同，神明信仰，宗教仪式，历史记忆，感知、空间及其他。

## 三 改革开放以来中国社会史研究的成就与不足

新时期社会史研究取得了大量学术成果。如有一批通论、断代、区域性的社会史著述，在婚姻家庭、家族宗族研究上取得长足进展，士大夫、商人等社会群体的研究丰富多彩，城市、乡村的研究别开生面，民间信仰的研究精彩纷呈（参见常建华《新世纪的中国社会史研究》，《中国社会历史评论》第18卷，2017年）。限于篇幅，这里不能展开介绍，而采取以关乎学科建设和研究途径的方向性问题为主的思路，从以下三个方面来谈。

**（一）从国家与社会到制度与生活。**对于具有以皇朝接续为特征的中国史来说，探讨社会史，不应忽视社会群体之外的皇朝国家，国家与社会群体都是广阔社会结构的组成部分，国家与基层社会的关系也构成社会形态的重要特征。马克思主义的社会形态理论重视上层建筑与经济基础，蕴含着丰富的国家与社会关系的思想。特别是中国革命实践过程中毛泽东提出的旧中国四种权力系统"封建四权"——政权、神权、族权与夫权，兼顾了国家与社会。在此基础上，社会经济史家傅衣凌提出了中国社会存在着公、私两种社会权力，更直接地划分出国家与社会的关系特征。20世纪三四十年代社会学家费孝通与历史学家吴晗等讨论"皇权与绅权"，相当大的程度上是在研究国家与社会的关系，以此认识中国的社会结构。这些理论对海内外的中国社会史研究有着深远的影响。

20世纪90年代，海外学者讨论市民社会、公共领域、国家与社会关系，也影响到国内学术界，先是政治学后是历史学。这一影响表现在近代史、明清史乃至整个中国史研究领域。国家与社会的关系，更多的表述为"社会与国家"，体现出自下而上从社会看国家的研究立场。在中国古代史研究领域，王宇信与徐义华《商代国家与社会》（中国社会科学出版社，2011年）、牟发松主编《社会与国家关系视野下的汉唐历史变迁》（华东师范大学出版社，2006年）、孟宪实等主编《秩序与生活：中古时期的吐鲁番社会》（中国人民大学出版社，2011

年)、刘后滨主编《日常秩序中的汉唐政治与社会》(社会科学文献出版社,2012年)以及杜常顺与杨振红主编《汉晋时期国家与社会论集》(广西师范大学出版社,2016年)都反映了编(著)者对政治史与社会史结合的追求。明清史领域探讨国家与社会关系的成果较多,代表性的成果有郑振满《乡族与国家:多元视野中的闽台传统社会》(生活·读书·新知三联书店,2009年)、刘志伟《在国家与社会之间——明清广东地区里甲赋役制度与乡村社会》(中国人民大学出版社,2010年)、梁治平《清代习惯法:社会与国家》(广西师范大学出版社,2015年)、常建华《清代的国家与社会研究》(人民出版社,2006年)、吴琦主编《明清地方力量与地方社会》(中国社会科学出版社,2009年)以及李治安主编"基层社会与国家权力研究丛书"9种。

值得注意的是,社会学学者李友梅《制度与生活视野下的中国社会变迁》(《解放日报》2008年12月18日)提出,"国家与社会"的分析框架与社会生活实践始终存在无法摆脱的张力,主张尝试构建"制度—生活"的分析框架,以"自主性"为观察对象,更有效地呈现和解读这一社会变迁过程。这一想法或许也适用于社会史研究。社会史学者也在研究实践中敏锐地抓住了制度与生活的关系,如刘永华《明代匠籍制度下匠户的户籍与应役实态——兼论王朝制度与民众生活的关系》

(《厦门大学学报》2014年第2期)。可以预见,随着日常生活史研究、新制度史研究的展开,"制度与生活"的研究视角越来越受到重视。

（二）结构与生活的社会史。新时期社会史强调对于社会群体的研究,重视从群体关系的结构探讨社会。有别于以往比较单纯重视生产关系,而兼顾法权关系的探讨,从阶级关系向等级身份的研究转变,或者说将两者结合起来。

20世纪七八十年代之交到90年代中期,出现了一批阶级研究的成果,这些著作多是作者多年研究的总结。如田昌五与臧知非《周秦社会结构研究》(西北大学出版社,1996年)、朱绍侯《秦汉土地制度与阶级关系》(中州古籍出版社,1985年)与《魏晋南北朝土地制度与阶级关系》(中州古籍出版社,1988年)、张泽咸《唐代阶级结构研究》(中州古籍出版社,1996年)、王曾瑜《宋朝阶级结构》(河北教育出版社,1996年)、蒙思明《元代社会阶级制度》(中华书局,1980年)、韩大成《明代社会经济初探》(人民出版社,1986年)、经君健《试论清代等级制度》(《中国社会科学》1980年第6期)等。

着眼于社会结构的研究,通贯性的研究主要体现在冯尔康主编《中国社会结构的演变》(河南人民出版社,1994年)、沈大德与吴廷嘉《黄土板结——中国传统社会结构探析》(浙江人民出版社,1994年)。不同时期社会结构探讨方面，有李天石《中国中古良贱身份制度研究》（南京师范大学出版社，2004年）、吴琦主编《明清社会群体研究》（中国社会科学出版社，2009年）等。

新时期社会史的重要特征是强调全方位研究普通民众的生活，社会史除了重视社会结构，同时重视社会生活。前述社会生活史研究著作之外，还有宋镇豪《商代社会生活与礼俗》（中国社会科学出版社，2010年）、蔡锋《春秋时期贵族社会生活研究》（中国社会科学出版社，2004年）、彭卫《汉代社会风尚研究》（三秦出版社，1998年）、秦新林《元代社会生活史》（河南大学出版社，1997年）等。

社会生活史研究在取得成绩的同时，也暴露出一些问题，如研究比较平面化、泛化、重视事项而忽略人的作用。尝试日常生活史研究的著作也有问世，如关于唐代的有黄正建《走进日常——唐代社会生活考论》（中西书局，2016年）、彭梅芳《中唐文人日常生活与创作关系研究》（人民出版社，2011年）。关于明清的也有两部：宋立中《闲雅与浮华：明清江南日常生活与消费文化》（中国社会科学出版社，2010年）、赵园《家人父子：由人伦探访明清之际士大夫的生活世界》（北京大学出版社，2015年）。上述4部书中，有2位作者出自文学界。

近年来出现了日常生活史的法学研究。如郭东旭等《宋代民间法律生活研究》（人民出版社，2012年）、徐忠明编《〈老乞大〉与〈朴通事〉：蒙元时期庶民的日常法律生活》（上海三联书店，2012年）、尤陈俊《法律知识的文字传播：明清日用类书与社会日常生活》（上海人民出版社，2013年）等。

（三）生命、生计、生态的"三生"结合。社会史的跨学科属性日益突出，在生态环境史、经济社会史、医疗社会史表现得比较明显，生命、生计、生态是中国社会面临的突出问题，三者密切关联。

新时期自然灾害及其应对研究较早开展。李文海等人1985年以来长期从事中国近代灾荒研究，关注灾荒与人民生活的关系，出版了一系列著作。灾害与社会也受到关注，王振忠《近600年来自然灾害与福州社会》（福建人民出版社，1996年）、曹树基主编《田祖有神——明清以来的自然灾害及其社会应对机制》（上海交通大学出版社，2007年）、郝平《大地震与明清山西乡村社会变迁》（人民出版社，2014年），以及李文海、夏明方主编《天有凶年：清代灾荒与中国社会》（生活·读书·新知三联书店，2007年）都是这方面的著作。

瘟疫随灾而起，讨论瘟疫与社会的关系，进而发展出医疗社会史。余新忠《清代江南的瘟疫与社会：一项医疗社会史的研究》（中国人民大学出版社，2003年）与《清代卫生防疫机制及其近代演变》（北京师范大学出版社，2016年）、杨念群《再造"病人"——中西医冲突下的空间政治（1835—1985）》（中国人民大学出版社，

2006年）是这方面的著作。与此相关，公共卫生的研究也得到展开，如路彩霞《清末京津公共卫生机制演进研究（1900—1911）》（湖北人民出版社，2010年）等。

医疗社会史关注的是疾病与社会的关系，而生命与常态的谋生问题即生计与生态密切关联。彭卫对于秦汉人身高的研究，体现了这种特色。

疾病、瘟疫以及灾害与生态环境也关系密切，同时环境与人的活动关联。研究生态环境与社会的关系是近年来的新方向。通论与综合研究方面，代表性论著有王利华主编《中国历史上的环境与社会》（生活·读书·新知三联书店，2007年）、高凯《地理环境与中国古代社会变迁三论》（天津古籍出版社，2006年）、王建革《江南环境史研究》（科学出版社，2016年）等。

断代研究方面。古代社会早期的环境史研究代表性论著如王子今《秦汉时期生态环境研究》（北京大学出版社，2007年）。对明清以来的研究最为丰富，冯贤亮《明清江南地区的环境变动与社会控制》（上海人民出版社，2002年）、钞晓鸿《生态环境与明清社会经济》（黄山书社，2004年）、赵珍《清代西北生态变迁研究》（人民出版社，2005年）、张建民《明清长江流域山区资源开发与环境演变：以秦岭—大巴山区为中心》（武汉大学出版社，2007年）均是这一领域的研究成果。王建革运用生态人类学和历史学方法，著有《传统社会末期华北的生态与社会》（生活·读书·新知三联书店，2009年）、《水乡生态与江南社会（9—20世纪）》（北京大学出版社，2013年）等。

水利与社会关系也为成热点。研究南北方水利社会史的专著都有，讨论浙江的有两部：钱杭《库域型水利社会研究——萧山湘湖水利集团的兴与衰》（上海人民出版社，2009年）、冯贤亮《近世浙西的环境、水利与社会》（中国社会科学出版社，2010年）。论述山陕地区水利的也有两部专著：胡英泽《流动的土地：明清以来黄河小北干流区域社会研究》（北京大学出版社，2012年）、张俊峰《水利社会的类型：明清以来洪洞水利与乡村社会变迁》（北京大学出版社，2012年）。

在生态环境史的研究中，涉及人的生计与生态的问题，如王建革、张建民的著作即是。但生态环境史的著作往往见物不见人，而传统的生计问题研究也往往脱离生态环境，比较缺乏从生命形式认识问题。

生计是为了生存的谋生活动，不仅表现在士农工商的主要职业上，也体现在其他各行各业上，涉及生计的研究很多，专门研究则缺乏。对于生计的认识，也反映在衣食住行物质的获取与消费水平，这方面的研究渐多，王利华《中古华北饮食文化的变迁》（中国社会科学出版社，2000年）、赵兰香与朱奎泽《汉代河西屯戍吏卒衣食住行研究》（中国社会科学出版社，2015年）、黄正建《唐代衣食住行研究》（中华书局，2013年）、何辉《宋代消费史：消费与一个王朝的盛衰》（九州出版社，2016年）、黄敬斌《民生与家计：清初至民国时期江南居民的消费》(复旦大学出版社,2009年)多涉及这些问题。值得注意的还有陈宝良最近对于明代社会变迁时期生活质量的研究,讨论到明代社会各阶层的收入及其构成与家庭生计的关系,还讨论了物价波动与消费支出等问题。

一般来说,生命与生态既是人地关系,更是天人关系,体现在生存之道上,以往的生计研究多从经济的角度考虑,生计也可以作为日常生活与民生问题的探讨,在当下的学术背景下,生计的探讨还应当与生命、生态结合。生命、生计与生态的有机结合,是探讨历史变迁的重要途径。

纵观近40年来的中国社会史研究,焦点还是如何把握什么是"社会"。从社会史研究复兴伊始,在何谓"社会史"上就存在争议,大致有广义、狭义的不同认识,好在社会史研究同行并不纠缠于概念之争,而是搁置争议,抓住社会史的基本问题与学术前沿力行实践,从研究中体验、升华对于社会史的认识,从而使得学术共同体成长壮大。近年来有关历史研究的整体性与碎片化、宏观与微观的讨论较多,颇多涉及社会史研究。愚见以为,研究价值并不能以题目大小分高下,还是要考究其学术意义。学术史告诉我们,"大处着眼,小处着手"是经验之谈。学术研究从来以探索未知、追求真理为最终目的,也就是原创性,对于社会史同样适用。面向未来,社会空间的扩展,社会史与新文化史联袂,跨学科的视野,或许是近期中国社会史研究的发展趋势。

# 改革开放 40 年来的中国古代经济史研究

魏明孔

改革开放 40 年是我国古代经济史研究的黄金期，不论研究的广度和深度，理论与方法的多元化，还是史料的发掘、甄别和利用，抑或其体现的人文关怀，均值得总结。

**魏明孔**

1956年9月出生，甘肃皋兰人。先后师从金宝祥先生、宁可先生，获得历史学硕士、博士学位。现为中国社会科学院经济研究所研究员（二级），中国社会科学院研究生院教授、博士生导师，《中国经济史评论》主编。曾任《中国经济史研究》社长、主编，中国社会科学院经济研究所经济史研究室主任，中国社会科学院创新工程"中国传统经济再研究：以制度转型为视角"首席专家。兼任中国经济史学会会长、国家社会科学基金评委、中国唐史学会理事、北京市社科系统高级职称评委、青海省首届昆仑学者特聘教授、南京师范大学柳诒徵史学讲座教授、澳门科技大学讲座教授等。主要研究方向为传统经济史、区域经济。

先后在《历史研究》《中国史研究》《中国经济史研究》

《史学理论研究》《文史哲》《社会科学战线》《经济月刊》《学术月刊》《中国社会经济史研究》《光明日报·理论版》等发表学术论文200余篇,出版《隋唐手工业研究》《西北民族贸易研究——以茶马互市为中心》《中国国家资本的历史分析》等专著,主编《中华大典·工业典》《中国手工业经济通史》《中国经济史学的话语体系构建》《经济史研究之跨世纪历程》等10余部,整理出版古籍《铜政便览》等。

先后主持国家社会科学基金3项(其中重点课题1项)、国家教委社科规划项目1项、国家古籍整理出版专项资助1项、中国社会科学院等省部级科研项目多项。研究成果入选国家哲学社会科学成果文库,获得霍英东青年教师奖、有突出贡献的硕士学位获得者、国家图书奖、中国社会科学院优秀成果奖等多项奖励,享受国务院"政府特殊津贴"。

20世纪70年代末以来，在"解放思想，实事求是"路线的指引下，学术氛围逐渐宽松，中国古代经济史研究者不断摆脱教条主义的束缚，突破了种种禁区，加深了对马克思主义学说的理解。随着国际学术交往日益频繁，新理论、新方法和新观点得以不断引进，形成与海外的学术研究相互激荡的新局面，使得中国古代经济史研究思想空前活跃，新资料、新方法、新思路、新见解层出不穷，在探求中国传统经济史自身特点和规律方面迈出了坚实的步伐。与此相联系，学术研究主题日益多样化，研究领域不断拓宽，研究理论和方法多元化。传统经济史研究取得了令世人瞩目的进步，并逐渐形成了不同的学术风格与流派。中国古代经济史时间段长、涉及内容丰富，下面在前贤的基础上，仅对40年来的中国古代经济史研究作一些简要介绍与概括，并展望未来之发展方向。

**一、经济史资料的大量发掘、整理与出版，为古代经济史研究提供了更加坚实的资料基础**。资料是经济史研究的基础，制约古代经济史研究的一个重要因素是资料的匮乏。改革开放以来，大量的经济史资料被发掘出来，中国经济史研究的基础更为广阔和雄厚。改革开放以前的经济史资料整理工作基本上是近代部分一枝独秀，古代经济史资料的整理出版和发掘利用，受到各种局限。这种状况在改革开放以来有了明显的改观，学界整理出版了大批古代经济史的文献档案资料，丰富多彩、层出不穷的考古材料，包括出土实物和文字材料，如农作物、工具、甲骨文、金文、秦汉三国简牍、敦煌吐鲁番文书、墓志、碑刻、民间文书、族谱，等等。它们被广泛运用于古代经济史研究，与文献记载相印证，不断补充、匡正和深化人们的认识，为古代经济史研究增添了活力。

新资料的发现和整理，可以说是遍地开花。其中，走马楼简牍的整理和利用可作为其中一个例子。于振波《走马楼吴简初探》（文津出版社，2004年）、高敏《长沙走马楼简牍研究》（广西师范大学出版社，2008年）、蒋福亚《走马楼吴简经济文书研究》（国家图书馆出版社，2012年）、沈刚《长沙走马楼三国竹简研究》（社会科学文献出版社，2013年）、凌文超《走马楼吴简采集簿书整理与研究》（广西师范大学出版社，2015年）等，系对吴简研究的代表性著作，对推动三国时期尤其吴国的社会经济研究很有意义，因为三国经济史研究中，有许多空白，走马楼简牍正好可以弥补其中的一些薄弱环节，使得该时期的经济史研究相对活跃。

各地发掘和整理的墓志、碑刻资料，令人眼花缭乱，对于我国古代经济史研究的推动意义，无论如何评价，都不为过。

在对古代经济史资料的整理中，清史纂修工程组织编辑出版的数量可观的清代史料，对于推动清代经济史研究功不可没。另外特别值得一提的是《中华大典》。该典系搜集、整理、编纂自有文字记载至1912年以前的有关汉文字资料，计24个典。其中《经济典》《农业典》和《工业典》包含丰富的古代经济史研究资料，魏明孔编纂的4000万字《工业典》于2016年由上海古籍出版社全部出版；宁可主编的4500万字的《经济典》，正由巴蜀书社陆续出版中；穆祥桐主编的4000万字的《农业典》，也正在编纂出版之中，这些资料将对推动传统经济史研究有所裨益。

二、重大理论问题的研究有所突破。改革开放以来，随着解放思想与落实百花齐放的指导思想，经济史研究进入了一个黄金期。"五朵金花"（中国古代史分期问题、中国封建土地所有制问题、中国封建社会农民战争问题、中国资本主义萌芽问题、汉民族形成问题）的研究范围被突破。改革开放一开始，学术界对中国封建社会长期延续的原因进行了热烈深入探讨，该研究具有重要的学术价值与现实镜鉴意义。其中下面的文章具有代表性：庞卓恒《中西封建专制制度的比较研究》(《历史研究》1981年第2期)、刘昶《试论中国封建社会长期延续的原因》(《历史研究》1981年第2期)、刘修明《中国封建社会的典型性与长期延续原因》(《历史研究》1981年第6期)、陈家泽《从两种小生产的转化看中国封建社会的长期延续》(《历史研究》1982年第1期)等。这些论著的发表,对于开传统经济史研究思想解放之风气,意义深远。

这一时期先后出版了具有贯通性的经济史论著,呈现出不同特色。由林甘泉、方行、宁可为课题组组长的中国古代经济史断代研究,整个课题包括先秦至清代的多卷本《中国经济通史》(经济日报出版社,1999年),各卷尽管有自己的特点和风格,但从整体上看系统论述了各个时期的基本经济区域、生产单位、产业结构、经济类型、社会经济形态、民族地区的经济等。田昌五、漆侠主编《中国封建社会经济史》(文津出版社、齐鲁书社,1996年),赵德馨主编《中国经济通史》(湖南人民出版社,2002年)等,也是通论经济史的重要著作。另外,陈守实《中国古代土地关系史稿》(上海人民出版社,1984年)、赵俪生《中国土地制度史》(齐鲁书社,1984年)等,对传统社会的特点及变迁进行了深入系统研究。

1993年始,《中国经济史研究》编辑部与中国社科院经济研究所、历史研究所,以及首都师范大学等单位联合主办"中国经济史论坛"系列学术研讨会,主题涉及中国传统农业与小农经济、中国封建社会前后期经济发展比较、中国古代地主制经济的发展机制和历史作用、中国经济史理论与方法、中国现代化中传统经济因素的作用、中国经济史上的"天人合一"、中国历史上的商品经济、历史上的三农问题、中国历代农民家庭规模与农民家庭经济、环境史视野与经济史研究，等等。这些研讨会的议题，均是对中国传统经济的再评价，在国内外学术界产生了比较大的影响。

改革开放一开始，经济史学界就对我国历史上的资本主义萌芽问题进行了探讨，其中《历史研究》等重要刊物对此尤其重视。刊发包括傅衣凌《清代农业资本主义萌芽问题的一个探索——江西新城〈大荒公禁栽烟约〉一篇史料的分析》(《历史研究》1977年第5期)、尹进《关于中国农业中资本主义萌芽问题》(《历史研究》1980年第2期)、方行《中国封建社会的经济结构与资本主义萌芽》(《历史研究》1981年第4期)、洪焕椿《明清封建专制政权对资本主义萌芽的阻碍》(《历史研究》1981年第5期)、徐新吾《中国和日本棉纺织业资本主义萌芽的比较研究》(《历史研究》1981年第6期)等。南京大学历史系明清史研究室编《中国资本主义萌芽问题论文集》(江苏人民出版社，1983年)，在当时产生了比较大的影响。其集大成者是许涤新、吴承明主编《中国资本主义发展史》第1卷《中国资本主义的萌芽》(人民出版社，1985年)，认为中国资本主义萌芽就是生产关系的发展过程，具有过渡性和双重性；这个生产关系是在封建社会晚期产生的；资本主义萌芽对于它所出现的社会跟时代是一个新的、先进的生产关系，是有延续性的。在后来的研究中，吴承明不再提资本主义萌芽，而是探讨市场经济。

关于资本主义萌芽的研究，何兆武、杨师群、曹守亮、李伯重、徐泓等进行了有益的探讨和总结。

20世纪80年代以来，全球化进程日益加快，经济史学家的观点愈富有世界性，愈能摆脱民族或地区的囿见，从全球视野下进行中西方长时段经济史比较研究，对深刻理解中国的社会经济史具有重要意义。以李伯重、王国斌、彭慕兰等人为代表的加州学派在这方面做出了突出贡献，如李伯重《江南的早期工业化（1550—1850）》（社会科学文献出版社，2000年）、《中国的早期近代经济：1820年代华亭—娄县地区GDP研究》，王国斌《转变的中国：历史变迁与欧洲经验的局限》（李伯重、连玲玲译，江苏人民出版社，1998年），彭慕兰《大分流：欧洲、中国及现代世界经济的发展》（史建云译，江苏人民出版社，2003年）等，他们还将一批西方学者有关工业革命与中西比较的著作翻译出版，如杰克·戈德斯通《为什么是欧洲？——世界史视角下的西方崛起（1500—1850）》（关永强译，浙江大学出版社，2010年）、扬·卢滕·范赞登《通往工业革命的漫长道路：全球视野下的欧洲经济，1000—1800年》（隋福民译，浙江大学出版社，2016年），极大地推动了明清经济史乃至中国经济史的研究与发展，推动了中国经济史学界与西方学界的交流与合作，"大分流"一词更成为学界热门词汇。他们的研究打破了以往"欧洲中心论"的桎梏，都将长期经济表现的中外比较列为重点研究对象，将制度等因素作为经济发展的重要变量，把中国置于世界历史的范围之中，探究中国与外部世界的联系，以凸显中国历史的重要性，拓展了经济史研究的范畴，推动了中国经济史的纵深发展。

20世纪90年代初，黄宗智的《中国经济史中的悖论现象与当前的规范认识危机》(Moclern China 第17卷第3期，1991年；《史学理论研究》1993年第1期)一文及其相关论著问世，他提出中国的经验不过是一种他者的经验，是"依存于西方历史经验基础之上的理论模式"等观点，引发学界对包括资本主义萌芽在内的西方舶来理论的再次热议，多数学者对他所表达的从中国历史的实际经验出发，以多元标准思考中国社会的研究视角表示认同。这一时期最引人瞩目的是李伯重的研究。他从中国资本主义萌芽理论赖以存在的基础——英国模式的讨论入手，通过英国模式和明清江南模式的比较，得出如果没有西方的入侵，江南几乎不可能出现英国式的近代工业革命资本主义萌芽是一个伪命题的结论。他将关注点放在了中国社会的近代化变迁及生产力的研究上，提出"江南道路"与"江南早期工业化"的概念，指出"明清江南经济发展的主要动力是劳动分工和专业化",他通过对江南经济主要特点的全面分析"认为江南早期工业最终不能发展为近代工业的原因在于工业结构",即重工业畸轻而轻工业畸重,从而形成一种"超轻结构","难以向重工业转变"〔李伯重《江南的早期工业化(1550—1850年)》〕。李伯重的研究"被誉为是在与西方史学前沿进行同步互动之时",注意到了中国的特色,"虽引进新方法却又不刻意标新立异的思维方式的更新"(刘凤云《理论与方法的推陈出新:清史研究三十年》,《史学月刊》2013年第1期),是对包括马克思主义在内的经典理论的再认识,并且是建立重视自身历史经验和独特价值的中国史学研究的新典范等。彭慕兰认为,李伯重的研究是与中国大陆学界本身非常不一样的研究范式,这一转换无疑将在中国经济史研究中产生典范效应〔《评李伯重著〈江南的农业发展(1620—1850)〉与〈江南的早期工业化(1550—1850)〉》,《学术界》2005年第1期〕。

在中国古代经济史研究中,富民社会、农商社会的研究,唐宋变革的研究,等等,正呈现出方兴未艾的势头。

三、**研究范围不断扩大,研究领域不断拓宽**。改革开放前,学界对中国封建社会长期延续、中国封建社会经济结构、小农经济、商品经济和传统市场等问题先后展开了深入讨论。改革开放后，思想大解放，学界逐渐把研究的重点从社会经济形态、生产关系和经济制度转移到经济发展与现代化建设有关的问题上来，改变了过去只着重研究生产关系和经济制度的套路，生产力的研究受到空前重视，对于社会再生产中的生产、流通、分配、消费诸环节均予以重视，经济史研究各领域得到全面发展。古代经济史研究领域主要覆盖农业（包括牧业、林业、渔业等）、手工业、商业与外贸、赋税财政、货币、阶级（或阶层）与人口、城市、交通、水利、环境经济史、荒政与社会救济等领域，研究范围极其广泛。部门经济史、区域经济史、专题史、民族史等领域全面铺开，并取得了巨大成就，下面选择若干领域予以介绍。

部门经济史。农业、手工业、商业、交通运输、赋税、货币与财政等领域的研究获得全面发展。农业经济史一直是古代经济史研究的重点之一，农业起源、土地制度等方面均提出了一些新的观点与看法。如卜风贤认为晚期智人阶段季节性饥荒是农业发生的主要原因（《中国农业灾害历史演变规律初探》，《古今农业》1997年第4期）。陈淳、郑建明认为"长江下游的水稻栽培发生在野生资源非常丰富的自然环境里，其驯化机制并非饥馑和用于果腹，很可能是为了增加美食的酿酒"（《稻作起源的考古学探索》，《复旦学报》2005年第 4 期）。谌中和把先秦农业生产方式划分为依次递进的品种阶段、土壤阶段、气候历法阶段和灌溉农业阶段（《先秦农业生产方式与中国古代文明的演进》，《湖南师范大学社会科学学报》2005 年第 5 期）。朱乃诚把整个中国史前稻作农业划分为栽培稻的起源、史前稻作农业的兴起、史前稻作农业的初步发展以及史前稻作农业的成熟发展四个阶段（《中国史前稻作农业概论》，《农业考古》2005 年第 1 期）。赵志军提出夏商周文明的农业基础是以粟和黍为主要粮食等（《有关农业起源和文明起源的植物考古研究》，《社会科学管理与评论》2005 年第 2 期）。这些研究丰富了我们对中国农业起源与发展的认识。土地制度及其变革始终是学界关注的热点之一，学界提出很多不同观点。如井田制度，这是我国古代社会的重要经济制度之一，曹毓英《井田制研究》（华中师范大学出版社，2005 年）认为井田制与中国古代的社会结构、经济制度以及生产力的状况有密切关系，对后世的影响极为明显。李恒全、李天石对铁农具和牛耕的推广导致了井田制瓦解的论点提出不同看法，认为不论从时间还是功能上，铁农具和牛耕都不可能是春秋战国土地制度变革的原因（《铁农具和牛耕导致春秋战国土地制度变革说质疑》，《中国社会经济史研究》2005 年第 4 期）。随着西方新制度经济学的广泛传播，学界广泛引入其理论与产权理论，从经济学角度探讨井田制的兴衰，如山东大学孙圣民引入经济学理论，运用制度变迁理论、契约理论，结合井田制有关史实，并与西方庄园制进行对比，深入分析了井田制瓦解的原因（《井田制兴衰的新制度经济学分析》，《经济评论》2005年第6期）。

手工业。成果比较起来非常突出。随着《偃师二里头：1959年～1978年考古发掘报告》（中国社会科学院考古研究所编著，中国大百科全书出版社，1999年）、《二里头：1999—2006》（中国社会科学院考古研究所编著，文物出版社，2014年）等发掘报告的陆续发表，逐步揭开了夏商之际宫城及其布局、手工业和祭祀活动的面纱，使学界对夏商社会的认识进了一步。马承源主编的多卷本《商周青铜器铭文选》（文物出版社，1988年）、严志斌《商代青铜器铭文研究》（上海古籍出版社，2013年）系探讨商周时代铜器铭文进而对其社会进行研究的重要成果。

西周手工业研究中，青铜器铭文同样有不可取代的重要作用。吴镇烽编著《商周青铜器铭文暨图像集成》（上海古籍出版社，2012年）、《商周青铜器铭文暨图像集成续编》（上海古籍出版社，2016年），将图像、释文以及相关背景资料集中罗列，为深入研究西周社会经济提供了方便。马承源主编《商周青铜器铭文选》、唐兰《西周青铜器铭文分代史征》（中华书局，1986年）在断代等方面贡献颇大。陈佩芬《陈佩芬青铜器论集》(中西书局，2016年)、朱凤瀚《中国青铜器综论》(上海古籍出版社，2009年)等，均是全面了解青铜器等手工业的重要论著。在这一方面，陈振中的成果最有代表性。陈振中《先秦手工业史》(福建人民出版社，2008年)为了先秦时期青铜生产工具的研究，所搜集的青铜生产工具，包括刀、削、锯、凿、锥、钻、锉、针、钩、镬、锛、斧、耒、耜、锸、犁、锄、镈、铲、镰等等，多达约6000件。在如此深厚扎实的材料基础之上，导出了有理论高度的创新性结论。除此之外，陈振中编著《先秦青铜生产工具》(厦门大学出版社，2004年)、《青铜生产工具与中国奴隶制社会经济》(中国社会科学出版社，1992年)等，均对研究这一时期的社会经济，做出了贡献。

另外，陈炳应《西夏的冶金业初探》(《中国少数民族科技史研究》1989年第4辑)、王克孝《西夏对我国书籍生产和印刷术的突出贡献》(《民族研究》1996年第4期)、史金波和雅森·吾守尔《西夏和回鹘对活字印刷的重要贡献》(《光明日报》1997年8月5日)、杨宽《我国历史上铁农具的改革及其作用》(《历史研究》1980年第5期)、李志寰《从制糖史谈石蜜与冰糖》(《历史研究》1981年第2期)、黄盛璋《关于中国纸和造纸法传入印巴次大陆的时间和路线问题》(《历史研究》1980年第1期），以及季羡林《一张有关印度制糖法传入中国的敦煌残卷》（《历史研究》1982年第1期）等，具有一定的学术创新性。魏明孔主编的4卷本《中国手工业经济通史》（福建人民出版社，2004年），对中国手工业发展进行了全面梳理与探讨，对中国手工业生产部门和类型、手工业生产和对社会经济生活的影响等方面均进行系统阐述。

在传统社会与手工业难解难分的科技史研究方面进展明显。科技史尤其冶金史的研究，是近年来取得重要成果的领域。冶金史研究的一个突出特点是将文献资料与文物考古有机地结合起来，标志着冶金史研究的成熟。其代表性的成果包括田长浒《中国金属技术史》（四川科学技术出版社，1988年）、华觉明《中国古代金属技术——铜和铁造就的文明》（大象出版社，1999年）、苏荣誉等《中国上古金属技术》（山东科学技术出版社，2003年）、孙淑云等《中国古代冶金技术专论》（中国科学文化出版社，2003年）、韩汝玢和柯俊《中国科学技术史·矿冶卷》（科学出版社，2007年）、何堂坤《中国古代金属冶炼和加工工程技术史》（山西教育出版社，2009年）、陈建立《中国古代金属冶铸文明新探》（科学出版社，2014年）。不仅如此，这一时期还出版了一批专题性论著。区域冶金史方面的代表作主要有云南大学历史系和云南省历史研究所地方史研究室《云南冶金史》(云南人民出版社，1980年)、李京华《中原古代冶金技术研究》(中州古籍出版社，1994年)、李京华《中原古代冶金技术研究(第二集)》(中州古籍出版社，2003年)、朱培建主编《佛山明清冶铸》(广州出版社，2009年)、李晓岑和韩汝玢编《古滇国青铜技术研究》(科学出版社，2011年)。

有色金属史的研究后来者居上，研究成果突出。如刘诗中《中国青铜器时代采冶铸工艺》(江西科学技术出版社，1997年)、潜伟《新疆哈密地区史前时期铜器及其与邻近地区文化的关系》(知识产权出版社，2006年)、陈建立和刘煜主编《商周青铜器的陶范铸造技术研究》(文物出版社，2011年)。钢铁史方面的重要研究成果包括姜茂发和车传仁《中华铁冶志》(东北大学出版社，2005年)、白云翔《先秦两汉铁器的考古学研究》(科学出版社，2005年)、陈建立和韩汝玢《汉晋中原及北方地区钢铁技术研究》(北京大学出版社，2007年)、黄全胜《广西贵港地区古代冶铁遗址调查与炉渣研究》(漓江出版社，2013年)、金正耀《中国铅同位素考古》(中国科技大学出版社，2008年)、谭德睿和孙淑云主编《中国传统工艺全集：金属工艺》(大象出版社，2007年)、黄启臣《十四—十七世纪的中国钢铁生产史》(中州古籍出版社，1989年)、王菱菱《宋代矿冶业研究》(河北大学出版社，2005年)、周卫荣《中国古代钱币合金成分研究》(中华书局，2004年)等，均反映了该领域的最新研究成果，得到国际学术界的较高评价。

商业史的研究成就斐然。张正明《明清山西商人概论》(《中国经济史研究》1992年第1期)认为，山西商人称雄商界是在明清时代，明中叶以后迅速发展，清中叶进入鼎盛，直至清末才衰落。明代山西商人兴起的原因有三：一是明初北方边镇市场的形成，为山西商人的兴起提供了活动舞台；二是明中叶开中法改为折色制，推动了山西商人的兴起；三是山西地方省情和商品经济的发展，促使山西人去经商。入清后，山西商人和商业发展表现在：活动范围扩大，经营行业和商品项目增多，商业集团性加强。山西商人的经营特点是：主要进行长途贩运和转售贸易；具有不畏艰险、勤俭经商和重视商业信誉的作风；实行联号制和股份制；逐步建立和健全管理制度；与政府官僚有着特殊的结托关系；商业资本与金融资本相结合。郭松义《清代北京的山西商人——根据136宗个人样本所作的分析》(《中国经济史研究》2008年第1期)，主要根据中国第一历史档案馆所藏"乾隆朝刑科题本""宗人府来文"和"内务府来文""刑法部档案"等，时间跨度从乾隆元年到宣统清亡。文章指出，从商号和行业来看，晋商在北京触角至深，势力至大，在商界有执牛耳之势。陈支平、郑振满《清代闽西四堡族商研究》(《中国经济史研究》1988年第 2 期）利用族谱、地方志等翔实资料，论述了四堡商人的家庭和宗族、四堡商人的经营方式、文化教养、乡土观念等。

方行《清代前期农村高利贷资本问题》（《经济研究》1984 年第 4 期）认为，对于前近代的高利贷，不能片面夸大其寄生性，模糊对它的根本职能和存在的客观经济根据的认识。一切重要的经济活动，都必须把它放进社会再生产过程加以考察，才能比较正确地把握它的性质和作用。对高利贷的研究也是如此。张忠民《前近代中国社会的高利贷与社会再生产》（《中国经济史研究》1992 年第 3 期）在方行研究的基础上，探讨了前近代高利贷的界定及存在形式、高利贷在社会再生产中的作用。张国辉《清代前期的钱庄和票号》（《中国经济史研究》1987 年第 4 期）认为作为封建社会的金融组织，钱庄远在明中叶隆庆、万历年间产生，其最初是以"列肆兑钱"的形式出现。经过百余年到清康熙年间，从钱摊发展为设有铺面的钱铺。不过它的业务内容仍未超越银钱兑换的范围，即所谓"卖钱之经纪铺"。其后又经历了半个多世纪的活动，到乾隆后期，这种经营特殊商品——货币的商店开始在银钱兑换基础上发展为承担存放款的信贷业务，并且出现了由钱铺签发的信用票据。等到这种信用票据在商品经济发展过程中得到了社会的普遍认可和重视之后，钱庄才完成了封建金融机构所须承担的全部职能。

吴慧主编的5卷本《中国商业通史》(中国财政经济出版社，2004年)系该领域的集大成者，曾经获得孙冶方经济学奖。

区域经济史。区域经济史研究全面开花，各个区域的研究都得到了很大的拓展，不管是中原、东南、东部、东北、西北，还是西南地区，发表的研究成果都非常多。对于区域的划分，学界研究时存在不同的方式，有的是以省为单位，有的是以流域为单位，如淮河流域、长江三角洲等，也有以大区域为单位，如江南、西北、西南等。当然，区域经济的研究，学界对区域的界定实际上根据生产力的不断发展，地区经济联系不断加强后自然调整，这些都是正常的。如中原地区，这是汉民族早期开发地区，在秦汉至隋唐时期，该地区经济都比较发展，因而学界探讨秦汉至隋唐经济史时对中原地区的研究就比较多。西南地区，秦汉时期只有四川等地得到开发，资料也有一定保证，学界讨论秦汉时西南地区的发展时多探讨四川等地，而很少探讨云贵等地，如1993年郭声波、陈铁军探讨秦汉移民及其后裔在四川地区农业开发中的作用(《秦汉时代四川的农业开发》，《西南师范大学学报》1993年第4期)。随着地区不断开发，区域因而成为一个不断变化的概念。特别值得介绍的是明清时期中外经济史的比较研究，这里主要是指明清经济史部分的研究，学者越来越多关注长时段的历史进程，在全球视野下进行跨区域的比较研究。

民族经济史研究方兴未艾，是改革开放以来古代经济史研究的一个特色。其中对西夏经济史的研究就是显例，如漆侠和乔幼梅《辽夏金经济史》（河北大学出版社，1994年）、乔幼梅《宋辽夏金经济史研究》（齐鲁书社，1995年）、白振声《西夏社会经济及其在中国经济史中的地位》（《宁夏社会科学》1984年第3期）、漆侠和乔幼梅《论辽夏金经济的发展及其历史地位》（《河北学刊》1994年第1期）、刘菊湘《西夏的库及管理制度》（《固原师专学报》1999年第4期）、聂鸿音《西夏水利制度》（《民族研究》1998年第6期）、李并成《西夏时期河西走廊的农牧业开发》（《中国经济史研究》2001年第4期）等。

另外，商业史、交通运输、赋税、货币与财政等领域都有很多优秀成果，财政史研究中陈明光、汪圣铎、李锦绣、王万盈、陈锋、倪玉平等学者的成果，受到国内外学术界的高度重视。中国古代经济史学者越来越重视与现实社会经济生活关系密切的问题，古代经济史研究热点的渐次出现就是明证。

**四、传统经济史研究中人文关怀特色显著。** 改革开放以来的古代经济史研究中，人文关怀显得非常明显，人们日常生活中关注的问题，在学术研究中均有所体现。

环境经济史方面。21世纪初，生态环境日益得到重视，这种发展也反映到经济史学界研究主题中。早在20世纪90年代，经济史学界已经开始重视生态环境、气候变迁对经济发展的影响。如1994年王子今在《试论秦汉气候变迁对江南经济文化发展的意义》(《学术月刊》1994年第9期)中探讨秦汉时期江南地区的经济文化的显著进步时就认为气候条件的变迁也曾产生相当重要的影响，他还从地理学、地质学、生物学、气候学等多角度，探讨了江南气候变迁与江南地区经济文化生态环境。徐丽娟《隋唐生态管理机构考述》(《新西部》2007年第6期)认为隋唐通过设置生态管理机构和生态职官对生态环境进行了有效保护。刘礼堂《唐代长江上中游地区的社会环境》(《武汉大学学报》2007年第4期)认为唐代长江上中游地区生态环境的历史变化没有明显起伏，但呈现出逐渐恶化的倾向。

张全明《论北宋开封地区的气候变迁及其特点》(《史学月刊》2008年第1期)认为，北宋开封地区的气候绝大部分时间表现为继唐代以来我国气候变迁史上第三个温暖期的延续，建中靖国元年前后，该地突然发生明显变化而进入新的寒冷期。

21世纪以来，学界有关环境经济史的成果迭出。如刘春雨认为东汉三国是气候由暖而冷的转型期，期间存在旱灾高发期,发生过特大旱灾(《东汉三国时期旱灾研究》,《兰台世界》2008年第1期)。刘锡涛从湖池、河流、水旱灾害三方面考察唐代关中水文环境,认为唐代关中水文环境出现恶化的趋势,使得关中农业经济受到很大影响,社会发展出现了不同程度的停滞状态(《浅谈唐代关中水文环境》,《咸阳师范学院学报》2008年第1期)。曾雄生认为一部雨水的历史也是一部统治者统治国家的历史。宋代熙宁七年的事例就展示了古人对雨水的认识,社会在面对灾害性天气时所做出的反应等(《北宋熙宁七年的天人之际:社会生态史的一个案例》,《南开学报》2008年第2期)。潘云、姚兆余认为王祯以传统的"三才论"为核心,对天地人物的和谐与统一、农业生产与土壤肥力的关系、农林牧业综合经营、农田水利资源开发利用等问题进行了精辟的论述,蕴含着丰富的农业生态思想(《从元代王祯〈农书〉中透视农业生态思想》,《安徽农学通报》2007年第3期)。

社会保障与救济方面。21世纪,社会史研究日益盛行,经济史学界也积极借鉴相关研究视角与方法,广泛研究社会保障与救济,对不同时期的社会保障与救济进行深入研究,以期古为今用。如李福定、司家龙认为唐代是我国古代社会保障事业大发展并日趋完善的时期。统治者为了维护城市的稳定,把社会保障的重心放在了城市社区，形成了以政府为主，家庭赡养和民间救助为辅的社会保障体系，有力地推动了唐朝封建经济的进一步发展（《唐代城市社会保障》，《安康学院学报》2008年第3期）。秦枫、汪婕认为唐宋两代关于残疾人群体救助的措施和方式比较完备（《唐宋时期残疾群体救助特点及成因分析》，《中国卫生法制》2008年第6期）。郭九灵认为宋代制定了义仓的征收和支用等一系列较为完备的管理制度和法规，旨在保证义仓正常的运行（《宋代义仓论略》，《华北水利水电学院学报》2008年第1期）。郭文佳认为两宋时期，封建政府重视地方医疗事业的发展，在地方设置有安济坊、养济院、地方药局、病坊、安乐坊、安乐庐等专门的医疗机构，有效维护了地方社会稳定，促进了民众身体健康（《宋代官办救助机构述论》，《信阳师范学院学报》2003年第2期）。石涛运用计量经济学的方法，评估北宋政府灾害管理投入的总量（《北宋政府减灾管理投入分析》，《中国经济史研究》2008年第1期）。李莎探讨元代的社会救助制度等（《元代官方对弱势群体的救助体系》，《中州学刊》2007年第1期）。

妇女经济史方面。自从西方女权运动兴起后，女性在社会生产中的地位得到重视，逐渐进入学界视野。勾利军、吴淑娟分析了唐代妇女的经商问题，认为具有被动性，多因寡居，生活无着不得已而经商。由于她们经济力量不足，只能选择投资少、资金周转快的行业，所以经商的行业面相当狭窄，仅限于旅店、餐馆、酒店等少数服务性行业。在经营过程中，不少人利用女性的特点经商，同时注意商品的质量问题（《略论唐代妇女经商活动》，《河南社会科学》2008年第5期）。张剑光、张洁认为长安女性的消费欲望十分强烈，在饮食、衣饰、居住、交通、医药、宗教信仰、娱乐、教育等方面有较强的消费能力（《唐代长安妇女消费研究》，《史林》2008年第5期）。

总体而言，随着全球化程度加深，西方社会出现"后现代转向"与"生态转向"，学者越来越关注与现实联系紧密的话题，关注人类发展共同面临的话题，学者或许可以从古代经济史中寻找到某些后现代因素。

**五、跨学科研究日益普遍，并成为学界时尚**。经济史是一门交叉学科，以往研究往往仅关注经济学与历史学领域，20世纪90年代以来出现了多学科融合的趋势。英国经济学家约翰·希克斯《经济史理论》（厉以平译，商务印书馆，2010年）很早就倡导跨学科的交流，认为经济史的一个主要功能，是作为经济学家与政治学家、法学家、社会学家和历史学家等关于世界大事、思想和技术等互相对话的一个论坛，国外学界的跨学科研究较为普遍。在中国经济史学界，不管是古代、近代，还是现代，跨学科研究也日益普遍，成为学界时尚。吴承明《中国经济史研究的方法论问题》(《中国经济史研究》1992年第1期)提倡的"史无定法"获得学界普遍赞同,学界也普遍主张要积极汲取和运用国内外各种先进的理论和方法,不过应注意适用条件和范围。经济史学界逐渐突破以往单一领域的经济史研究的藩篱,大量借鉴其他学科的研究方法,除了前述计量方法外,经济学、政治学、心理学、生态学等学科方法在经济史研究中日益普遍,经济史研究的学科交叉日益多元化,进一步凸显了经济史学科的特色。不但关于财政史、金融史、土地史等领域的融合研究越来越多,经济史与法律史、经济思想史、政治学、社会学、人类学等学科的结合也非常突出。例如,林满红以白银流通作为统一的主轴,将经济史与经济思想史融合,做出了杰出的研究,也为了解世界货币史、清代政治史、清代文学史及中西政治经济思想比较提供了十分有价值的参考(《银线:19世纪的世界与中国》,詹庆华、林满红等译,江苏人民出版社,2011年)。科大卫《皇帝与祖宗:华南的国家与宗族》(卜永坚译,江苏人民出版社,2010年)融合了社会经济史、政治史、人类学等学科的方法和视角,研究了代表国家的法典条文与代表宗族的民间礼仪风俗在华南地区的相互作用,发现两者在华南地区的发展中起着重要作用,跨学科的研究突破了传统经济史研究的固有框架,综合了各学科的方法,使得结论更具有解释力。

另一些学者注重把社会学、人类学的方法运用到经济史研究中，强调经济与文化的互动关系，实行社会史与经济史的结合，如南开大学李金铮关于近代华北农村经济的系列研究。此外，许多学者分别把历史地理学、环境生态学、历史人口学、考古学、民族学等与经济史研究结合起来，形成一股多学科交叉融汇及其理论方法相互渗透的潮流。

在跨学科研究中，值得一提的是量化经济史研究。吴承明很早就注意到计量经济史学的兴起与发展，发表了很多文章讨论经济学方法与经济史研究的关系，提出经济史研究要注重定性分析与定量分析的结合，能够计量的要尽可能计量分析，孤证优于无证，多个证据的罗列要优于孤证，计量分析优于证据罗列，计量方法在近代经济史研究上的应用是有益的。吴承明又指出，经济计量学方法应用于经济史，其范围是有限制的，要以已有的历史研究为基础，应该主要用它检验已有的定性分析，而不宜用它建立新的理论（《中国经济史研究的方法论问题》，《中国经济史研究》1992年第1期；《经济学理论与经济史研究》，《经济研究》1995年第4期；《经济史：历史观与方法论》，《中国经济史研究》2001年第3期）。学者对包括中国古代经济史的量化研究，拓宽了国内学界研究视野，极大地扩大了计量经济史的影响。陈志武教授等于2013年开始举办"量化史学讲习班",对有志于计量史研究的中青年学子进行培训,在清华大学、北京大学和河南大学等处举办,至今已办5届,并在2014年同期举行量化史学研讨会。量化经济史研究也包括对中国古代经济史的量化研究,这方面的成果主要集中于清代,宋代经济史方面的成果也比较集中,尽管这方面的研究还存在一定的争论。

**六、经济史研究的未来展望。**从近40年的经济史研究来看,中国经济史研究仍然较多侧重于对各经济细部问题的考察,进行理论反思、提升与总结、宏观研究、比较研究的成果有限,对于经济史研究范式的反思和探索有所加强,对于出土文献的整理与研究也得到进一步深入。今后要进一步加强经济史学理论的深入反思与创新研究,以中国史研究为基础,以中国经济史研究为重心,聚焦中国历史进程中的基本经济经验与突出问题,加以提炼、反思与研究,进一步形成并树立中国经济史学独特的话语体系。

首先,继续重视新史料的发掘、整理与出版,加强大型综合数据库的建设。

史料是经济史研究的基础,一方面我们要继续重视新史料的发掘、整理与出版,如国家图书馆藏有火神会及火祖会账本数部,马德斌、袁为鹏等发现的山东省德州市宁津县统泰升号商业账簿,利用这些民间商业账簿，对当地物价、工资与利率等数据的研究具有重要意义，丰富与拓宽了经济史研究领域。另一方面，要加强数据库的建设。21世纪以来，随着各种社科研究项目的深入展开，根据原有资料整理而成的大型资料数据库大量出现，如李中清的辽宁双城数据库、海关资料数据库，陈争平的近代中国经济统计原始数据库以及相应的改进数据库，陈志武推进的清代刑科题本数据库，等等。但是，这类数据库的建设还远远不够，要继续加强大型综合数据库的建设，加强学术资源的共享，共同推进新史料的发展、整理、出版。

其次，加强理论与实证的结合。

经济史既是经济学的分支学科，又是历史学的分支学科。经济史研究需要经济学理论的指导，应该鼓励把经济学理论，包括西方经济学理论应用到经济史研究的各种尝试，努力使经济学和经济史结合起来；但不能把经济史完全变成经济学理论的推导和经济学模式的演绎。经济史学科应该建立在实证研究的基础上，应该立足于史学。中国史学实证的传统比较深厚，我们应该发扬这种实证的精神，为此需要大力加强经济史资料的发掘和整理。但是，重视实证并不意味忽视理论，部分经济史研究者出现忽视理论的倾向，这也偏离了经济史学科的特征。经济史研究者如果不加强理性思维，经济史研究如果不重视理论概括，研究水平很难提高，而且将制约中国经济史及经济学的发展。经济史越来越受到经济学界的重视，其中一些有较高声望的经济学家，将研究重点转向经济史。他们转向的关键在于经济史能够为经济学研究提供更多、更好的经验事实与理论支撑，可以推动经济学理论的创新。因此，未来经济史的研究必须重视理论与实证的结合。

当前，中国经济史研究的社会科学化及其与经济史交叉的相邻学科渗透日益明显，运用多学科方法与理论阐释经济史，未来海洋经济史、生态史、环境史、社会经济史等将成为新的学科增长点。研究多元化的一个重要特征是理论视角的多元化，如果没有理论借鉴，多元化是无法实现的。当然，没有历史事实的结合与支撑，这种多元化是空泛的，没有实际意义。再者，中国经济史研究仍然较多侧重于对各经济细部问题的考察，进行理论反思、提升与总结、宏观研究、比较研究的成果还很有限。只有以中国经济史研究为基础与重心，进一步加强理论与实证的综合研究，反复加以提炼、反思与研究，才能为创立中国经济史学的话语体系奠定扎实的实证与理论基础。

最后，逐步探索并构建中国经济史话语体系适逢其时。

随着中国经济的持续发展，综合国力的不断提高，中国学界在加强国际交流、引进国外理论方法的同时，对自身的"科学范式""话语体系"及学术主体性等思考和探索方兴未艾，纷纷探讨建设中国学派的可能，中国经济史学科自然不能置身其外。经济史学界要充分利用当前的大好环境，大力探索构建中国经济史话语体系的可能与方向。

包括古代经济史在内的经济史学有经世致用的学术传统，中国经济学想要构建属于自己的话语体系，必须从史学中吸收养分。中国经济史的理论和方法，正从改革开放初期的拷贝国外理论向中国理论模式、中国经济史话语体系过渡。经济史理论和方法在不断向国外学习的同时，也要特别注意发掘我们传统的经济史理论和方法。只有构建具有民族特色的经济史话语体系，才能在世界学术界取得更多的话语权。要建立中国经济史话语体系，我们可以考虑从资料、研究范式和建立中国经济史研究的标准等方面入手，逐步确立中国经济史话语体系的整体框架。历史早就证明并将继续证明，越是民族的就越是世界的。我们之所以如此强调中国经济史研究的话语权，既是我国学术界对经济史理论和经济发展规律认识的必然体现，也是目前确立中国经济史国际学术地位的迫切要求。构建科学而又有"中国气派"的经济学理论，基础在于经济史研究。中国经济史研究对于探索中国经济发展道路不可或缺，而中国经济史学科的话语权及中国特色的经济史体系的构建，对提高中国的软实力无疑大有裨益。

随着中国不断崛起，联系现实的经济史研究日益受到重视，关注现实经济问题，从历史中总结经验，并更好地服务于现代社会，当是史学研究的最终归宿。我们要更多关注现实，整理发掘更多经济史资料，加强理论与实证的结合，逐步建立中国传统经济史话语体系。

# 改革开放 40 年来的中国历史地理研究

华林甫

改革开放 40 年来的中国历史地理研究取得了可观的学术成就,中国历史地理研究为国家建设已经并将继续做出重大贡献。

**华林甫**

1965年4月出生。现为中国人民大学历史学院清史研究所教授、博士生导师,历史地理学研究

中心主任,中国人民大学"杰出学者",教育部"新世纪优秀人才"。

学术兼职有中国地理学会历史地理专业委员会委员、中国古都学会理事、中国中外关系史学会理事、中国行政区划与区域发展促进会专家组成员、民政部中国地名研究所特邀研究员。

曾在《中国社会科学》《历史研究》《地理研究》《历史地理》《中国史研究》等学术刊物发表论文90余篇。主要著作有《中国地名学源流》《英国国家档案馆庋藏近代中文舆图》《清儒地理考据研究·隋唐五代卷》《中国地名学

史考论》等。曾主持国家社会科学基金青年项目与一般项目、教育部社会科学项目、北京市社会科学重大项目等多项,现主持国家社会科学基金重大项目《清史地图集》(12&ZD146)。

历史地理学是历史学的一个分支学科，也是地理学的组成部分，改革开放40年来学术领域持续扩展，教学与研究单位数量一直保持增长势头，形成了一支稳定的学术队伍，取得了可观的学术成就。

## 一 学科体系

### （一）学科理论探索

20世纪80年代，有关历史地理学学科性质、任务和属性等基本理论问题的讨论已经取得基本共识。学者们从不同角度提出了种种新说，既发生过地理学与历史学之争，也有人认为它是边缘学科、社会学科，甚至是独立学科。历史地理学的分支学科，涉及历史地貌学、历史政治地理、历史城市地理、历史农业地理、历史文化地理、历史民族地理、历史医学地理、历史社会地理、历史科技地理、历史区域地理、历史文学地理、历史地图研制编绘理论等领域的探索。大致说来，改革开放之初着重于对该学科的整体性讨论，1990年以来则侧重于各个分支学科的探索，呈现出异彩纷呈的场景。其中，侯仁之、黄盛璋、朱士光、侯甬坚等讨论活跃，其观点已成为经典。

改革开放使人文地理学的地位得到了应有的确认，历史人文地理的研究也因此而得到了新的动力。1990

年，谭其骧因势利导，指出：历史人文地理将是历史地理研究中最有希望、最为繁荣的分支之一（《积极开展历史人文地理研究》，《中国历史地理论丛》1991年第1辑）。40年来，历史人文地理蓬勃发展，开辟了一个个新的分支领域，不断有新的论著问世，加强了定量分析，运用了新的方法。所以，历史地理学被认为是"一门具有高度应用价值与现实意义的学科"（李学勤"序言"，见陈可畏主编《长江三峡地区历史地理之研究》，北京大学出版社，2002年）。这方面集大成的著作有两部，均由邹逸麟主编，即《中国历史人文地理》和《中国历史自然地理》，由科学出版社分别于2001年、2013年出版。

（二）奠基之作

中国社会科学院主办、谭其骧主编《中国历史地图集》（八册），无疑是历史地图编绘史上的里程碑，也是历史地理学科的奠基之作。这部上起原始社会、下迄清末光绪年间，包括18个图组、305幅地图、总共549页的《中国历史地图集》，收录了清代及其以前全部可考的县级和县级以上的行政单位、主要居民点、部族名以及河流、湖泊、山峰、山脉、关隘、海岸、岛屿、长城、运河等约7万个地名，具有准确、精细、严谨、科学等特点。1987年出版齐全后，受到各方面的重视和高度评价，学术界认为《中国历史地图集》集中反映了我国历史地理学及其相关学科已取得的成就,是权威的中国历史地图集。

因《中国历史地图集》仅限于疆域、政区,从1982年起,在中国社会科学院主持下,由谭其骧主编,学者们开始编绘包括20个图组、1000多幅地图的三巨册《中华人民共和国国家历史地图集》,时间下限也延伸至1949年。第一册已于2012年出版,第二、第三两册不久也将面世。

### (三)学科体系建立

改革开放以来,历史地理学在理论探讨、学科基本建设、学术流派发展、各个分支具体领域均取得了前所未有的成绩,作为一门学科已经初具规模,基本上已经建立起来。因此,谭其骧1989年认为:经过1949年以来的40年的努力,中国历史地理学这门学科已经基本形成(肖黎主编《中国历史学四十年》,书目文献出版社,1989年)。作为学术园地的两大刊物,《中国历史地理论丛》(季刊)至今已出版了128辑,《历史地理》(集刊)也出版了36辑。

顾颉刚是历史地理学开山鼻祖,谭其骧、侯仁之、史念海为本学科三大家,构成了第一代学人。经过三代学人的努力,形成了完整的学科体系,可分为五大块:其一,学科理论与方法,包括学科属性之讨论、研究对象之确定、地理学方法、历史学方法等。学术界多数意见认同侯仁之关于历史地理学科属性为地理学的观点，也公认谭其骧等学者强调运用历史学方法的重要性。其二，历史人文地理研究，包括历史政区地理、历代疆域盈缩、历史经济地理、历史城市地理、历史人口地理、历史交通地理、历史军事地理、历史社会地理、历史文化地理等分支。其三，历史自然地理研究，包括地貌、水文、气候、自然灾害、海陆变迁、植被变迁、动物分布与变迁等；但随着人类改造自然的作用越来越大，已基本无纯粹的自然界。其四，历史地理文献研究，包括：传世文献，如16部正史地理志、历代地理总志及《华夷图》《广舆图》《皇舆全览图》等舆地图；佚书和出土文献，前者如汉唐时期大量的地理类佚书，后者如1986年天水发现的放马滩秦图、1973年长沙出土的马王堆地图等。其五，历史地图学，其中编绘历史地图是历史地理学取得最为主要成果的领域。

在学科体系形成的过程中，杜瑜、朱玲玲编的工具书《中国历史地理学论著索引（1900—1980）》（书目文献出版社，1986年）起了重要作用。

（四）学术组织、学术单位与学术活动

历史地理学科的学术组织，是隶属于中国地理学会的历史地理专业委员会。历任主任委员有侯仁之、陈桥驿、邹逸麟、葛剑雄，现任主任为吴松弟。历任专业委员会委员，覆盖了绝大多数学术单位，委员会的规模从最初的10余人扩展到现任委员50人整。

学术单位，成立较早的有5家，新增的有10余家。老的5家单位分别是：复旦大学、北京大学、陕西师范大学、中国社会科学院历史所、中国科学院地理所。目前，复旦大学仍然是人数最多、学术力量最强、成果最丰富的历史地理学专业单位，而中国科学院地理所的历史地理研究机构业已撤销。新增的10多家机构，分布在武汉大学、暨南大学、西南大学、中国人民大学、北京联合大学、太原师范学院、四川大学、中山大学、广西师范大学、首都师范大学、上海师范大学、河南大学、云南大学等院校。

在历史地理专业委员会的协调下，至今已召开了18次国际性和全国性的学术年会，还有一些小型的专题研讨会，对于学科的发展、成果的取得、学界的影响发挥了重要作用。

## 二 传统学术领域发扬光大

### （一）历史人文地理

**1. 历史疆域研究**。对中国疆域变迁的历史研究，具有悠久传统。谭其骧主编《中国历史地图集》，是以地图形式表现中国历史疆域政区的权威成果。谭其骧《历史上的中国和中国历代疆域》(《中国边疆史地研究》

1991年第1期）提出了"从18世纪50年代到19世纪40年代鸦片战争以前这个时期的中国版图作为我们历史时期的中国的范围"这一著名论断，并逐步成为学界的共识。中国社会科学院边疆史地研究中心（中国边疆研究所）是这一领域的学术重镇。其成果主要有：马大正总主编《中国边疆通史丛书》，是关于边疆研究的基础性总论；吕一燃主编《中国近代边界史》（四川人民出版社，2007年），是我国第一部全面系统详尽的中国近代边界史专著，也是迄今为止研究中国近代边界变迁的集大成之作。

具体研究方面：对于中朝边界的研究，主要有杨昭全、刁书仁、陈慧、李花子等人的成果；对于西南边界的研究，主要有方国瑜《中国西南历史地理考释》（中华书局，1987年）、尤中《中国西南边疆变迁史》（云南教育出版社，1987年）等；中俄边界方面，主要有刘远图、刘家磊等的研究。此外樊明方对唐努乌梁海、朱昭华等对中缅边界等问题均有研究，陈维新利用庋藏于台北"故宫博物院"的晚清边界条约与地图撰写发表一系列成果，亦具参考价值。

传统陆地边界研究外，海疆问题的研究也日益深入。总体性成果主要有安京、张耀光、张炜和方堃等人的著作。南海诸岛问题，主要有韩振华编《南海诸岛史地考证论集》（中华书局，1981年）、韩振华《南海诸岛史地研究》(社会科学文献出版社，1996年)、刘南威《中国南海诸岛地名论稿》(科学出版社，1996年)等，还有李金明、李国强的重要成果，近年来对于民间文献《更路簿》的研究也逐步展开。对于钓鱼岛，功力最深者当推郑海麟《钓鱼岛列屿之历史与法理研究（增订本）》(香港明报出版社有限公司，2011年)，吴天颖、鞠德源、谢必震等也有重要成果；日本学者井上清《钓鱼岛：历史与主权》(贾俊琪等译，中国社会科学出版社，1997年)一书被翻译引入，影响较大。

边疆研究一直较为兴盛，但不可避免地受到一些现实问题的制约，其研究仍有继续深化、扩展的必要与可能。

**2. 历史政区与地名研究**。历史政区研究渊源于传统的沿革地理，基础深厚，成果丰硕。《中国历史地图集》的主要内容，即是表现历代疆域与政区。周振鹤《西汉政区地理》(人民出版社，1987年)是第一部断代政区地理研究成果。此后，靳润成对明朝总督巡抚辖区、李晓杰对东汉政区、胡阿祥对六朝疆域与政区、后晓荣对秦代政区地理、马孟龙对西汉侯国、胡恒对清朝县以下区划等问题研究较深。周振鹤主编《中国行政区划通史》(复旦大学出版社，2005—2016年出版，2017年修订版)，共计13卷18册，是第一部大型的行政区划通史，也是继《中国历史地图集》后历史政区地理研究最重要的成果。若以地域为单元，石泉开创了古代荆楚地理研究，考辨精深而自成体系（《古代荆楚地理新探》及其《续集》，武汉大学出版社，1988年、2004年）。徐少华、陈伟、鲁西奇、晏昌贵等在继承中发扬光大。与此同时，史念海对黄土高原、邹逸麟对黄淮海平原、孙进己对东北地区、李并成对河西走廊、蓝勇对长江三峡等地均有较深入研究，其中都包含了对相关地域政区沿革的考证复原。

在对历代政区变化规律的探讨中，周振鹤《行政区划史研究的基本概念与学术用语刍议》（《复旦学报》2001年第3期）与《范式的转换：沿革地理—政区地理—政治地理的进程》（《华中师范大学学报》2013年第1期）二文，提出了研究范式转换的问题，对行政区划史的概念、术语予以了界定。周振鹤提出了历代政区边界划分中"犬牙相入和山川形便"两大原则，郭声波《中国历史政区的圈层结构问题》（《江汉论坛》2014年第1期）对历史政区中横向的圈层结构问题展开了有益的探索。对于行政区划层级的变化，周振鹤、华林甫先后提出"两千年三循环说"和"两千五百年两大循环说"，具有理论总结的重要意义。

政区地理的研究与现实关系密切，张文范主编《中国省制》（中国大百科全书出版社，1995年）汇集了改革开放初期学界对省制问题的讨论；刘君德等编著《中国政区地理》（科学出版社，1999年）是综论性著作；华林甫等《中国省制演进与未来》（东南大学出版社，2016年）则是讨论古今行省制度的专题性著作。

历史政区地理的研究，与历史地名研究密不可分。相关研究主要有徐兆奎《历史地理与地名研究》（海洋出版社，1993年）、孙冬虎等编《中国地名学史》（中国环境科学出版社，1997年）、华林甫《中国地名学源流》（湖南人民出版社，1999年）及《中国地名学史考论》（社会科学文献出版社，2002年）等。史为乐主编《中国历史地名大辞典（增订本）》（中国社会科学出版社，2017年）是迄今收录最全面的历史地名工具书。

此外还有一批政区地理的资料整理成果问世，如谭其骧主编《正史地理志汇释丛刊》、牛平汉主编《清代政区沿革综表》（中国地图出版社，1990年）与《明代政区沿革综表》（中国地图出版社，1997年）等。王仲荦《北周地理志》（中华书局，1980年）、施和金《北齐地理志》（中华书局，2008年）两书出版，标志着清代乾嘉以来补撰正史地理志的工作已填满了所有朝代。

历史政区地理的研究成果丰硕，但多为断代研究，通论性的著作较少，尤其是对行政区划制度的通代研究（如郡、县、州、府、路、军、监、厅等），以及政区要素中的边界、幅员、等第、治所等问题研究，尚有待加强。

**3. 历史城市地理。** 改革开放后中国城市化进展迅速，历史城市地理研究得到了巨大发展。侯仁之的博士论文"An Historical Geography of Peiping"，已由邓辉等翻译成中文《北平历史地理》（外语教学与研究出版社，2014年）。通论性著作有马正林编《中国城市历史地理》（山东教育出版社，1998年）和李孝聪《历史城市地理》（山东教育出版社，2007年）等。断代和地域性研究成果中，褚绍唐对上海、侯仁之与尹钧科等对北京、韩光辉对宋辽金元建制城市、吴宏岐对西安、孙靖国对桑干河流域城市的研究成果较为突出。

历史城市地理研究的重点集中于古都与市镇。对于古都学研究及古都的认定标准，改革开放以来经历了从六大古都到七大古都的变化。主要成果有谭其骧《中国历史上的七大首都》（《历史教学问题》1982年第1、3期）、史念海《中国古都学刍议》（《中国古都研究》第3辑，浙江人民出版社，1987年）和《中国古都和文化》（中华书局，1998年）等。叶骁军和杨宽着重于历代的都城制度研究，朱士光、叶骁军与丁海斌等人关注古代的陪都城市，丁超着重研究元代京畿（上都与大都）。周振鹤《东西徘徊与南北往复——中国历史上五大都城定位的政治地理因素》（《华东师范大学学报》2009年第1期）从政治地理的角度探讨了五大古都的定位问题，具有较强的理论总结意义。另有学者提出了"后都城时代"的概念与研究，值得借鉴。

市镇是中国传统社会城市发展的特殊形态，尤以江南地区为著。较早的成果有刘石吉《明清时代江南市镇研究》（中国社会科学出版社，1987年），后来樊树志、包伟民、范毅军等均有重要成果。傅宗文研究宋代草市镇，任放等人关注了长江中游地区的市镇，王庆成、许檀、熊亚平、刘景纯等对历史时期北方地区的城镇进行了研究。市镇研究是由资本主义萌芽的宏大命题引申出来的实证研究典范，发展成为具有中国特色的历史城市地理学研究方向。

总体来看，历史城市地理研究既有传统基础，又有现实关怀，成果丰硕。但多以实证研究为主，理论探讨仍较为缺乏。美国学者施坚雅主编《中华帝国晚期的城市》（叶光庭等译，中华书局，2000年），创立了中国古代城市研究的"施坚雅模式"，在学界产生过重大影响。国内研究中，成一农《古代城市形态研究方法新探》（社会科学文献出版社，2009年）、任放《中国市镇的历史研究与方法》（商务印书馆，2010年）等对此有所讨论。

**4. 历史经济地理**。经济为国计民生之本，历来是历史地理研究的重点。史念海《河山集（一）》（生活·读书·新知三联书店，1963年）开创了中国历史农业地理研究的传统，自20世纪80年代以来，其创立的历史农业地理研究团队成果丰富。1993年至2002年，共计出版历史农业地理研究成果15种（断代3部，区域12部）。韩茂莉《宋代农业地理》（山西古籍出版社，1993年）是第一部断代农业地理专著，郭声波《四川历史农业地理》（四川人民出版社，1993年）是第一部区域历史农业地理专著，萧正洪《环境与技术选择：清代中国西部农业技术地理研究》（中国社会科学出版社，1998年）总结了历史农业地理研究中环境与技术的关系，王社教《历史农业地理学研究刍议》（《陕西师范大学学报》1994年第3期）对该主题进行了初步的理论总结。关于农业地理的其他部门研究，邹逸麟对蚕桑业、华林甫对唐代的粟麦稻、韩茂莉对宋代的麦桑麻、曹树基对清代的玉米番薯等作物均有研究，王建革等人则关注了清代以来内蒙古与华北地区的农业生产与生态环境。

20世纪90年代以来，吴松弟、戴鞍钢等从探讨"港口—腹地"关系入手，研究中国近代经济地理的变迁。这一研究始于戴鞍钢《港口·城市·腹地——上海与长江流域经济关系的历史考察（1843—1913）》（复旦大学出版社，1998年），以吴松弟主编的九卷本《中国近代经济地理》（华东师范大学出版社，2016年）丛书为总结，展示了中国近代经济地理"自东向西，由边向内"的空间演变过程。

理论探讨方面，邹逸麟《我国古代经济区的划分原则及其意义》（《中国史研究》2001年第4期）提出了划分古代经济区的区域性、综合性、专业化、中心城市四个标准；王尚义、张萍等人对商业地理学的相关问题进行了讨论。

历史经济地理的成果丰富，但其各个分支的发展仍不平衡，即使最为成熟的历史农业地理研究，内容也未能涵盖大农业（农、林、牧、副、渔）的范围，其他分支的发展也有待成熟。

人口是重要的经济要素，改革开放以来出现了较多的成果。葛剑雄《西汉人口地理》（人民出版社，1986年）是新中国成立以来中国内地第一部断代历史人口地理著作。何炳棣《1368—1953年中国人口研究》（葛剑雄译，上海古籍出版社，1989年。2000年生活·读书·新知三联书店再版时更名为《明初以降人口及其相关问题：1368—1953》）翻译引入后，产生了较大影响。断代人口地理研究中以唐代人口研究最盛，先后有翁俊雄、冻国栋、费省等人的多部专著问世。地域性研究中，韩光辉对北京、薛平拴对陕西、路伟东对清代陕甘的人口地理等问题有深入探讨。

移民是人口地理的重要内容。谭其骧、周振鹤等人论证了中国历史上三次大规模移民事件（晋永嘉丧乱、唐安史之乱、宋靖康之变）。总论性研究以葛剑雄主编六卷本《中国移民史》（福建人民出版社，1997年）影响最大；断代性与区域性研究，主要有张国雄对两湖地区、陆韧对云南、安介生对山西、蓝勇与黄权生对"湖广填四川"等研究成果。进入 21 世纪以来，与移民相关的政治史、经济史、环境史、社会文化史等研究依然兴盛，研究空间依然广阔。

**5. 历史军事与交通地理。**军事地理具有重要的历史与现实价值，其研究成果也相当可观。史念海《河山集（四）》（陕西师范大学出版社，1991 年）主要收录历史军事地理研究的论文。施和金《中国古代战争的地理分布》（《历史地理》第 12 辑，1995 年）与金麟《中国近现代战争的地理分布》（《历史地理》第 15 辑，1998 年），分别统计了中国古代和近现代战争的时空分布与变化过程。施和金点校了中国古代最重要的军事地理著作《读史方舆纪要》（中华书局，2005 年）。中国人民革命军事博物馆编《中国战争史地图集》（星球地图出版社，2007 年）是第一部系统完整反映中国战争发展的大型历史地图集。宋杰、程龙等对地理环境与中国古代的军事战略关系作了深入探讨。其他研究以考证战争地点为主，如邹逸麟对垓下之战，辛德勇对巨鹿之战与垓下之战，张修桂对赤壁之战，靳生禾对山西古战场等均有深入研究。长城是中国历史上最重要的军事防御工程，相关研究成果较多。

交通与军事关系密切，相关研究成果亦很丰富，主要有章巽《古航海图考释》（海洋出版社，1980 年）、严耕望《唐代交通图考》("中研院"史语所专刊之八十三，1985—1986年；上海古籍出版社，2007年）、杨正泰《明代驿站考》（上海古籍出版社，1994年，2006年增订本）、辛德勇《古代交通与地理文献研究》（中华书局，1996年）、王文楚《古代交通地理丛考》（中华书局，1996年）、曹家齐《唐宋时期南方地区交通研究》（华夏文化艺术出版社，2005年）等。

运河和丝绸之路是历史上重要的交通通道，并由此延伸出水利、漕运、驿路、航海等研究。相关研究中，史念海、黄盛璋、姚汉源、陈桥驿、蓝勇等均有重要成果。随着大运河申报世界遗产成功及国家"一带一路"倡议的提出与实施，这一研究将有更加广阔的前景。

6. **历史文化地理**。历史文化地理研究，伴随着改革开放后的文化研究热潮而兴起。其包含的领域众多，内容广泛。周振鹤、游汝杰《方言与中国文化》（上海人民出版社，1986年）是该领域的拓荒之作，卢云《汉晋文化地理》（陕西教育出版社，1991年）是第一部历史文化地理研究专著。综论性的研究以陈正祥《中国文化地理》（生活·读书·新知三联书店，1983年）、周振鹤主编《中国历史文化区域研究》（复旦大学出版社，1997年）为代表，其他还有唐晓峰、赵世瑜、王会昌、王恩涌等人的著作。区域性研究成果，主要有张伟然对湖南湖北、蓝勇对西南地区、司徒尚纪对广东、林拓对福建、张晓虹对陕西、朱海滨对浙江等地的研究。

宗教地理是历史文化地理研究的重要内容,佛教地理研究或分以时段,或定以地域,成果尤为突出,代表性研究者有严耕望、辛德勇、李映辉、介永强、王开队、杨发鹏等。文学地理的研究成果亦有涌现,曾大兴对历代文学家的地理分布、胡阿祥对魏晋本土文学地理、张伟然对中古文学地理意象的研究等。

总的来看,历史文化地理的内容极为丰富,但在研究方法上尤其是研究指标的选取、文化区域的划分原则等方面仍有待完善,研究内容上各分支的发展欠平衡,有待进一步拓展。

### (二)历史自然地理

历史自然地理研究主要包括历史气候变化、历史地貌与水文演变以及历史植物与动物演变研究,是历史地理学中与现代科学结合得最为紧密的分支。这一研究奠基于竺可桢《中国近五千年来气候变迁的初步研究》(《考古学报》1972 年第 1 期)一文。随后涌现出《中国自然地理·历史自然地理》(科学出版社,1982 年)和《中国历史自然地理》(科学出版社,2013 年)等综合性研究成果。前者是我国第一部综合性历史自然地理研究专著,反映了改革开放之初历史自然地理研究的主要成果;后者为前者的增订版,对原书各部分的内容均有较大增补,反映了 1982 年以后 30 多年的研究发展状况。

历史气候变化的研究中，龚高法、张丕远、葛全胜、方修琦、满志敏、杨煜达对历史气候变化的资料、方法等作了新的探索，并对竺可桢的研究成果进行了修订与扩展，使这一研究分支日益成熟。

历史地貌学研究的综合性成果有曾昭璇、曾宪珊《历史地貌学浅论》（科学出版社，1985年）、张修桂《中国历史地貌与古地图研究》（社会科学文献出版社，2006年）等。其他如侯仁之、王北辰、李并成、景爱等对沙漠的研究，陈吉余、王守春等对海岸变迁的研究，谭其骧、史念海、邹逸麟、钮仲勋等对黄河与运河的研究，曾昭璇等对珠江的研究，张修桂对洞庭湖、荆江、崇明岛的研究，韩昭庆对黄淮关系的研究等，均已非常深入。

动植物变迁方面的研究，以文焕然、何业恒为代表。文焕然的研究成果集中于《中国历史时期植物与动物变迁研究》（文焕然等著，文榕生选编整理，重庆出版社，1995年），何业恒的研究主要涉及珍稀兽类、鸟类、爬行类、两栖类、鱼类，以及中国虎、中国熊等。随着现实环境恶化问题的显现，作为环境变化重要指标的动植物变迁研究日益受到重视。如曹志红研究了历史时期中国虎的地理分布、变迁与人类活动的关系；曹树基、李玉尚等则从传染病与人口史的角度，探讨了微生物引发的烈性传染病对明清以来人口及社会的影响。

对传世自然地理文献的研究，以陈桥驿对《水经注》的研究最为突出,并初步开创了"郦学"。随着GIS、遥感等现代技术的运用,相关研究的精确度日益提高。李晓杰主编《水经注校笺图释·渭水流域诸篇》(复旦大学出版社,2017年),在重写《水经注疏》与重绘《水经注图》方面作了初步的尝试。

(三)古地图与历史地图

地图是历史地理信息的综合反映,对地图的研究主要包含古地图的收集与整理历史地图的编绘。

在古地图收集与整理方面,主要有曹婉如等编三卷本《中国古代地图集》(文物出版社,1990—1997年)、汪前进等编《清廷三大实测全图集》(外文出版社,2007年)、王自强主编《明代舆图综录》(星球地图出版社,2007年)和《中国古地图辑录》(星球地图出版社,2012年)、孙逊和钟翀主编《上海城市地图集成》(上海书画出版社,2017年)等。由于收藏单位开放受限,一些学者将视野扩大至国外,李孝聪、林天人、华林甫等将庋藏在欧美等地的中国古地图向国内译介、整理、出版,为国内学界提供了便利。

地图学史研究方面,综合性的成果主要有陈正祥《中国地图学史》(香港商务印书馆,1979年),卢良志《中国地图学史》(测绘出版社,1984年),喻沧、廖克编《中国地图学史》(测绘出版社,2010年)等。美国学者余定国的《中国地图学史》被翻译引入后(姜道章译,北京大学出版社，2006年），对传统科技史导向的中国地图学史研究产生了冲击，引发了国内学者的热烈讨论，主要成果有成一农《"非科学"的中国传统舆图：中国传统舆图绘制研究》（中国社会科学出版社，2016年）等。具体研究方面，主要有汪前进对古代地图的投影方式，韩昭庆、丁超等对"制图六体"等问题的探讨。

历史地图的编绘，以《中国历史地图集》最为突出。在这一经典著作的带动下，陆续涌现的成果有侯仁之主编《北京历史地图集》（北京出版社，1988年初集，1997年第二册，2008年第三册；2013年文津出版社，全三册）、史念海主编《西安历史地图集》（西安地图出版社，1996年）等。其他如四川、广东、上海、山西、福建、山东、长江三峡、重庆、陕西等地的历史地图集业已出版，广西、西藏、安徽等地的历史地图集亦有学者规划。地域性成果之外，第一部断代历史地图集《清史地图集》业已完工。以上历史地图集，皆以人文地理内容为主。历史自然地理方面的地图集，主要有中央气象局气象科学研究院主编《中国近五百年旱涝分布图集》（地图出版社，1981年）、国家地震局地球物理研究所与复旦大学中国历史地理研究所主编《中国历史地震图集》（中国地图出版社，1986—1991年）等。

历史地图编绘与研究是近年来历史地理学研究中的新兴分支，学术活动日益频繁、研究成果层出不穷，未来将有更大发展。

## 三 新手段、新方法、新领域

历史地理学能够保持生命力的一个重要原因是它具有强大的更新能力，善于从相关学科中汲取新鲜养分，采纳新的研究方法和技术。改革开放以来的40年，以世纪之交作为分水岭，前后两段时期都体现出学科发展之"新"：从改革开放到20世纪末的20余年，历史地理学在中国现代学科体系中站稳了脚跟，历史人文地理空前发展，研究门类大大丰富，开始了对新手段、新方法、新技术的实践与探索；21世纪以来的10多年时间，新技术（尤其是GIS）在历史地理学中的运用更加广泛，一些新的学科理念使历史地理学的研究领域进一步深化拓展，历史地理学焕发出新的活力。

20世纪80年代以来，历史自然地理方面最先开始了对新手段、新方法的实践，现代地理学重视田野调查、自然证据和建模分析的方法迅速拓展到历史地理学领域，孢粉、树木年轮、湖泊沉积、冰芯等自然证据的采集与分析，愈发引起相关领域学者的重视。在历史气候研究中，施雅风等对中国全新世大温暖期的探讨（《中国全新世大暖期气候与环境》，海洋出版社，1992年）、满志敏对唐代气候冷暖问题的讨论（《唐代气候冷暖分期及各期气候冷暖特征的研究》，《历史地理》第 8 辑）、张德二关于中世纪暖期的研究（《我国"中世纪温暖期"气候的初步推断》，《第四纪研究》1993 年第 1 期）、郑景云等对历史时期旱涝指数序列的试验（《利用旱涝县次建立历史时期旱涝指数序列的试验》，《地理研究》1993 年第 3 期）等，均在研究手段、结论上取得了突破性进展；龚高法、张丕远等还对历史气候变化的研究进行了方法论的归纳（《历史时期气候变化研究方法》，科学出版社，1983 年）。进入 21 世纪，历史气候研究开拓了更新的思路，更注重多学科方法的运用，例如：葛全胜等利用孢粉、石笋、湖泊沉积物，结合历史文献资料，通过一系列研究重建了中国历史气温变化的序列，并对其变化规律进行了集成分析；张德二等采用多因子回归方法，利用故宫晴雨录资料重建了清代北京、南京、苏州、杭州等地的高分辨率的降水序列；杨煜达从亚洲的整体环境研究清代云南的季风气候与大气灾害。

在历史地貌与水文研究中，谭其骧、侯仁之、史念海、邹逸麟等前辈学者几乎将历史文献资料的利用发挥到极致，为历史时期黄河、沙漠、黄土高原、海岸线的复原奠定了基石。这方面的研究进程在 20 世纪 80 年代一度放缓，随着 GIS、RS 技术的引入，历史地貌研究又取得了一系列新突破。如满志敏《北宋京东故道流路问题的研究》(《历史地理》第 21 辑，2006 年) 利用古地图、文献等传统史料，加之遥感数据、GIS手段，重建了新的北宋时期的黄河京东故道，大大提高了历史河流地貌研究的精度；潘威、满志敏在GIS方法的支持下，考察了长江口南支冲淤状况（1861—1953年）和青浦区河网密度变化（1915—1978年），展现了空间模型在构建区域变化过程研究中的作用。

可见，改革开放以来的40年，历史学、地理学、统计学、信息科学等多学科方法已逐渐融汇于历史地理学的研究中，有关重大气候事件、自然灾害的社会响应、人地关系问题的探讨还可能涉及社会学、人类学的视角。新手段、新方法的引入，使历史地理学的研究成果呈现出以下几个新特点：其一，研究结论所呈现的精度、分辨率越来越高，可视化越来越强；其二，研究的时间断限越来越细化，空间指向越来越明确，地域性明显加强；其三，历史地理学的科学化程度显著提升，与人文性并重，充分体现了历史地理学作为交叉学科的特质。

同时，21世纪以来计算机的普及、数据库与GIS等新技术的普遍推广，促进了历史地理信息系统的发展。一些高校相继成立了相关实验室以响应历史地理学对新技术的需求，如复旦大学历史空间综合分析实验室、陕西师范大学西北研究院GIS实验室、暨南大学历史地理信息实验室、中国人民大学"数字清史"实验室等。

2000年，复旦大学与哈佛大学等机构合作研制的"中国历史地理信息系统"（CHGIS）启动，为我国历史地理信息平台的建立奠定了基础。台湾学界对历史地理信息化的探索也卓有成效，台湾"中研院"开发的"中华文明时空基础架构"平台（CCTS）始于1996年，包含基本空间数据、WebGIS整合应用环境以及主题化的属性数据三大部分，整合了大量历史文献、古地图、遥感影像和田野考察数据等，为地理信息技术与历史研究搭建了桥梁。另外，还有王均提出建设陕西省资源环境本底数据库、张萍牵头建设的丝绸之路历史地理信息系统等值得关注。

近年来，"数字人文"的兴起为历史资料的整理与保存提供了新途径，也为历史学研究提供了更多便利。历史地理学领域新技术的发展，为"数字人文"注入了巨大活力。如陈刚指出，历史地理信息化已经成为数字人文研究的主力军（《"数字人文"与历史地理信息化研究》，《南京社会科学》2014年第3期）。历史地理信息化在十余年的发展中可谓进步迅速、成绩斐然，然而，我们也应该看到，当前历史地理学领域对GIS的运用大部分仍停留在数据生成和定性描述阶段，与地理学其他分支学科相比还有差距。如何充分凸显和发挥GIS空间分析的功能，实现与相邻学科的交叉与衔接，发挥历史地理学的应用价值，应该是历史地理信息化前进的方向。

历史地理学向来注重应用价值,谭其骧等老一辈学人的一系列文章与言论对当时的领土争端、民族关系、行政区划、河道治理等重大现实问题都有指导性意义。21世纪以来,诸多学者进一步拓展了历史地理学的研究领域和视角,例如:邹逸麟对我国历史时期灾害时空变化及其与政治、经济、文化等关系的揭示(《"灾害与社会"研究刍议》,《复旦学报》2000年第6期);龚胜生对历史疫灾地理的系统分析(《中国疫灾的时空分布变迁规律》,《地理学报》2003年第6期);华林甫提倡政区研究要为现实服务,实现古今无缝对接(《政区研究应该打破古今界限》,《江汉论坛》2005年第1期);蓝勇对长江三峡历史地理与环境的研究(《近两千年长江上游森林分布与水土流失研究》,中国社会科学出版社,2011年);吴松弟提出的"港口—腹地"模式及其对近代经济地理的探索等,都具有一定的应用价值和现实关怀。随着新方法、新技术的应用和新领域的拓展,在新时代环境治理、灾害防范、政区改革等现实领域,历史地理学界将完全有能力贡献更多智慧。

## 四 结语

尽管目前历史地理学的发展方兴未艾,蒸蒸日上,但同时也应该处理好与地方史、环境史等学术领域的关系，政治史、经济史、军事史、文化史研究当中也会涉及地理要素或者地域内容。严格意义上来说，地方史、环境史等都是专门史，不是历史地理学，但与历史地理研究具有千丝万缕的联系，一味排斥诚不可取，但若画上等号也欠科学。

传统文史研究获取史料的手段，在21世纪受到了前所未有的挑战，但学术的核心仍是发现问题、解决问题。虽然传统史料在"数字人文"时代已大多可通过检索手段获取，历史地理信息化也为学术研究可视化、多元化提供了路径，但任何先进的技术都应基于翔实的资料和客观的分析，传统考据、实证研究的方法仍不可弱化，以避免历史地理研究误入"空心化"的歧途。

历史地理学是一门有用于世的学科（史念海《发挥中国历史地理学有用于世的作用》，《中国历史地理论丛》1992年第3辑），中国历史地理研究为国家建设已经并将继续做出重大贡献。所以，出于学科本身发展的需要和社会企盼，历史地理学在新时代一定会得到更加充分、完善、健康的发展，历史地理工作者也必将大有可为。

本文撰写获得孙景超、赵逸才的协助，谨致谢忱。

# 改革开放 40 年来的中国古代思想史研究

刘文瑞

回归学术，重启中华智慧；兴灭继绝，探究民族性格。苦心孤诣，弘扬思辨传统；钩沉稽隐，发掘实证材料。坚守本位，融会西法；贯通古今，变革范式。

**刘文瑞**

1956年出生,陕西子洲人。西北大学公共管理学院教授。主要从事管理思想史、文化史、中国政治制度史和管理理论等方面的研究。

主要著作有《中国古代政治制度》(上下册,修订版,中国书籍出版社,2018年)、《历史深处的管理智慧》(三册,中国书籍出版社,2018年)、《管理学在中国》(中国书籍出版社,2018年),合著《管理思想大系》(五册,中国人民大学出版社,2009年)等,参与张岂之主编的《中国思想史》(西北大学出版社,2012年)、《中国思想文化史》(高等教育出版社,2013年)、《中国历史十五讲》(第2版,北京大学出版社,2015年)等著作编写,参与余华青主编的《中国廉

政制度史论》（人民出版社，2007年）编写。

发表学术论文70余篇，各种评论、随笔、普及文章500余篇，涉猎领域包括历史学、政治学、管理学等学科，其中被人大报刊复印资料全文转载40余篇。代表性论文有《历史的偶然性与概率解释》（《学术研究》1990年第3期）、《征服与反抗——略论秦王朝的区域文化冲突》（《文博》1990年第5期）、《秦汉选官制度杂议》（《纪念林剑鸣教授史学论文集》，中国社会科学出版社，2002年）、《论行政机关的精简》（《江汉论坛》1988年第5期）、《管理与文化的关系探讨》（《管理学报》2007年第1期）、《吏胥幕随与明清廉政》（《人文杂志》2008年第5期）《试论科举制对中央集权体制的历史作用》（《天府新论》2009年第2期）、《守安身立命之地，走继往开来之路》（《管理学报》2011年第8期）、《从历史中汲取治国理政智慧》（《西北大学学报》2017年第3期）等。

个人成果曾获陕西省哲学社会科学优秀成果二等奖2项、三等奖3项，获陕西省优秀教学成果二等奖1项，陕西省优秀教材一等奖1项，陕西高等学校人文社会科学研究优秀成果二等奖2项。

以 1978 年的中共中央工作会议和中共十一届三中全会为标志,中国告别"文革"时代,进入改革开放新时期,人文社会科学的相关研究也随之产生了深刻的变化。中国古代思想史与经济学、管理学等领域不同,它不是立竿见影的显学,没有万众瞩目的直接效应,却隐含着巨大的演化式转变。这种内在的学术演化,对中国社会的影响,要比外在的轰动效应更为重要。从纵向看,它反映着中国的历史巨变从经济转型到社会转型再到思想转型的深化过程;从横向看,它表现出观念领域从对抗到融合再到特色彰显的全球化意识重构。即便从纯学术角度观察,也可从中看出思想转型的迹象。

40 年来,中国古代思想史研究成果数量众多,其中具有代表意义的主要有:侯外庐主编《中国思想通史》(5 卷 6 册,人民出版社,1980 年),标志着以马克思主义为主导的思想史研究向学术化回归;张岂之主编《中国思想史》(西北大学出版社,1989 年)和《中国思想学说史》(6 卷 9 册,广西师范大学出版社,2007 年)等,标志着新时期思想史教材类型和研究类型的重要变化。由于思想史与哲学史的概念重叠且高度相关,以哲学史为名的代表作有:冯友兰《中国哲学史新编》(第 1—6 册,人民出版社,第 7 册,中华书局香港公司,1983—1992 年),任继愈主编《中国哲学发展史》(4 卷,人民出版社,1984—1994 年)等,成为老一代学者继续耕耘的象征。其他各类专门思想史则更为广泛，代表性的有：刘泽华主编《中国政治思想史》（古代部分3卷，浙江人民出版社，1996年）、任继愈主编《中国佛教史》（3卷，汉代至南北朝时期，中国社会科学出版社，1981—1988年）和《中国道教史》（上海人民出版社，1990年）、李申《中国古代哲学和自然科学》（中国社会科学出版社，1989年）、沈善洪和王凤贤《中国伦理思想史》（共3册，人民出版社，2005年）等。尤其值得重视的是，由匡亚明主编的《中国思想家评传丛书》（南京大学出版社，1990—2006年），达200种之多，历时20年终于完成。这些著作，从不同侧面反映出中国古代思想史的研究进展。

从学术角度梳理中国古代思想史的研究进展，可以概括为以下十大方面。

**一、传统的弘扬**。从粉碎"四人帮"起，中国古代思想史的研究就致力于传统的弘扬。思想领域的拨乱反正是从矫正对孔子及儒学的评价，乃至对传统文化的基本价值重新体认开始的。当思想史的研究初步摆脱僵化的教条控制和简单的比附影射之后，有关传统文化价值、意义、作用的学术讨论就逐渐被人们关注。在20世纪80年代，这种关注集中于西化和非西化的争论之中。在学术层面，开始接续被政治运动打断了的百年之争——"新青年"与"学衡派"之争、科学与玄学之争、与传统决裂或赓续之争；在社会层面，开始重温在政治运动夹缝中长成的学术之果。李泽厚《中国古代思想史论》（人民出版社，1985年）所收集的几篇重量级论文，可以看作20世纪80年代思想史研究的代表性成果之一，尤其在青年学生中影响广泛，一时洛阳纸贵。这些文章尽管在具体观点上新意迭出，但在研究范式上，未能超出从郭沫若《十批判书》到侯外庐《中国思想通史》的历史积淀，其最大贡献在于使思想史研究摆脱政治左右，回归学术本位。他的《孔子再评价》（《中国社会科学》1980年第2期）就是这类文章的典型。

伴随对学术的回归，20世纪90年代开始，学术界出现了关于人文精神的大讨论，弘扬传统文化的呼声越来越强，以张岂之、庞朴等人为代表，将思想史扩展到文化史，使弘扬传统有了更为广泛的意蕴。杨向奎《宗周社会与礼乐文明》（人民出版社，1992年）可视为思想史研究向社会文化倾斜的一个信号，而陈来《古代宗教与伦理：儒家思想的根源》（生活·读书·新知三联书店，1996年）则可以看作中国内地新儒家兴起的一个标志。张岂之《中华人文精神》（西北大学出版社，1997年）作为一本普及性著作，在社会上产生了较大影响，在弘扬传统方面有着重要效应。

进入21世纪后，随着官方对传统文化的强调，思想史领域在传统文化研究方面成果迭出，以弘扬传统为主旨的中国内地新儒学成为显学。海内外新儒学有明显不同，唐君毅、牟宗三、徐复观、杜维明等人在弘扬"道"的宗旨下倡导"学"，而陈来、蒋庆等人侧重不在"学"而在"道"，试图从儒学中发掘治国理政的资源，实现儒学的现代转化，所谓显学，即与此紧密相关。

二、体系的重构。随着研究的深化，类似于冯友兰《中国哲学史》的体系，已经不能容纳思想史的丰富内涵；而类似于侯外庐《中国思想通史》的体系，又在理论基础上过于偏重马克思主义经典。尽管冯友兰、侯外庐等前辈的研究框架和学术积淀深厚，难以超越，但时代呼唤新的学科体系。于是，出现了不少范式革命的探索性研究成果，葛兆光《中国思想史》（复旦大学出版社，1998年、2001年）是其中的代表，从其副标题"中国的知识、思想与信仰世界"就可以看出，它试图通过"重写思想史"，建立一个与过去思想史研究不同的观念、思路和方法系统，形成新的体系。这种体系的重构实际上是全方位的。葛兆光在思想史撰写的过程中，形成了《思想史的写法——中国思想史导论》（复旦大学出版社，2004年），对如何重构思想史研究体系有较多思考，试图对精英思想与大众社会、经典传承与一般知识、历史资源与重新诠释等诸多难点进行学术思考和追索。这种重构开启了研究范式意义上的反思，虽尚未形成定论，但富有启示。

**三、考古的补充**。除了以往的出土资料外，马王堆汉墓帛书（1973年出土，80年代整理出版）、睡虎地秦简（1975年出土，80—90年代整理出版）、郭店楚简（1993年出土，1998年以后整理出版），都对思想史研究产生了重大影响。这些考古发掘出来的失传文献，对揭开古代思想史的某些疑团，弄清不同学术流派的渊源脉络，都具有重要价值。李学勤《简帛佚籍与学术史》（江西教育出版社，2001年）从不同角度对90年代之前出土的简帛加以概述。以简帛资料来补充、校正、推进思想史研究，在学术界蔚然成风。有人认为，这些考古资料起到巨大作用，它引导人们走出疑古思潮，改写思想历史，重构知识谱系。考古发现的简帛资料是否产生了如此巨大的作用尚待观察，但在某些方面引发的研究进展和深化是显而易见的，尤其是在战国到秦汉的儒学传承与演变、黄老之学、道家学说、社会生活与思想文化的关系等方面，利用简帛资料的研究不断有新的成果出现。

**四、"小学"的渗透**。中国传统学术特别重视"小学"，乾嘉朴学把小学推进到古代的学术高峰。近代以来，经世致用的需求和社会文化的变迁，使思想史研究更多地贴近现实，乃至影射比附，至"文革"时期，严重扭曲了学术本意。改革开放之初，思想史研究侧重于还原历史真实，在学术上拨乱反正。随着研究的深化,学者呼吁回到文本,探根究底,正本清源,弄清真相,由此而使"小学"本身和类似于"小学"的研究方法被学界日益看重,同时又在还原历史的过程中重写历史。尤其是在文献的整理发掘方面,"小学"方法有了新的面孔,比较有代表性的是李零关于经典文献的大众化解读。他的《丧家狗:我读〈论语〉》(山西人民出版社,2007年),书名引起很大争议,而《去圣乃得真孔子:〈论语〉纵横读》(生活·读书·新知三联书店,2008年)又试图以常情常理阐释孔子和儒学。再加上他对《周易》的解读(《死生有命富贵在天:〈周易〉的自然哲学》,生活·读书·新知三联书店,2013年),对《孙子》的解读(《兵以诈立——我读〈孙子〉》,中华书局,2006年),明确提出"复兴子学,重归古典"。尽管对李零的著述看法不一,但他以古文字学的底蕴解释文化经典,给传统"小学"添加了浓厚的当代色彩和生活气息,充分反映了"一切历史都是思想史""一切历史都是当代史"的经典含义,也对以"小学"方式治经世致用之学提供了一个现实侧影。

**五、精神的拓展**。思想史研究的内涵极为丰富,尤其是关于人类精神状态的探索,在思想史研究中始终是引人入胜的领域。然而,传统的中国学术,侧重于心性探究;近代以来的学术转型,又偏向于科学分析。改革开放以来,学术界在思想与精神、科学与人文、主体意识与社会形态、内在心境与外在环境等方面，有了真正的突破。阎步克《士大夫政治演生史稿》（北京大学出版社，1996年）可以看作是这一方面的一个尝试。这部书对周、秦、汉之间的士大夫政治形成、演化、机制、影响等方面进行梳理、分析、论证，既有严谨的史料爬梳和逻辑推论，又有传统文人式的洞见和感悟，对礼与法的关系、治道与教化的关系、儒生与文吏的群体关系提出了自己的看法。通常人们不会把这部著作归入思想史专著，但其采用历史学与社会学、政治学、文化学的综合研究路数，可用来打通人文领域由于近代科学化造成的学科隔阂，在精神层面承继传统学术的悟性和洞察力，在西方式的社会科学和中国式的人文精神之间洄游，为思想史研究提供了一种可能的样式。

**六、中西的互动**。中西互动在改革开放以来有了更深入的发展，尤其是在社会史与思想史的结合上，形成了良性互动的态势。思想史的研究以社会史为基础，然而以往的社会史概念过于狭隘。改革开放以来，社会史的研究既有中国传统的发掘，又有西学方法的引进，给思想史开辟了新的进路。海外汉学的研究成果批量进入大陆，从费正清到孔飞力，从葛瑞汉到谢和耐，从老一代汉学家到史华慈、列文森、史景迁，都对中国的思想史研究产生了重要影响。尤其是马克斯·韦伯和迪尔凯姆的社会学方法论的引进，与马克思主义方法相得益彰

（西方学界认为，马克斯·韦伯、埃米尔·迪尔凯姆、卡尔·马克思为社会学三大家。其学术地位被学界所公认），催生出批量的中国思想史研究成果。在学术上有较大影响的，以哈佛燕京学术丛书为代表。生活·读书·新知三联书店与哈佛燕京学社合作推出的这套丛书，大部分是青年学者的成名之作，具有较高的学术质量，其中有关思想史的著作带有浓厚的社会史和文化史色彩。如梁治平《法律的文化解释》（1994年）、何怀宏《世袭社会及其解体：中国历史上的春秋时代》（1996年）和《选举社会及其终结：秦汉至晚清历史的一种社会学阐释》（1998年）、陈来《古代宗教与伦理：儒家思想的根源》（1996年）、张广保《金元全真道内丹心性学》（1995年）、杨国荣《心学之思：王阳明哲学的阐释》（1997年）、杨念群《儒学地域化的近代形态：三大知识群体互动的比较研究》（1997年）、白奚《稷下学研究：中国古代的思想自由与百家争鸣》（1998年）、蒋庆《政治儒学：当代儒学的转向、特质与发展》（2003年）、彭国翔《良知学的展开：王龙溪与中晚明的阳明学》（2005年）、俞志慧《君子儒与诗教：先秦儒家文学思想考论》（2005年）、龚隽《禅史钩沉：以问题为中心的思想史论述》（2006年）、邓小南《祖宗之法：北宋前期政治述略》（2006年）、陈赟《中庸的思想》（2007年）、郑开《德礼之间：前诸子时期的思想史》（2009年）、雷闻《郊庙之外：隋唐国家祭祀与宗教》（2009年）、张卫红《罗念庵的生命历程与思想世界》（2009年）、解扬《治政与事君：吕坤〈实政录〉及其经世思想研究》（2011年）、陈乔见《公私辨：历史衍化与现代诠释》（2013年）、田天《秦汉国家祭祀史稿》（2015年）、高海波《慎独与诚意：刘蕺山哲学思想研究》（2016年）。这些著作在学界具有风向标意义，是中国古代思想史的学术趋势之一。

相形之下，梁治平的法律文化以及法律社会学研究具有典型意义。他的《寻求自然秩序中的和谐：中国传统法律文化研究》（上海人民出版社，1991年），中学的功底和西学的方法交融一体，把思想史与社会史、文化史、制度史结合起来，继承并发展了瞿同祖《中国法律与中国社会》（商务印书馆，1947年）等论著中奠定的研究风格，到他的《清代习惯法：社会与国家》（中国政法大学出版社，1996年），已经做到中学资料与西学理论相得益彰，使思想史研究立足于社会生活和社会习惯之上，同时又使思想史本身具有对社会问题的穿透力。相形之下，类似于阎步克和梁治平这种"非思想史"的思想史研究，具有重要的学术价值，值得思想史领域加以关注。

**七、温故而知新**。伴随着思想史研究的逐步展开和深化，"温故知新"成为学界的一个方向。经过20世纪

80年代的批判、反思,到90年代的爬梳、整理,人们对历史资料和近现代以来的研究积淀开始再度发掘,出版了大量汇编书籍。其中具有代表性的有:由欧阳哲生主编《胡适文集》(共12册,北京大学出版社,1998年)和《傅斯年全集》(共7卷,湖南教育出版社,2003年),由郭沫若著作编辑出版委员会编《郭沫若全集》(分为历史编8卷,人民出版社,1982—1985年;考古编10卷,科学出版社,1982—1992年;文学编20卷,人民文学出版社,1982—1992年),冯友兰《三松堂全集》(共14卷,河南人民出版社,2001年第2版),中国文化书院编辑《梁漱溟全集》(共8卷,山东人民出版社,1993年),张岂之主编《侯外庐著作与思想研究》(共28卷,加上相关研究论文和影印本为33卷,长春出版社,2015年)等。这些书籍的整理汇集出版,表明国内学术界已经告别"与传统彻底决裂"的革命姿态,并且开始重建现代学术统系,在中国思想史研究上具有重要意义。此外,海外相关书籍汇编也广泛得以流传,影响较大的有钱穆、余英时、唐君毅、徐复观、杜维明等人的著作,或单本,或全集,有多个出版社推介。这些著作,对中国内地的思想史研究形成了共同推力。

在思想史资料的整理上,近40年成就极大,尤其以中华书局从20世纪80年代起开始出版的"新编诸子集成"点校本为代表,中华书局、上海古籍出版社等专业出版社的古籍整理本或者影印本,都为思想史研究提供了丰富的资料。一些专门文献的整理出版也相当可观,如朱杰人、严佐之、刘永翔主编《朱子全书》(共27册,上海古籍出版社、安徽教育出版社,2002年),沈善洪主编《黄宗羲全集》(共12册,浙江古籍出版社,1985年),刘学智、方光华主编《关学文库》(文献整理26种,学术研究14种,三秦出版社,2015年)等专辑,对于相关研究的深化都有重要价值。

**八、细节的深化**。20世纪80年代号称"思想的年代",90年代则演变为"学术的年代"。相较而言,80年代的思想史研究富有洞见却粗糙,90年代以后的思想史研究则日渐细密。这种细节深究式的研究,实际上在80年代就已经初露端倪,学界就某一专题深耕细作,辨章学术,考镜源流,承继和扬弃传统的学案体例,做到点面结合,以侯外庐、邱汉生、张岂之主编《宋明理学史》(上、下两卷,人民出版社,1984年、1987年)为这种努力的代表之一。由此发端,学界在相关细节的考证,貌似繁琐的爬梳,究根问底的质疑,"牛毛茧丝,辨析毫芒",到90年代以后,类似研究如水银泻地,成果迭出。

在细节研究上,新时代诸子学重新兴起,可以看作思想史的一种新动态。尤其是年轻学人,更多地在细节上寻求突破。如梁涛对《孟子》字义细节的推敲,廖名春关于荀子姓氏的考证,刘笑敢对老子和庄子相关疑点的细究,学者们依赖郭店楚简等资料对孔门学派流传演变的考察,对儒、道、法、阴阳诸家内在关联的爬梳,都反映出研究细节的进展。

思想史相关专题的具体考辨和细节研究成果比比皆是,不再赘举。

**九、实用的辐射**。随着改革开放以来中国经济与社会的发展以及全球化的推进,中国古代思想史研究与现实的内在关联日益为人们所重视,国学热的兴起就是一例。抛却其中的商业化因素,从学术角度看,所谓国学热,实质是思想史研究、传统知识普及与现实需要的接轨。由此衍生出大量源于现实的辐射式热点,例如儒学与现代化关系的讨论,儒学与马克思主义关系的追索,中国传统思想与东亚社会形态的考问,全球化与文明冲突中的思想史因素,等等。世界格局影响中国,中国学术走向世界,无疑会对思想史研究形成重大影响。

就国内而言,思想史的实用价值也在不断彰显。胡寄窗《中国经济思想史》(3册,上海人民出版社,1983年)虽然带有明显的时代局限和过往痕迹,却开了思想史应用研究的先声。此后,思想史研究在企业经营、社会治理、文化建设、移风易俗等方面的效用越来越被人们重视。这一方面成果极多,虽然良莠不齐,学术水平高下不一,但总体上值得肯定。

**十、近现代研究的影响**。古代思想史的研究和近现代思想史研究一直互动，20世纪80年代产生重大影响的李泽厚三大"思想史论"，其研究轨迹起于近代，回溯古代，洞察现代，就是这种互动的典型范例之一。

40年来，由于中国社会转型的现实需要，近现代史研究以及近现代思想史研究在某种程度上率先破冰，涌现出一批高质量的成果，例如茅海建的近代史研究（如《天朝的崩溃：鸦片战争再研究》，生活·读书·新知三联书店，1995年），陈铁健的中共党史研究（如《瞿秋白传》，上海人民出版社，1986年；1995年再版更名为《从书生到领袖——瞿秋白》），杨奎松关于共产国际与中国革命关系的研究（如《毛泽东与莫斯科的恩恩怨怨》，江西人民出版社，1999年），都在史料梳理和研究方法层面有所突破，这种突破对古代思想史研究形成一种挤压效应。要弄清近现代历史巨变的思想渊源，需要追溯源头。中国近现代的变化不仅仅是外源带来的"刺激→反应"，而且存在内源的自生变量。而内生变量的追溯，形成对古代思想史研究的挤压。挤压一词，学界多不使用，但正是挤压，方可造成张力。所以，近现代思想史和社会史的研究对古代思想史的影响不可忽视。

在近现代思想史与社会史研究方面，桑兵和罗志田具有一定的代表性。桑兵《国学与汉学——近代中外学界交往录》（浙江人民出版社，1999年）、《晚清民国的国学研究》(上海古籍出版社,2001年)、《孙中山的活动与思想》(中山大学出版社,2001年)、《庚子勤王与晚清政局》(北京大学出版社,2004年)、《晚清民国的学人与学术》(中华书局,2008年)、《治学的门径与取法——晚清民国研究的史料与史学》(社会科学文献出版社,2014年)等著述,在近代思想史料的搜集梳理和分析论证方面,隐隐闪现出王国维、陈寅恪治学路数之气象。罗志田《再造文明之梦——胡适传》(四川人民出版社,1995年)、《权势转移:近代中国的思想、社会与学术》(湖北人民出版社,1999年)、《国家与学术:清季民初关于"国学"的思想论争》(生活·读书·新知三联书店,2003年)、《裂变中的传承:20世纪前期的中国文化与学术》(中华书局,2003年)、《近代读书人的思想世界与治学取向》(北京大学出版社,2009年)、《变动时代的文化履迹》(复旦大学出版社,2010年)则传承了钱穆、余英时一系的学术方法之大略。这些努力,志在呼吁中国学术界接续一度被政治行为中断的学统,打造学术上的中国范式,走前人开辟的域外理论与本土价值有机融合的学术之路。中国古代思想史研究中的新儒学、新子学、新经学探索,与近现代研究互相呼应,正在兴起。

上述研究进展,可以看作中国古代思想史的荦荦大端。就整体而言,中国古代思想史作为一个学科分支,

40年来的发展态势可以概括为：内外驱动，方法变化，资料拓展，学科渗透。

所谓内外驱动，表现在三个方面：首先是国内国外的互相驱动，既有国际汉学研究对国内的冲击和影响，又有国内学术领域走向世界的愿望和努力；其次是学界内外的互相驱动，既有社会现实需求（如精神文明建设和治国理政需求等）的外界诱导，又有学术自身发展的内在机制；最后是历史学领域的互相驱动，既有社会史、政治史、经济史等专门史研究对思想史造成的机遇和挑战，又有思想史与相关专门史结合推进的研究深化和展开，既有面向古代从事寻根的研究，又有着眼于近现代而反问古代的溯源。思想史的进展正是由这种多重驱力推进的，是多个"力的四边形"的合力。

所谓方法变化，表现也有三个方面：首先是科学方法的弘扬，传承从兰克史学到傅斯年创立史语所的求真精神，在"史学便是史料学"（傅斯年语）的科学求证道路上继续前行；其次是回归孔子作《春秋》和司马迁写《史记》的传统方法，在历史事实中寻求道德准则和价值标尺；最后是多学科方法互补，定性与定量、演绎与归纳、科学方法与人文方法互相渗透。在某些方面取西洋之观念，归本土之定位；在某些方面又取科学之技法，归传统之情境；伴随学术的国际化趋势与本土化趋势，以逻辑为基础，以悟知为归宿。

可以说，具有中国特色且与全球化学术兼容的中国思想史研究方法正在形成。

所谓资料拓展，亦有三个方面的表现：首先是考古发掘及其他方式带来的资料增量，这方面以前述简帛资料最为典型；其次是旧有资料的校勘和新解，使传世资料的利用不断深化；最后是拓展资料新域，使过去不属于思想史领域的资料进入思想史研究（如文学、图像、民俗等方面的资料）。这些使思想史研究不断添加新内容。

所谓学科渗透，首先是在现代学术分科基础上回归中国文史哲不分家的传统。现代学科分化，有利于论证的深化，却制造了学术的隔阂。文史哲三科，文偏于情感，哲偏于理性，史偏于经验；文以想象见长，哲以建构见长，史以证据见长。三者之分有利于还原式方法，三者综合有利于系统式方法。其次是人文与社会科学乃至自然科学不同领域的互相影响，如以心理学解读思想史，以社会学论证思想史，以经济学分析思想史，等等。总体上看，这种渗透本质是科学与人文之间的互动。一个世纪以来，科学和人文之间的互斥是世界性问题，在中国曾经有科学与玄学之争，在西方有斯诺难题（20世纪60年代，英国斯诺发表《两种文化》，认为西方社会的智力生活分裂为两个极端集团：一极是文学知识分子，另一极是科学家，两种文化的冲突已经严重影响到人类的发展。详见Ｃ·Ｐ·斯诺《两种文化》，纪树立译，生活·读书·新知三联书店，1994年），而中国思想史界，在两种文化的对接和渗透上有所进展。

40年中国古代思想史研究的积累，整体表现为学术共同体的形成和研究范式的演化。在学术共同体方面，不仅有了相对稳定的研究队伍，而且在信念、价值、规范等方面形成了基本共识；在研究范式方面，中国传统的学术路径和现代科学的研究方法在思想史领域开始有了较好的融合，"吸收输入外来之学说"与"不忘本来民族之地位"（陈寅恪语）的相反相成效应日渐显著，思想史范畴的中国话语正在形成。

目前还存在的不足主要是：相关学人的底蕴不足，思想史领域极少有能够达到如陈寅恪、钱钟书等学人之功底者；学术共同体虽然已经形成，但未能产生足够的群体效应，研究者与传播者、传播者与应用者之间的分歧和隔膜仍然较为明显；学科分化形成的专业性隔阂和偏见依然比较常见；尤其是缺乏高水平的学术批评和高质量的学术交流。这些不足，导致中国思想史领域尚未出现整体性重大进步，罕能见到传世之作。但是，现有的研究积累，已经隐隐有了由常规发展到重大突破的苗头，即托马斯·库恩所说的从常规科学到科学革命的转折（参见《必要的张力——科学的传统与变革论文选》，范岱年等译，北京大学出版社，2004年），让我们拭目以待。

# 改革开放40年来的中国史学史研究

乔治忠

观旧册,审新文。史坛云漠漠,说苑雨纷纷。何当一目窥全景?俯瞰登临最得真!

——调寄 秋风清

戊戌年八月

乔治忠

1949年7月出生，天津市人。历史学博士，现为廊坊师范学院特聘教授、南开大学历史学院荣誉教授。曾长期

担任南开大学历史学院教授、博士生导师，本专业学术带头人。培养博士研究生、硕士研究生多名，其中多人已经成为各个高校、各个研究机构的专业骨干人才。1993年、1999年、2004年三次到日本早稻田大学、立教大学做交换研究员，进行专题研究。主持国家社会科学基金项目、国家大型《清史》编纂项目等多种课题研究。退休之后，南开大学历史学院授予"荣誉教授"称号。近年来陆续为北京师范大学特聘教授、内蒙古师范大学科学技术史研究院兼职教授、廊坊师范学院特聘教授。

撰有《众家编年体晋史》《清朝官方史学研究》《清文

前编》《中国官方史学与私家史学》《中国史学史》《中国史学史经典精读》《清代官方史学与私家史学相互关系研究》《增订中国史学史资料编年》(合作)、《中国史学史研究述要》(合作)等多种著述。发表学术论文近170篇,其中《〈十八史略〉及其在日本的影响》《王国维"二重证据法"蕴义与影响的再审视》《中国史学起源问题新论》《张荫麟诘难顾颉刚"默证"问题之研判》《〈越绝书〉成书年代与作者问题的重新考辨》《雷海宗学术评价问题新议》《〈左传〉〈国语〉被刘歆窜乱的一项铁证》《中国传统史学对日本的宏观影响》《试论史学理论学术体系的建设》等等,见解独到,影响颇大。

学术著作曾获全国首届古文献学奖、天津市社会科学优秀成果三等奖、二等奖、教育部第七届人文社会科学研究优秀成果二等奖。在清朝官方史学研究、中国史学史、中日史学比较研究等方面取得了显著成果,论著体现出周密考证与理论思维相结合的特点,具有学术开拓性。

在历史学的几个二级学科之中，中国史学史地位特殊，产生较晚，而且发展历程几经波折。其产生，有着西方史学观念的影响因素，但主要得自国内梁启超等名家在20世纪20年代的倡导与实践。至40年代，陆续出现了魏应麒《中国史学史》(上海商务印书馆，1941年)、金毓黻《中国史学史》(重庆商务印书馆，1944年)等几部专著，学术论文的积累也数量可观，学术研究似已打开局面。但与此同时，史学界多数学人认为中国史学史的研究已经余地不大，不能称其为历史学科中独立的学术专业，而实际上，也基本不存在专一投入史学史研究的历史学者。1949年之后，史学史甚至未能进入教育部历史学课程的体系设计，致使中国史学史的研究比先前亦有低落。1966年到1976年，所有历史研究陷入低谷，史学史自然未能例外。真正持续、蓬勃发展的中国史学史研究，是从改革开放之后才进入正轨。以下概略评述改革开放40年以来中国史学史研究的状况，以利于本专业的新发展。

## 一 中国史学史学术基础建设与系统专著的编撰

在中国，学科发展离不开体制性、组织性的社会结构基础，中国史学史作为一个产生较晚的历史学专业，更是如此。1978年改革开放之后，百废待兴，文化学术与教育体系在20世纪60年代已有的基础上重新布局，提高了史学史专业在历史学内的相对独立地位。1978年研究生招考目录专门列出中国史学史，与中国古代史、中国近现代史相并立。20世纪80年代，北京师范大学、华东师范大学、中国社会科学院历史研究所、南开大学设史学史专业博士点，成为培养本专业学术人才的重镇。北京师范大学史学研究所先是恢复内部刊物《史学史资料》的编辑印行，随之于1981年创办《史学史研究》杂志，今已成为著名核心期刊之一。2000年初，北京师范大学史学理论与史学史研究中心成为教育部人文社会科学重点研究基地。

有的著作直接奠定了中国史学史学术的基础建设，十分有益于本专业的发展。郑天挺倡导和主持的《中国历史大辞典》，是全国历史学界精诚合作的编纂工程，其中的《史学史卷》（上海辞书出版社，1983年）首先出版，设计和撰录3000多条词目，内容全面，考核精细。为中国史学史的研究做出了出色的贡献。乔治忠、姜胜利编著，杨翼骧审定的《中国史学史研究述要》一书，1996年于天津教育出版社出版，此书梳理中国史学史各项内容的研究状况，对重要研究论著进行评论。

对中国史学史研究起到架桥铺路作用，而自身又成为独具特色的学术成果的撰著，当首推杨翼骧教授编著的《中国史学史资料编年》1—3册（南开大学出版社，

1987年、1994年、1999年），受杨翼骧先生委任，乔治忠与朱洪斌合力续编了《中国史学史资料编年》的第4册即清代卷，并且对前三册进行了较大的增补修订，以《增订中国史学史资料编年》（商务印书馆，2013年）为书名同时推出。类似的编年汇总之作接踵出现，山东大学王学典主编《20世纪中国史学编年》由商务印书馆2014年出版，全书4册，内容丰富，描述出20世纪中国史学发展的全景和主线，是研究现代史学史不可多得的参考著述。由于现代史学史资料繁复和该书篇幅的制约，各个条目采取编著者概略叙述的体式，不同于《中国史学史资料编年》那种编录原始资料的方式。但书中不少叙事和引文，没有明晰注出其史料依据，未免不便于利用。

中国史学史学术基础建设之作，有利于整个专业学者撰写论文、著书立说，而最可凝练研究成果的作品，就是成体系的中国史学史通贯性专著。自20世纪40年代金毓黻《中国史学史》等书出版之后，全国20多年没有产生新的力作。改革开放以后，局面大为改变。朱杰勤《中国古代史学史》（河南人民出版社，1980年）率先出版，随后各家撰述接连涌现，迄今中国史学史的系统专著与教材已经近30种，其中重要的有：刘节《中国史学史稿》由中州书画社于1982年出版；仓修良、魏得良《中国古代史学简编》与仓修良独力修订的《中国古代史学史》，前者于1983年黑龙江人民出版社，后者于2009年人民出版社出版；尹达主编《中国史学发展史》由中州古籍出版社1985年出版；吴泽主编，袁英光、桂遵义分撰《中国近代史学史》上下册，江苏古籍出版社1989年出版；陈其泰《中国近代史学的历程》由河南人民出版社1994年出版；杜维运《中国史学史》三册本由三民书局1998年出版；瞿林东《中国史学史纲》由北京出版社1999年出版；谢保成主编二卷本《中国史学史》与谢保成独力修订的四册本《增订中国史学史》分别由商务印书馆2006年、2016年出版；白寿彝主编《中国史学史》六卷本由上海人民出版社2006年出版；乔治忠《中国史学史》由中国人民大学出版社2011年出版；谢贵安《中国史学史》由武汉大学出版社2012年出版。其余不一一列举。

上述各部著述对于中国史学史的整体发展历程的理解，多观念不一，识见龃龉，甚或根本冲突。虽说不同学术见解的存在是正常状况，但从逻辑上看，中国史学的发展是一个客观的历程，我们对此历程的多种认知，可能尽皆错误，但不可能几种相互抵牾的看法全都正确，理论上符合真实状况的认识，应当只有一种。这就是说，历代通贯性的中国史学史专著，本质上不是具体知识的拼合，而是理论层次上的统摄，在中国史学史多样的著述体系中，至多只能有一种最接近于实际，所以对于中国史学史整体历程的认知，必须予以热烈、认真的论辩，相互取长补短，消除误判，以求真、求是的准则趋向于共识的建立。这涉及对史学史基本理念的认识，是本学科理论性探讨的内容，并非仅仅凭借对具体史书、史家等几项个案研究的直观感悟即可概括与解析。

## 二 史学史基本理念的理论性探讨

作为一个相对独立的学科体系，应当具有自己的基本学术理念，即对于本学科性质、任务、内容范围、学科地位、研究方法、独有特点、产生条件、发展机制等，具备一定的理论性认识。任何学科、专业，这项基本理论的建设都是极其必要的，如果某种"专业"无法明晰地论证其性质、特点、任务、内容等，漫无界定，内涵模糊，随意出入，那就或为零拼杂凑，或为乱立名目，不具备社会科学的价值。基本的专业理念若不具备，不知道今后应该做些什么，何能侈谈发展方向？中国史学史学科自诞生之始，即伴随着这种基本理念的思考，而缺少这种思考，就不能确认这一学科已经产生和存在。梁启超《中国历史研究法补编》（商务印书馆，1930年）将史学史视为学术史的一个组成部分，其中专有一节论"史学史的做法"，提出中国史学史最少应对下列各部分特别注意：一是史官，二是史家，三是史学的成立及发展，四是最近史学的趋势。如此简明扼要对中国史学史研究内容的概括，其推动史学史学科诞生的作用，要大于一两部示范性撰述。但中国史学界往往疏淡类似的理论性研讨，梁启超的议论是否完善无误，长期缺乏辩论。直至20世纪60年代前几年，在教育部决定恢复中国史学史课程教学的背景下，学术界对本专业的研究任务、研究对象、注意事项、发展规律、阶段分期以及与相邻学科的关系，进行了广泛讨论，获得不少有益的启示，也反映了那个时代意识形态上的思想制约。改革开放之后，重新出现研讨，其中既有60年代认识的延续，也呈现出全新的探索与归纳，涉及面相当广泛，议论的内容主要有以下几点。

**第一，对于史学史学科基本性质和学科地位的认识。**史学史是研究历史学发生、发展与各个时期史学活动状况及其与各种社会因素相互关系的学科。对此，各位学者在表述上虽有区别，但基本蕴义实质上大体相同。梁启超《中国历史研究法补编》将中国史学史归入文化专史的范围之内，后来的学者，一般都认为史学史应当属于学术史中的一个门类。例如杨翼骧认为："中国史学史，是中国史学发展的历史，是众多学术史中的一种。"(《中国史学史绪论》，《南开大学历史系七十五周年纪念文集》，南开大学出版社，1998年）瞿林东则认为：史学史既是社会科学史的一部分，又"近于学术史的一部分"，以及"近于分科学术史"，还特别指出史学史"是对史学自身发展的反思和前瞻"(《中国史学史纲·导论》)。对于史学史属于学术史的定性，自然比"文化专史"的识见更为深入，但仍须进一步解析。乔治忠、金久红认为："如果说历史学是对人类社会以往进程的反思，那么史学史就是对于历史学的一种总结性、描述性的反思……从认识论上看，史学史是反思的又一层次，不能仅看作是历史学的分支，它还担负着总结、描述整个历史学历程的功能，可以说是从历史学中产生出来又凌驾其上的那个层次。"(《构筑中国史学史的学术高地——乔治忠教授访谈录》，《史学月刊》2013年第8期)从学术理念上强调了史学史学科在历史学中的重要地位，预示中国史学史的研究有条件跃居最成熟、最深入的一流水平。

第二，关于中国史学史的学科任务与研究内容。郭圣铭发表《应当重视史学史的研究》(《上海师范大学学报》1978年第1期)一文，认为史学史研究的内容应将历史哲学、历史编纂学、史料学与史学方法论包含在内。白寿彝教授指出：中国史学史的任务是研究"中国史学发展的过程及其规律"，内容包括"中国史学本身的发展，中国史学在发展中跟其他学科的关系，中国史学在发展中所反映的时代特点，以及中国史学的各种成果在社会上的影响"(《中国史学史》第一章第三节)。瞿林东在《中国史学史纲·导论》中的观点与白书一脉相承,而且有所补充。

杨翼骧教授于20世纪70年代末、80年代初几番讲授中国史学史,特别指出了历史观与史学思想是不同的概念,"历史观是人们对社会历史发展的总体认识",而"史学思想是对史学的看法",二者是不同的概念(杨翼骧《中国史学史绪论》,《南开大学历史系建系七十五周年纪念文集》)。乔治忠在杨翼骧论断的基础上进一步阐扬,提出史学史"有着清理史学遗产、阐明史学演进过程、揭示史学发展规律的任务","这三项任务不是互相分离的,前项是后项的基础,后项是前项的指导,各项任务有机地结合在一起"(乔治忠《中国史学史·绪论》)。中国史学史的研究以分类分析的方式归结为历史观、史学思想、历史编纂学、官方史学及其相关的制度与举措、史家的史学活动、史学评论、史学与其他社会因素的联系和相互影响、史学发展的社会运行机制八项内容,并略作阐释。

**第三,关于史学发展规律的问题。**1961年开始的对于中国史学史学科的讨论,探讨史学发展规律作为史学史研究的主要任务,本是众口一词的话题。但改革开放以后,议论渐行淡化,为学术总体进步中的一项偏转,是为遗憾。值得注意的是,瞿林东《中国史学史纲·导论》，仍将"史学发展的规律性"列为中国史学史研究的一大任务，另外，作者指出史学发展规律有：历史的发展与历史认识的发展相关联，史书内容与形式之间存在辩证关系，史学的发展进步不断使之走向社会，深入大众。这种坚持探求史学发展规律的精神十分可贵，但作出的描述还没有深入到理论性概括、抽象的层次。

李振宏试图揭示历史学的发展规律，表述为三点：时代发展推进史学进步，历史观的变革推动史学的发展和进步，个人修史创造传世名作（《开辟中国史学史研究新局面的思考》，《史学月刊》2012年第8期）。但这只是对于史学发展样态的近似描述，未必完全符合实际。单就整个模式的描述可以用于文学、美术以及许多实用工艺的发展，就不能说是史学发展的规律。

乔治忠《中国史学史·绪论》提出"揭示史学的发展规律，就是要探讨史学发展的社会条件与内在原因，剖析历史学在不同阶段的运行机制，这需要在史学史研究相当深入的基础上，通过中外史学的比较研究来逐步解决"，要投入认真、实在的研究功夫。在此基础上，乔书对中国史学的发展历程划分了阶段，并论及历史学产生的条件、史学发展的基本矛盾和内在动力、中国传统史学的主要特色及其发展阶段，实际已经构成对中国传统史学发展规律的探索，期待学术界关注并且积极讨论。

### 三　史学史的大小专题与长短时段的研究

历史学科中高水平的通贯历代的专著，以及理论层次的深入探讨，很不容易做到，涉足者较少。学术的繁荣景象，主要还是表现为一定专题的探索和一定时段范围的研究。中国史学史的专题研究，可以针对现成存在的史学事项，例如研究一位已往的史学家或一部史学名著，这在选题中最为方便，也是史学史研究起步的基点。进一层次，专题可以是经过提炼、归纳的研究对象，如对于中国古代史籍体例、某种史学思想、一种史学家群体、修史制度的探讨等。一定时段的研讨，长短不一，在对中国传统史学的研究中，截取一个朝代或连续的两三个朝代，比较常见，也有专取一个朝代的某一时期为断限者。其中既有研究此一时段某一特定史学现象者，即与专题研究相结合，也有整体性的论析。这样多种专题和长短时段的研究及其各种组合，使史学史的研讨成果呈现出缤纷多彩的局面。这里略举其要：

（一）**史家、史书研讨的长盛不衰**。史家和史书的研究，对于清理史学遗产至为重要，在奠定史学史研究基础中不可或缺。自中国史学史学科产生以来，这种专题研究至今长盛不衰，小则短篇文章，大则洋洋洒洒巨著，形式多样，难以胜计。诸如《尚书》、《左传》、司马迁《史记》、班固《汉书》、刘知幾《史通》、杜佑《通典》、欧阳修的史学、司马光《资治通鉴》、朱熹的思想、马端临《文献通考》，以及顾炎武、黄宗羲、王夫之的史学与思想，顾祖禹《读史方舆纪要》、清官修《明史》、章学诚的史学、魏源《海国图志》，梁启超、章太炎、顾颉刚、陈寅恪、陈垣、李大钊、郭沫若等人的史学成就和思想，几乎历年皆有新作，出现了许多在学术上有所突破的重要著述。例如蒋善国《尚书综述》(上海古籍出版社，1988年)、刘起釪《尚书学史》(中华书局，1989年)二书，对几十年来各种不同见解予以梳理，加以自己的判断，总结提高，考论精深。关于《史记》，白寿彝《〈史记〉新论》(求实出版社，1981年)一书，篇幅虽然不大，但对《史记》的写作背景、撰著宗旨、体例结构设计、编纂方法、司马迁的思想与贡献等作了全面阐释。程金造《史记管窥》(陕西人民出版社，1985年)对《史记》的体例渊源、司马迁的生卒年、《史记》的撰述意旨，均博引众论，详加梳理，辟谬正讹，得出深切判断。其他如瞿林东对于唐初令狐德棻、中唐杜佑及其《通典》的研究，谢保成对于吴兢《贞观政要》的考论，也都创见纷呈，成果突出。

关于清朝所修《明史》，历来评述颇多，1978年之后，陆续产生新的学术见解，例如黄爱平指出，在纂修过程中，王鸿绪对于《明史》稿多有修订，并非"攘窃"万斯同稿(《王鸿绪与〈明史〉纂修——王鸿绪

"篡改"、"攘窃"说质疑》,《史学史研究》1984年第1期)。乔治忠认为《明史》完全属于官修,而贡献最大的个人是徐元文、朱彝尊、万斯同、王鸿绪4人(《清朝官方史学研究》,文津出版社,1994年)。王嘉川专论了徐元文对纂修《明史》的贡献(《徐元文与〈明史〉纂修》,《史学史研究》1995年第2期),乔治忠、杨艳秋认为《四库全书》本《明史》在学术上超越此前刊本,是官修《明史》的最终成果(《〈四库全书〉本〈明史〉发覆》,《清史研究》1999年第4期)。其他如司马光《资治通鉴》、朱熹及其《资治通鉴纲目》、刘知幾的史学理论、章学诚的史学思想等,均为热点的专题。

在1978年以来的新时期,此前鲜有问津的史家、史书,如《东观汉记》、华峤《后汉书》、谯周《古史考》、袁宏《后汉纪》,干宝、孙盛的史学作为,南宋李焘、李心传,明代王世贞、胡应麟,清人吴任臣官修《西域图志》等,均成为探研对象,使史学发展全景更加明晰。学术视野、研究范围显著扩大,成果卓著。例如乔治忠探讨聚讼超过千年的《越绝书》作者和成书年代问题,力排众议,认定成书于东汉安帝延光元年前后,准确到年,主要作者为吴平,其书编辑的目的,是要抵制赵晔《吴越春秋》贬斥越王勾践的影响(《〈越绝书〉成书年代与作者问题的重新考辨》,《学术月刊》2013年第11期)。潘振平《〈瀛寰志略〉研究》(《近代史研究》1988年第4期）考订该书的编纂状况，纠正异说，指出《瀛寰志略》在学术水平和思想先进性上，远过于魏源《海国图志》。这类独得的学术见解还可以举出一些，值得学界注意。

与改革开放之前相比，对民国时期近代史家的研讨日益繁盛，蔚为壮观。举凡章太炎、胡适、陈寅恪、陈垣、吕思勉、钱穆、罗振玉、柳诒徵、何炳松、傅斯年等，都成为热点，评述王国维的论著也连续不绝，研究顾颉刚更与对整个"古史辨派"的评论结合在一起。对马克思主义史学家的研究也形成热潮。许多史学旧事得以清理、考订，评论中不无意见分歧，但除了对顾颉刚等少数史学家的评论为褒贬参半外，主要倾向是多所赞誉，其中包含不少门生、后裔的参与，其畸轻畸重自然难免。正如学界有人指出的那样，一段时期以来对于民国史家的成就已然估量过高，夸张业绩、掩饰缺陷，甚至将学术上极少可称者也掺入吹捧，学风和情绪皆有偏颇。对近现代史家与史学迄今已有的大量评议，还有待撇去泡沫，剖别偏正，以马克思主义原则为指导，用唯物辩证方法重新论断。

（二）史学思潮与史学流派问题的探索。在中国史学史研究中，特别是在近现代史学史研究中，关乎史学思潮和史学流派的论述往往夺目抢镜，特别容易引起学界的关注。这种探讨由来很久，时有翻新。胡逢祥、张文建《中国近代史学思潮与流派》(华东师范大学出版社,1991年)认为,中国近代真正形成史学思潮的,主要有经世致用史学思潮、新史学思潮、国粹主义史学思潮、疑古史学思潮,以及屡屡泛起的封建复古主义史学思潮等。这些思潮的依次递兴,大致经历了一个由依附于一般的学术思潮到逐步形成独立史学思潮的过程。张书学提出中国近现代"三大史学思潮,即实证主义史学思潮、相对主义史学思潮、马克思主义史学思潮"(《中国现代史学主潮论纲》,《山东大学学报》2000年第6期)。盛邦和、何爱国也将史学思潮归纳为三种,即"批判主义史学思潮""民族主义史学思潮""马克思主义史学思潮",分别源于社会民主思想、民族主义思想与社会主义思想(《中国现代史学三流派及形成的社会原因》,《史学理论研究》2003年第4期)。侯云灏则认为"20世纪中国史学主要有三大思潮:一是'新史学'思潮,二是新历史考证学思潮,三是马克思主义史学思潮",对从其他角度提出的如"国粹主义""爱国主义"史学思潮,明文贬抑,认为其从史学史角度来看"不是一种独立的史学思潮"(《20世纪中国史学思潮研究及相关问题》,《史林》2002年第1期)。各种见解还有不少,总的说来是标准不一,结构离析,意见分歧,多有随意命题之迹。

对于中国近现代史学流派的探讨,存在同样的问题。前揭胡逢祥等的著述没有明确厘清思潮与流派的区别，而是混含言之，如国粹主义思潮之下就是史学的"国粹派"。其他论者，各具异说，值得注意的是王学典的主张，即关于现代史学内存在"史观派"与"史料派"两级对立统一的结构。他表示要"坚持史料派和史观派的消长沉浮构成了整个20世纪中国史学变动的观点"（《近五十年的中国历史学》，《历史研究》2004年第1期）。但有时也把这一结构性认识用"新史学"与"新汉学"的概念来表述，认为"在概述或纵论整个中国史学史时，可以用'新史学'来指称'20世纪中国史学'，以与两千年来的所谓旧史学特别是二十四史相区别"（《新史学和新汉学：中国现代史学的两种形态及其起伏》，《史学月刊》2008年第6期）。值得注意的是，侯云灏在攻读博士学位期间，就撰成《20世纪前期中国史学流派略论》（《史学理论研究》1999年第2期），指出史学界已有的划分史学流派方法，都存在问题，或难以确切，或顾此失彼。而他自己则罗列出12种史学流派，并且说明"12个史学流派，并不是本世纪前半期史学流派的全部……学派林立，却难于以一个统一的标准划分"，特别是"有的学派还没来得及消化吸收，还没有彻底成型，有的学派其宗旨并不清楚，就消失了。学派存在时间短暂，来不及找准自己的定位"，这道出了实情。而既然如此纷繁驳杂、不成体系，作者仍主张

"专门从史学流派这一独特视角立论,来研究中国现代史坛"。

研讨史学思潮与史学流派,反映了学者不甘于仅做散碎的论述,试图对史学发展状态进行一定程度的统摄与整合,初衷是学术进取性的体现,以上所引各位学者的论文,梳理资料十分精细,思辨理路相当雄奇,其价值不可抹杀。然而对于"史学思潮""学术流派"这类范畴缺乏全面理论性的研讨,未能界定其蕴义,尚不明晰其对于社会史实的确切指向,就难免部分地成为繁杂、无序和模糊化的概念工具,出现主观构建、随意认定的倾向。史学思潮的概念并非完全不可使用,但既然为思想之"潮",似应是忽然兴起、浮于表层,奔腾激荡,夺人视线,但势必较快地消退与沉静,终于融入一时曾被遮掩了的深层内涵。因此,长久存在的经世史学思想,产生之后一直稳步扩展力量的马克思主义史学等,都不宜归为"思潮",姑且称之无妨,严密推敲可议。在近现代史学发展中,确实存在理念近似,甚至有师承关系的史学家群体,他们声气呼应、互为奥援,可以视为学派,如以顾颉刚为代表的疑古学派。以某种学术阵地或学术机构为依托,理念相近且声气呼应的史学群体,为了研究中行文的方便,也可以姑且称为学派,如"学衡派""南高派""食货派",等等。"学派"划分既然无法形成正确的统一标准,多为"姑且"之词,因此不能作为把握和解析中国近现代史学史的万能钥匙。

**（三）官方史学研究的推进**。在历来事关中国史学史的论著中，都不同程度涉及中国古代官修史书和官方史学的内容，但大多没有予以充分的重视，更缺乏将官方视为与私家构成对等史学主体的意识。乔治忠《清朝官方史学研究》(文津出版社，1994年)首次明晰标举"官方史学"的概念，随之又发表文章提出"中西史学从发生和发展上看，其根本区别就是中国具有纳入政权机制的官方史学，因而形成官方、私家史学的双轨发展"，此乃中国古代史学异常兴旺的原因（《中国与西方古代史学的异同及其理论启示》，《学术研究》2007年第11期）。这实际提出了将官方史学视为与私家史学对等，并且居于主导地位的理念。此前此后，作者对清代和其他朝代、通代之官方史学的研究，仍然继续，发表论文多篇，还编辑了《中国官方史学与私家史学》（北京图书馆出版社，2008年），进而撰著《清代官方史学与私家史学相互关系研究》（花木兰文化出版社，2016年）一书。岳纯之《唐代官方史学研究》(天津人民出版社，2003年)、王盛恩《宋代官方史学研究》(人民出版社，2008年)、杨永康《明代官方修史与朝廷政治》(人民出版社，2015年)，是后继的3部专著，选题、写作，直接得自乔治忠论著的启示。王记录《清代史馆与清代政治》(人民出版社，2009年)为颇有影响的力作。谢贵安对明代、清代的官修实录深入研究，出版《明实录研究》（文津出版社，1995年）、《中国实录体史学研究》（武汉大学出版社，2007年）、《清实录研究》（上海古籍出版社，2013年）、《宋实录研究》（上海古籍出版社，2013年）、《中国已佚实录研究》（上海古籍出版社，2013年）等专著及发表大量论文，实际也是投入到中国古代官方史学研究之中，成就显著。姚继荣《清代方略研究》（西苑出版社，2006年）、段润秀《官修〈明史〉的幕后功臣》（人民出版社，2011年）等，亦与官方史学研究关联密切。此外，以探讨官方史学活动为专题的论文，也逐年增加，在此不一一列举。

研讨官修史和官方史学活动，关键要将官方史学与私家史学，视为构成两条互动、互补又互有排抑之发展轨道，以此思路继进，探讨中国史学特别兴盛的原因，发现官方史学的优长与文化魅力，因而影响周边民族及外国政权。归纳官方史学包含的各项内容，提出判断古代官修史与私修史区别的标准，即一部史书纂修进程中，官方对史籍的修纂是否有着切实的控制和管理。由考察官、私史学的互动，进而思考史学的社会运行机制，探索中国史学的发展规律，这才是研讨官方史学的意义所在。这些理念，主要是乔治忠在其论著中所提出，还有待业内同仁多所关注与讨论。

**（四）断代史学史与通代专题研究的勃兴。** 由于官方史学在传统史学中的重要地位和作用，中国古代史学具有随政权兴亡脉动的节奏，研究一个朝代或连续两三个朝代的史学发展，是合理的、自然形成的选题。较有影响的著作，诸如谢保成《隋唐五代史学》（厦门大学出版社，1995年）、燕永成《南宋史学研究》（甘肃人民出版社，2007年）、罗炳良《南宋史学史》（人民出版社，2008年）、钱茂伟《明代史学的历程》（社会科学文献出版社，2003年）、杨艳秋《明代史学探研》（人民出版社，2005年）等，历年陆续出版，但还未能构成从先秦至清代的另一著述系列。改革开放之前，明代史学史的研究十分薄弱，1990年之后则专题论著涌现，其中钱茂伟用功甚勤，专著之外，发表多篇论文，涉及面颇宽，业绩显著。以断代时间的范围研究一项史学专题的著作，是史学史研究成果的表征之一，其中如姜胜利《清人明史学探研》（南开大学出版社，1997年）、周少川《元代史学思想研究》（社会科学文献出版社，2001年）等，颇具资料清理之功并富于学术新见。

至近现代已经不存在朝代，整个近现代的史学史被视为相当于通代性质，那么其中一个时段范围的研究也可以类似于古代的断代。研究成果可以类比归纳于此：王学典《二十世纪后半期中国史学主潮》（山东大学出版社，1996年）、路新生《中国近三百年疑古思潮研究》（上海人民出版社，2001年）、陈其泰主编《20世纪中国历史考证学研究》(北京师范大学出版社，2005年)、张剑平《新中国史学五十年》(学苑出版社，2003年)、张越《新旧中西之间——五四时期的中国史学》(北京图书馆出版社，2007年)、赵梅春《二十世纪中国通史编纂研究》(中国社会科学出版社，2007年)等，选题重要，论述精详，很具学术参考价值。

将一项中国史学史的专题作通贯历代的全面研究，具有突出的学术价值，但撰著颇为困难，要求作者有深厚的学术功力，甚至需要组成团队合作。这种研究已经勃兴，代表之作当属吴怀祺主编《中国史学思想通史》(黄山书社，2005年)与瞿林东主编《中国古代历史理论》(安徽人民出版社，2011年)，皆为多卷本巨著，总成就引人注目。两套著述辉光相映，尤其是后一套，明白、郑重地宣示了将历史理论与史学理论区分开来的意旨。这个理念虽然早有杨翼骧等老一辈学者的强调，但在多年的史学研究中，许多学者常常将之混淆在一起，不明界限。

**（五）课题开拓与中外史学比较。**中国史学史的研究如何开拓新的课题，早已进入史学家的视野，引发思考。白寿彝曾多次提示要进行中国各个少数民族史学史的研究，瞿林东主持北京师范大学史学史研究中心工作期间，作出了具体的学术部署，成果将很快得以展现。课题开发的方向之一，是将史学史研究与社会文化及其他学术考察结合起来，学者已经有所尝试，如陈其泰《史学与中国文化传统》（书目文献出版社，1992年）、汪高鑫《中国史学思想通论·经史关系论卷》（福建人民出版社，2011年）、李孝迁《西方史学在中国的传播（1882—1949）》（华东师范大学出版社，2007年）等。但最重要的学术开拓，当属大力推动中外史学的比较研究，这项课题对知识结构要求较高，难度很大，需要培养一批专门人才，才能兴旺起来。乔治忠提出，中西史学的比较，可以在不同起源的两种史学中发现共同的特点，有助于探索史学发展的社会机制（《关于中外史学比较研究问题的解说》，《山东社会科学》2011年第9期）。

自中国史学近代化转型之后，考察、论述中西、中日文化交流及其相互影响的论著络绎不绝，其中也有少量涉及史学问题。这可以视为进行中外史学比较研究的基础条件和前提准备，真正进行中外史学的比较，需要更深入的思考与探索。改革开放迄今，尚缺少中外史学比较研究的专著，成果主要体现为学术论文的发表。中西史学比较研究起步较早，胡逢祥《中西史学源起比较论》（《史学理论研究》1992年第4期）对史学产生的条件以及中西史学在起源上的异同作了初步探索；他的《试论中西古代史学演变的不同途径与特点》（《学术月刊》1997年第9期）尤为精湛，指出中国古代"官、私史学并驰",而西方古代无此事项,乃是由私史为主到教会垄断。文章概述了中西史学各自的演变状况及特点,提出不少值得重视的概念。张齐政连续发表《中西古典史学理论异同论》(《衡阳师专学报》1997年第4期)、《中西古典史学批评论》(《史学月刊》1998年第2期)、《中西古典史学比较二题》(《衡阳师专学报》1998年第2期)等文,但较为重视中西史学之同而忽略相异点。乔治忠《中国与西方古代史学的异同及其理论启示》(《学术研究》2007年第11期)指出,二者皆具备记史求真的观念和对史学社会功能的强调,但最明显的区别是有无连续不断的官方修史,通过比较,可知记史求真与治史致用的对立统一,是推动史学发展的基本矛盾。其他如杜维运《中国史学与西方史学之分歧》(《学术月刊》2008年第1期)强调中国古代的记史求真准则优于西方,批斥后现代主义的历史观念。马雪萍《中西古代史学:历史编纂理论与方法的比较》(《史学理论研究》1995年第3期)分析了中国与西方在历史思维、史料批判等方面的异同,认为西方古代史学因思想和方法不断衰退,故被中世纪基督教史学所取代。

关于中日史学的比较,盛邦和的文章详细梳理了中日两国"华夷史观"及其异同,认为近代"东亚对外观的转化,中国走在前面"(《中日华夷史观及其演化》,《华东师范大学学报》1996年第2期),这个论点是值得商榷的。乔治忠发表《论中日两国传统史学之"正统论"观念的异同》(《求是学刊》2005年第2期)、《论中日两国传统史学的比较研究》(《学术月刊》2006年第1期)、《中日两国官方史学及其近代转型的比较》(《史学月刊》2008年第7期)、《古代中国官方修史视角下的中外史学比较》(《史学理论研究》2009年第2期)、《中日两国历史学疑古思潮的比较》(与时培磊合作,《齐鲁学刊》2011年第4期)、《中国史学史学科发展与中外史学比较》(《史学月刊》2012年第8期)、《论中国史学史研究的东亚视域》(《史学理论研究》2016年第2期)、《中日两国在古史研讨上的政治扰动——20世纪前期疑古史学及其背景的审思》(《史林》2016年第4期)等多篇论文,认为日本传统史学是受中国史学传入影响而产生,但演化出自己的特色,成为促成古代日本天皇"万世一系"政治体制和列岛国家能够统一的根本原因。另外,张文静、周颂伦《"尧舜禹抹杀论"与"古史辨"中的"疑古思想"——以白鸟库吉与顾颉刚对〈禹贡〉的考辨为中心》(《东北师大学报》2015年第3期)、张紫晨《中、日开辟神话的比较》(《北京师范大学学报》1986年第5期)等,是选取具体个案作比较研究,功力颇深,足资参考。

涉及中国与朝韩史学比较研究的论著,应当说算是刚刚起步,在中国访学的韩国学者李润和著有《中韩近代史学比较研究》（社会科学文献出版社，1994年）一书，但该书并未臻于细致、深刻。朱政惠《关于中韩史学比较若干问题》（《韩国研究论丛》第1辑，1995年）论述了开展中韩史学比较研究的基本理念。归泳涛撰文提出，近代中日韩三国都以民族主义为历史观基础，因而有共同思想，但是也有冲突，应当超越"民族史观"的局限，以更广阔的视野看待历史（《民族主义与中日韩三国近代的历史观》，《国际政治研究》2007年第2期）。孙卫国发文多篇，其中有《〈明实录〉与〈李朝实录〉之比较研究》（《求是学刊》2005年第2期）、《〈朝鲜王朝世宗实录〉的编纂与中国实录传统的影响》（《史学理论研究》2015年第3期）、《〈明实录〉之东传朝鲜及其影响》（《文献》2002年第1期）、《中国史学对东亚史学的影响与交流》（《历史教学问题》2012年第4期）等，前两篇属于中外史学比较专论，其他均属中外文化交流及其相互影响研究。他的《大明旗号与小中华意识——朝鲜王朝尊周思明问题研究（1637—1800）》（商务印书馆，2007年）专力研究朝鲜王国的政治历史观念与中朝文化交流，为深入进行中韩史学比较研究奠定了厚实的基础。事实上，无论中西还是中日韩之间，研究文化交流与相互影响的著作、论文十分丰富，这里不予罗列。惟大量中外文化交流和相互影响的研究著述中，涉及史学内容者寥寥无几，进入中外史学比较研究范围者更为凤毛麟角。这是亟须加强呼吁、着力引导的治学方向。

## 四 对中国史学史研究的几点思考

前所论述,已经提到本学科还存在的一些问题,谈到学术课题开拓时,也言及今后的发展方向。限于篇幅,这里仅附加条列几点意见:

(一)史学史研究的每项内容,都不能依靠援引和讲说有趣的故事,只能以严密的逻辑性和深入的分析制胜。因此本学科的学者,应当格外强化理论思维的水平,这就需要认真学好唯物辩证法,使之成为学术研究的思维利器。

(二)坚持学科存在和发展的学术方向,提倡以学术论辩,力求解决理念分歧以及各种大大小小具体问题的分歧。不能不实行"求同"努力,就消极地"存异",学术进展有赖于此。

(三)继续加强学术基础建设,例如改善当下日本、韩国史学资料和文献奇缺的状况,这样才能推动中日、中韩(朝)史学比较研究的扩展。

(四)扩大学科学术队伍的建设,培养一批具备特殊治史技能的史学史专业学者,例如精通甲骨文、金文,熟识满文,懂古代音韵等,为审视历史学各个专业著述做好准备,因为史学评论是本专业的重要职责。

# 后记

呈现给您的《与时同辉——改革开放40年来的中国古代史研究》是《中国史研究动态》编辑部策划的"改革开放40年来的中国古代史研究"专刊和专题文章的结集。

2018年是中国改革开放40周年，对于中国历史学的发展而言，这一年也是史学与时代相系的一个节点，2018年，必将是一个值得总结和纪念的年份，一个时代的史学省思将在此年展开。2016年底，《中国史研究动态》编辑部即开始策划，为纪念改革开放40周年，以《中国史研究动态》刊载文章中历年相沿、最为重要的"述评"方式，在2018年推出中国古代史专刊和专题文章，对中国古代史领域40年来的学术发展进行回顾和总结。

经过多次讨论，编辑部决定，拟分断代史和专门史两类，约请国内中国古代史各领域知名学者撰写本领域史学的述评。2018年第1期为纪念改革开放40周年专刊，集中推出断代史，此后第2至第6期，陆续刊出40年来各个专门史专题的研究述评。分先秦、秦汉魏晋南北朝、隋唐、宋辽金西夏、元、明清六个时期来展示中国古代史的断代史研究取得的成绩，同时进行社会史、思想史、史学史、环境史、中外关系史、历史地理、科技史、经济史等专门史述评的约稿。

2017年2月，经过多方衡量，编辑部列出各领域门类的首选专家学者和备选名单，讨论了对约稿的整体要求：

第一，梳理出改革开放 40 年来本领域史学研究的学术脉络。

第二，聚焦 40 年来各领域史学研究的重要议题。

第三，分析各领域史学研究的成就及存在的问题，并对未来的研究进行展望。

同时提出，所引论著要筛选**精练**，介绍简洁、到位；突出问题，突出评议，力避面面俱到，平铺直叙。

2017 年 3 月，编辑部发出约稿函，经过多次邮件往返和电话联络，断代史的撰写专家最终确定：晁福林教授负责先秦史，陈长琦教授负责秦汉魏晋南北朝史，包伟民教授负责辽宋夏金史，刘后滨教授负责隋唐五代史，刘晓研究员负责元代史，赵世瑜教授负责明清史。专门史专家也随着编辑工作的推进确定下来，常建华教授撰写社会史，乔志忠教授撰写史学史，**魏明孔教授撰**写经济史，华林甫教授撰写历史地理，刘文瑞教授撰写思想史。由于时间迫近，中外关系史、环境史、科技史没有找到合适的专家，只能放弃，这不能不说是一件遗憾的事情。

从 2017 年 5 月到 2018 年 9 月，各位专家撰写稿件、寄送稿件，编辑部编辑稿件，联络回复，反复切磋，反复修订。一封封邮件往返，一个个电话联络，一次次斟酌改定。许多撰稿专家各自承担有重要的项目，工作非常繁忙，有的先生已经是 70 多岁高龄，他们对待约稿的认真负责和热忱让我们十分感动。2017 年 10 月，晁福林先生的稿件完成寄到，与本刊采取文中注释格式体例不尽一致。编辑部非常小心地提出，请先生补充完善出版信息。没想到晁福林先生很快写了回信："我会按照编辑部要求来进行加工的。还请放心。"2017 年 8 月，刘后滨教授接受隋唐史约稿，回信说："着手准备材料，感觉这个任务非常艰巨啊。希望不要辜负了编辑部的信任。有一个问题需要咨询，国外学者的著述是否需要涵盖进来，或者只是作为国内相关研究的背景来处理，抑或与国外学术的互动本身就作为一个问题来写，在许多议题上，国外的研究都有重要的代表性著作。"11 月，刘教授已经完稿，但继续对稿件进行打磨，他在信中说："稿子还要拖几天，大体完成，字数超了，需要再打磨两遍。请谅解，我正赶写之中。"赵世瑜教授在列车上，在外出开会期间还在为我们修改润色稿件，2017 年 11 月他来信说："谢谢你们的耐心等候，我终于在金华开会期间把这篇东西完成了，还好能在 10 日之前做完这件事。文章有点长了，特别是可能注释让你们较难处理。不过尽量在几个我认为比较重要的主题上，把多数有代表性的成果包容进去。"

华林甫教授接受撰写历史地理述评的任务后，因为痛风发作住院，2018年1月他给编辑部发来邮件："因身体欠佳等原因，没能在规定的2月1日之前交稿，抱歉。我将竭尽全力，努力争取尽快交稿。"4月，华教授病情好转，他给编辑部来信说："谢谢问候。春节以后一直在南方老家休养，痛风病有好转。不好意思，文章拖延了。资料收集比较齐了，趁着五一节，我努力赶写。此致，华林甫敬复。"撰写思想史述评的刘文瑞教授也一度因病住院，2017年12月22日，刘文瑞教授发来《四十年思想史述评》文稿，并致信编辑部："四十年中国古代思想史研究述评稿件附后，请审阅。由于这一个月一直在医院，影响了进度，致使拖延了时间，十分抱歉。"魏明孔研究员则在紧急关头施以援手，放下学会的重要工作，撰写了改革开放40年经济史研究的述评。凡此种种，不能一一列举。

断代史六篇稿件约齐后，卜宪群所长为《中国史研究动态》撰写了《用马克思主义唯物史观指导中国古代史研究》一文。《中国史研究动态》创刊于1979年，与改革开放的春天同步，他祝愿《中国史研究动态》的前景更加美好。

2018年第1期专刊出版后，学界反响十分热烈，3月，凤凰出版社副总编辑林日波先生与我联系，希望能够将第1期专刊出版，我告诉他，我们还有后续的专门史述评，协议由此顺利达成。他说："这是从联系到定下来，我签得最快的一个选题。"

在此，与编辑部苏辉副主编、李成燕副编审、张欣编辑一起，感谢诸位作者对《中国史研究动态》的厚爱，感谢林日波先生对书稿的每一分付出。我们的感谢之情，也凝聚在这本360余页的《与时同辉》之中。希望这次对改革开放40年来的中国古代史的梳理和总结，能够有益于今后的中国古代史研究，期待中国古代史领域在既有成绩基础上推动相关研究取得更新、更大的突破。

杨艳秋

2018年12月10日